原创文库 慈善学人系列

慈善学人文集

A CORPUS OF CHARITABLE SCHOLARS

公益慈善学园 主编

中国社会科学出版社

图书在版编目(CIP)数据

慈善学人文集/公益慈善学园主编.—北京:中国社会科学出版社,2017.8
ISBN 978-7-5203-0490-0

Ⅰ.①慈… Ⅱ.①公… Ⅲ.①慈善事业—研究—中国 Ⅳ.①D632.1

中国版本图书馆CIP数据核字(2017)第126595号

出 版 人 赵剑英
选题策划 刘 艳
责任编辑 刘 艳
责任校对 陈 晨
责任印制 戴 宽

出 版 中国社会科学出版社
社 址 北京鼓楼西大街甲158号
邮 编 100720
网 址 http://www.csspw.cn
发 行 部 010-84083685
门 市 部 010-84029450
经 销 新华书店及其他书店

印 刷 北京明恒达印务有限公司
装 订 廊坊市广阳区广增装订厂
版 次 2017年8月第1版
印 次 2017年8月第1次印刷

开 本 710×1000 1/16
印 张 22.25
插 页 2
字 数 336千字
定 价 99.00元

编委会成员

卷首语

理论与实践之间的分歧始终是公益慈善领域的一对主要矛盾，随着近年来公益慈善领域发展进程的加快，这种矛盾似乎变得越发激烈起来。实践对理论不断提出了更高的要求，我们究竟需要什么样的公益慈善研究？公益慈善研究究竟如何更好地指引这一行业的前进方向？如何促进公益慈善理论与实践的融合？这些问题拷问着每一位公益慈善研究者，找到理论研究的定位并使之更好地服务实践，成为我们每个身处这个时代的学者的使命。

然而，当下公益慈善领域被娱乐性、宣传性以及爆料性的内容所充斥，严肃认真的讨论和知识性内容十分稀少，这一现状不利于该行业的健康发展，错误的舆论导向也阻碍了慈善文化向社会公众的传播和渗透。

2015 年 6 月，一群关心公益慈善事业发展的知识分子自发建立了一个研究网络—公益慈善学园，借助公益慈善学园的微信公众平台（charityschool）致力于传播公益慈善研究成果，经过一年的时间，仅慈善学人栏目，我们就积累了 200 多篇原创文章。区别于学术论文的晦涩难懂，这些“微文”更多是学者们结合自身的研究领域对当下问题的深度思考，在写作形式上不拘一格，可读性更强，我们觉得这些精彩的内容仅通过新媒体发布不足以展示其社会价值，于是便有了这本书的结集出版。当然，该书还有以下几点创新。

第一，公益慈善领域涉及范围非常广，为了体现普适性，避免偏颇，本书选择了多个行业内热点议题开展专题研究，更有利于读者了解并从整体上全面把握该领域发展的最近动态。

第二，本书作者来自于九大人文社会科学领域，不同专业的背景使得文章更具有多学科的视野。与此同时，我们还邀约了实务领域的杰出作者赐稿，充分展示了我们的开放包容性，力图通过展现理论与实务的对话，触及行业的本质问题。

第三，本书作者全部是志愿形式赐稿。学园诞生的第一刻起，众多专家学者就多了一个捐赠自身智慧和时间的平台，为了这个行业的发展贡献自身的力量。“沧海横流要此身”，这本书的出版也是对他们志愿精神的肯定和感谢。

在一个专业精细化的时代，好的成果往往是集体智慧的结晶。首先，要感谢的是本书的几位专题组稿人上海外国语大学国际关系与公共事务学院俞祖成、深圳大学管理学院罗文恩、北京师范大学珠海分校法律与行政学院杨志伟、南京特殊教育师范学院管理学院冯元、北京工业大学社会学院邢宇宙、南京翠竹园社区互助会吴楠、中南大学公共管理学院吴晓林、首都经济贸易大学城市经济与公共管理学院王世强等，他们承担了议题设置、稿件邀约及后续的校对工作；其次，要感谢学园采编组副主编董阳雪，正是她严谨细致的工作才使得这个小组保持高效运转；最后，感谢学园成员宋西桐、游文佩后续的文稿整理和筛选工作，在很大程度上保证了这本书的质量，这需要用心、耐心和好情绪才能完成。

我们的出版费用来源于腾讯99公益日的公众募捐，要感谢互联网的发展给我们带来的无限可能，还要感谢的是过去一年来的近万名热心读者和捐赠者的慷慨解囊，更要感谢的是北京联益慈善基金会林风理事长和郑丽秘书长的大力支持，批准我们成立公益慈善学园专项基金，我们这一美好的想法才得以实现。

学园一共下设了慈善学人、案例馆、热点观察、汇议、译慈善和翻书党六个栏目，在第一年我们因资金所限，只能首先出版慈善学人和案例馆两本书籍，未来我们会继续提升品质，多方筹措资源，争取尽早让其他栏目的精彩内容与读者见面。同时，也欢迎对公益慈善领域感兴趣的同人关注我们的微信公众号获取最新的资讯，并加入我们的志愿者团队，一起用自己的业余时间为这个行业的发展带来改变。

本书出版第一时间得到了中国社会科学出版社的大力支持，感谢刘艳编辑提供的许多协调工作，使得本书得以顺利付梓印刷。另外，由于本书作者众多，在文字校对和排版方面，刘艳编辑也倾注了大量心血，最大限度地保证了每篇文章的严谨与规范，在此一并表示感谢。

由于时间仓促，本书难免有很多疏漏和不足之处，请多多指正，不胜感激。

中央民族大学基金会研究中心

李健

2016 年 11 月 14 日

于北京—哈尔滨飞机上

目　录

专题一　社会企业

专题二　国际慈善学人

专题三　行业协会商会

专题四 市场化

专题五 慈善法

专题六 政府购买服务

专题七 社会工作

专题八 环保社会组织与管理

专题九 社区治理

专题十 慈善教育

专题一　社会企业

社会企业，是公益慈善领域的创新形式，兼具公益性和市场性，在扶贫、助残、环保、文华传承等方面发挥的作用日益受到社会关注和赞誉。所谓公益性，即社会企业发端于社会问题和社会需求，直击社会痛点，或者采取雇用弱势群体、提供就业的方式，或者为弱势群体和社会公众提供服务、产品、理念等，所得盈余全部投入社会领域而非股东分红，事前、事中、事后的公益保证了社会企业的社会性。所谓市场性，即社会企业同时又是企业，采用市场化的方法去运作，追求利润和绩效。不同的是，手段和目的的关系，让社会企业始终牢记自身的使命，让我们看到了企业可以同时创造经济价值和社会价值。目前，在发达国家或地区，社会企业在推动社会创新、解决社会问题、满足社会需求方面成为一种引领力量。我们也应顺应这股新经济、新公益潮流，创造价值、传递价值。

第一篇　日本社会企业政策的概况及启示①

一　日本社会企业政策的出台背景

大约在2000年，社会创新和社会企业等新概念开始从欧美国家传入日本社会并逐渐得到普及。与我国相似的是，在日本首先关注并积极推动社会企业实践和发展力量亦来自民间社会。进入21世纪后，日本民间机构纷纷成立有关社会企业的研究会并组建相关支持机构，力图从民间社会的角度推动社会企业的发展。

然而，与我国不同的是，日本政府对社会新动向一直比较关注并能够做出及时回应。2007年9月，日本经济产业省牵头成立“社会化商业研究会”（Social Business）（注：“社会化商业”等同于“社会企业”之意），其成员包括专家学者、非营利部门领导人以及企业界代表，同时邀请其他中央部委的有关负责人作为“观察员”列席会议。该研究会成立后随即对世界主要国家的社会企业制度展开详尽调查并于2008年4月发布《社会化商业研究会报告书》。

尔后，经济产业省委托三菱UFJ调查咨询股份制公司展开有关社会化商业的进一步调查，并于2010年2月发布《平成21年度地

① 作者：俞祖成，博士，现为日本同志社大学专任教员（助教），2015年6月19日，笔者受邀参加中国社会企业与社会投资论坛（联盟）2015年年会，并在“中国和亚洲地区社会企业政策倡导”分论坛上对日本社会企业政策的概况及启示进行了简要介绍。本书是在该年会发言稿的基础上修改而成。

域经济产业化活性化对策调查报告书》（别名为“有关社会化商业的统计及其制度化探讨的调查报告书”）。同年10月，经济产业省再次牵头成立“社会化商业推进研究会”并于2011年3月发布《社会化商业推进研究会报告书》。正是根据这3部研究报告书所提出的对策建议，以经济产业省为核心的日本政府部门相继出台并实施一系列旨在推动社会企业发展的直接性或间接性政策。

二　日本社会企业政策的主要内容

根据《社会化商业推进研究会报告书》的定义，社会化商业“将各种社会问题视为潜在市场并以解决这些社会问题为组织宗旨”，同时满足“社会性”“事业性”以及“创新性”这三大要件。另外，根据同份报告的数据显示，截至2010年9月，日本各级政府部门相继实施的社会企业相关政策多达159项（其中，中央政府43项，地方政府116项）。

概括而言，上述社会企业政策主要涉及以下6个方面：（1）创造并改善社会企业的筹资环境；（2）培养社会企业发展所需人才；（3）支援社会企业开展相关项目；（4）普及并提高社会企业的社会认知度；（5）推动社会企业与一般企业之间的交流和合作；（6）力促“社会企业市场”的形成和发展。

三　对我国的若干启示

然而遗憾的是，2012年年底安倍政府上台后，致力于推动以大型企业为主要对象的“安倍经济学”，从而直接导致之前作为中小型企业和地域经济产业政策一环的社会企业政策陷入停滞状态。在招致来自市民社会的批判后，安倍政府近期开始重视社会企业政策。

2015年5月，日本内阁府发布《关于我国社会企业活动规模的调查报告书》，试图在全面把握社会企业发展现状的基础上进一步制定和实施相关政策。在这份报告书中，日本内阁府放弃“社会化商业”的提法，转而采用“社会企业”一词并提出社会企业所需满足的7大要件：（1）通过商业手段改善或解决社会问题；（2）以解决社会问题为主要目的；（3）利润主要用于事业的再投资，而非将之全部分配给出资人或股东；（4）分配给出资人或股东的利润低于全部利润的50%；（5）事业性收入额占组织整体收入的50%以上；（6）事业性收入中来自公共保险（医疗或护理保险等）的收入低于50%；（7）事业性收入中来自政府委托事业的收入低于50%。

此外，该份报告通过抽样问卷调查等方式估算出日本社会企业的整体规模，即截至2014年年底，日本社会企业共有20.5万家，雇用人员总数达到577.6万人，其附加产值高达16万亿日元（占到日本GDP的3.3%）。换言之，近年来日本社会企业获得长足发展，其政策效果较为显著。在笔者看来，日本社会企业政策给予我们的启示意义可概括为以下两点。

启示1：不断改进和完善现有法人制度框架，为社会企业发展提供足够大的弹性制度空间。

前文提及，虽然日本政府从2007年起就已对世界主要国家的社会企业法律制度展开调查，然而时至今日仍未出台有关社会企业的法律制度或认证制度，究其原因主要有两个方面：一是在日本现有法制框架中创设新的法律制度绝非易事，需要多方论证和各方协调，成本较高；二是通过改进和完善现有法人制度框架，能够为社会企业发展提供足够大的制度空间。举例而言：

第一，2005年修订《公司法》，允许股份制公司通过章程部分限制股东所享有的利润分配权和剩余财产分配权，从而推动“非营利型股份制公司”的诞生。

第二，1998年出台NPO法（全称为“特定非营利活动促进法”）并进行多次修订，将涉及NPO法人的行政事务全部下放到地方政府，最大限度地尊重NPO法人的自治和自律，将法人资格的获取和税收减免资格的获取相分离，大幅度放宽税收减免条件，创设“视作捐赠制度”（即允许NPO法人将营利事业的部分收入以捐赠的形式算入公益事业所需经费，从而享受免税待遇）等，允许并鼓励NPO法人通过开展营利项目获取收入并用于与组织宗旨相关的公益事业。

第三，2006年推行公益法人制度改革并于2008年实施新公益法人制度。新公益法人制度采取与NPO法人制度相类似的“二级架构”，将法人资格的获取和税收减免资格的获取相分离，一般社团法人和一般财团法人（简称“一般法人”）的注册方式与公司法人无异，只需根据法律要求制定章程并递交公证处进行公证后，即可到法务局进行法人登记。一般法人没有行政主管部门，在遵守法律的前提下可以从事任何领域的社会活动，享有极大自由。尤其值得关注的是，法律甚至允许一般社团法人将利润或剩余财产分配给包括亲属在内的组织成员以外的个人或组织，同时允许一般法人通过成员大会或评议员会的决议，将组织的剩余财产分配给组织成员或组织设立者，从而一定程度上颠覆了我们对于“非营利”概念的认知。当然，一般法人想要获得税收减免资格，就必须执行彻底的非营利原则，并向第三方独立机构申请公益社团法人或公益财团法人的资格认定。

根据内阁府发布的报告书显示，上述营利法人、NPO法人、一般社团法人、一般财团法人、公益社团法人、公益财团法人，正是构成日本社会企业的主要组织形态。

启示2：实施形式多样的支援性政策，全方位助推社会企业的发展。

以经济产业省为核心的日本中央政府将社会企业视为“新型产业”，并从产业政策的高度制定各种支援性政策。这些政策涉及社会认知度的普及、管理技术的援助、人才培养和开发、融资和筹资服务、社会网络的构建等内容。

举例而言，经济产业省通过“社会企业评选活动”“社会企业经典案例介绍”“制定社会企业统一标识用的LOGO”以及“举办社会企业全国论坛”等方式，大力普及社会企业的社会认知度。与此同时，推动各种地方金融机构以及国家金融机构向社会企业提供融资服务。另外，通过举办各种培训项目以及与大学机构等的合作，培养和开发社会企业发展所需人才。由于篇幅关系，在此无法一一展开详细介绍。简而言之，日本政府从产业政策的高度实施各种社会企业政策的做法值得我们关注。

第二篇　社会企业内部结构与发展路径差异[①]

从本质特征来看，社会企业是运用商业运作模式实现社会使命的最大化。在欧美国家，社会企业的兴起及发展有着悠久的历史，在 20 世纪 90 年代迎来新的复兴。社会企业概念引入我国只有十年多，但这种模式在我国的存在时间却很久。当前，无论在实务界还是在理论界，我国都出现了一股社会企业热潮，尤其是在公益领域，不少 NGO 将社会企业视为一种可行的未来发展模式。在企业界，有些企业家认为，企业社会责任很难直接解决社会问题，某些企业家及商业企业也在谋求向社会企业的转型发展。可以说，社会企业主要是由非营利组织和商业企业发展转型而来的，二者发展演变的动力机制、路径及过程有所不同，这种不同影响到社会企业的内在结构。

一方面，基于摆脱资金困境的要求，一些非营利组织出现了明显的商业化趋势，并转型为非营利型社会企业。资源依赖理论可以解释这种转变产生的原因，在面临资源困境的情况下，非营利组织会努力寻找替代性资源，针对资源环境调整自身战略。非营利组织主要依赖于社会捐赠资金、政府资助和基金会资助来支付它们的成本和费用，很多是依赖于第三方付费的慈善组织。但事实证明，这些资金来源渠道都具有一定程度的不稳定性，并影响到组织的可持续发展。为了摆脱资金困境，降低总体收入的波动性，保持组织的

① 作者：王世强，首都经济贸易大学城市经济与公共管理学院讲师。

独立自主地位，一些非营利组织实施了收入渠道多元化策略或商业收入替代策略，为组织的发展提供足够的资金。

在向社会企业转型的过程中，非营利组织发生了商业化趋势，组织模式发生转变。从现实中的很多案例来看，一些非营利组织开始从事各种形式的商业实践，即实施“商业化”和“市场化”。非营利组织的财政传统上依赖社会捐赠和政府资助，现在越来越多地涉及各种类型的商业活动，如向顾客销售产品和收取服务费用。商业化意味着非营利组织要提供新的可以创造收入的产品和服务，为了获取利润，非营利组织的商业行为采取了多种手段，包括服务收费和出售商品，服务收费可以由受益人支付、由企业支付，可以出售与使命无关的商品，也可以出售与使命相关的商品。

很多非营利组织都发生了组织模式的转变，有的组织将一部分项目进行商业化运作，采取了内置式的社会企业模式；有的组织为了给自己提供资金和实现造血功能，成立一个独立实体，与母体组织相互独立，采取了分离式的社会企业模式；有的机构为了解决资金来源紧张的问题，依靠向服务对象的收费维持运营，机构整体的慈善项目本身就是盈利的商业活动，成为合一式的社会企业模式。虽然这些机构都在向社会企业转变，但是它们选择了不同的发展路径。

非营利组织商业化的转型结果是成为非营利性社会企业。与从商业企业转型而来的“营利性社会企业”不同，非营利组织转型而来的社会企业，在自身定位上是非营利组织，通常遵循不分配利润的原则，它们是“非营利性社会企业”。在非营利组织把商业创收活动作为主要战略进行运作的时候，在达到一定的阈值后，它们就转变为社会企业。根据商业能力和发展阶段的不同，非营利性社会企业可以作进一步的划分，包括“完全财政自足型”“部分财政自足型”和“发展型”社会企业，它们之间可以相互转化。

另一方面，由于企业社会责任存在的问题，一些商业企业（家）开始追求共享价值，并建立或发展成为营利性社会企业。企业社会责任的履行为社会企业的发展创造条件，但企业社会责任更多的是一种外围活动，而不是企业发展的核心战略。美国学者迈克尔·波特提出的共享价值理论认为，传统企业社会责任思维由于割裂了企业利润与满足社会需求之间的关系，已经不能满足时代要求。商业必须重新连接商业成功与社会进步，追求共享价值。在很多现实案例中，企业都通过建立社会企业实现“共享价值”，而不是以传统企业的思路去做。

在向社会企业发展过程中，商业企业在维持商业手段运作的同时，以社会使命为目标，并发生了组织模式和组织制度的转变。这些社会企业以追求社会使命为首要目标，这种社会目标可能是以雇用的员工为弱势群体，以弱势群体为企业利润的受益对象，以商品营销弥补社会服务项目预算。社会企业改变了传统商业企业的组织模式，社会使命活动可以由企业的不同机构承担。社会使命组织（非营利项目或组织）可以是企业的一部分，可以与企业相分离，也可以是整个企业。

商业企业追求共享价值的转型结果是发展为营利性社会企业。营利性社会企业通过提供社会或环境问题的解决方案，使用商业化手段维持自身运营，强调可持续的重要性。营利性社会企业的营利性结构要求关注“双重底线”——社会目标和财务目标，并依此进行管理决策。有些商业企业将社会使命置于企业使命的核心，社会使命是企业的很大一部分业务。这些企业并不是把社会使命作为营销，它是真正的面向社会的制度性承诺。它们的资金完全来源于市场收入，是真正的财政自足。

非营利组织和商业企业的这种发展变化，根源于非营利部门和商业部门之间的相互融合，二者的分别演化共同构成了社会企业的主要部分。越来越多的组织将社会目标和商业目标融合在一起，模糊了非营利部门和商业部门之间的界限。而同时，二者分别演化而来的非营利性社会企业和营利性社会企业在诸多方面存在不同，也造成了社会企业的内部结构差异，这也在英美等国法律对社会企业的定位上有所反映。也就是说，社会企业是介于非营利组织和商业企业之间的混合性组织，我们在对社会企业进行定位时，需要在两个端点之间确定一个位置，而这个位置可以十分灵活。

第三篇　香港特区政府如何推动社会企业发展[①]

过去十年，当亚洲一些地区还在为社会企业是否应分红、是否应出台社会企业法等议题争执不休时，香港地区的社会企业则不仅生根发芽，而且呈现蓬勃发展、百花齐放的可观局面。2007 年香港社企的数量为 222 家[②]，到 2014 年已经增长至 527 家[③]，在促进弱势群体就业共融、环境保育、公平贸易、文化教育、安老服务、古迹活化等诸多方面扮演积极角色[④]。更引人注目的是，2012 年香港社企达到收支平衡或者获得盈利的比例高达 62%[⑤]！此外，社企在香港社会的认知度亦有显著提升，十年前知晓社企的公众寥寥无几，而 2014 年的一项电话调查则发现高达 78.5% 受访公众对社企有所了解，并且约有七成人士表示在未来六个月必定或者可能购买社企的服务或产品[⑥]。简而言之，近年来香港社企发展成绩不俗，成为亚洲推动社企可持续成长的典范地区之一。正如社会企业咨询委员会所言，“社企无论从政策角度或者实际操作层面来看，都不

---

① 作者：罗文恩，深圳大学管理学院公共管理系副主任，深圳大学社会管理创新研究所执行主任。

② 《社企力——香港社企概况，2012—2013》。

③ 《社企指南 2015》。

④ 香港社企组织模式主要包括两类，一是非牟利团体的下属部门，约占 2/3，另一类是注册公司，约占 1/3。

⑤ 《透视香港社企实况研究报告》，2014 年。

⑥ 同上。

乎众望，为社会服务良多”[①]。

那么，为什么香港社会企业能够在短短十余年间取得长足发展呢？背后的推动力可能包括发达的经济水平、繁荣的非牟利部门以及普遍流行的公益理念。但不可忽视的一个因素是特区政府的扶持与推动。有一组数据颇能说明问题。香港社企启动资金，高达50%的社企受到政府资助，而获得所属非牟利团体资助和自筹的比例分别为24%和22%，其他资助和筹款的比例仅占13%和2%[②]。下文会详细谈到，特区政府通过“伙伴倡自强计划”和“创业展才能计划”等机制为社企提供了大量的启动资金，同时与众多来自社福界、学术界和商界的众多支援服务组织跨界合作，举办各式各样的传播活动和设立奖励计划来推广社会企业的产品、服务和概念。港府在推动社会企业发展方面态度之坚决、手笔之大，在全球范围内亦属罕见。这或许与其秉承“小政府、大社会”行政理念，自20世纪70年代以来一直积极扶持非牟利机构提供多样化社会服务的角色惯性有关。

这里需强调的是，特区政府在扶持社企的同时并不干预其内部治理和运营，而是坚持“民间主导、政府支持”的总体策略[③]，让社企在自治前提下顺其自然地成长。在香港社企是一个相对松散的概念，有着“双重底线”的特色，既要履行社会责任，又要达至商业运营上的可持续性。目前港府并无计划就社企的定义立法，或以立法形式把社企引入公共采购流程，因为担心这种自上而下的方式可能会扼制社企的创新潜力。特区政府亦无意主导社企的登记和认证工作，而是交由民间及业界去建立可信赖的制度。概而述之，特区政府扶持社企成长扮演的是资源供应者和平台搭建者两类角色，即通过直接资助和促进跨界别合作来推动社会创新，从而创造了香港社企发展典型的“官商民合作”模式。

---

① 《透视香港社企实况研究报告》，2014年。

② 《社企力——香港社企概况，2012—2013》。

③ 参见香港特区民政事务总署署长曾德成出席“社企民间高峰会2014”开幕仪式的发言。

一　强有力的资助计划

就业融合社企是目前香港最主要的社企类型，约占八成的比例[①]，因而特区政府在这一领域的投入也最大。其中“伙伴倡自强”社区协作计划是影响最大的社企资助计划之一，由民政事务总署于2006年推行，旨在向符合资格的非牟利机构提供种子资金成立社会企业，借此推动可持续的地区扶贫工作，助人自助，特别是协助社会上的弱势社群自力更生。每项核准计划最高资助额为300万港元，资助期不多于3年[②]。截至2014年年底，特区政府通过“伙伴倡自强计划”一共资助成立161家社企，财政拨款总额约为1.8亿港元。受助社企约有八成在资助期后仍继续经营，累计吸纳超过3800多人就业，其中八成受雇人士来自弱势社群[③]。另一著名的资助计划是由社会福利署于2001年推出的“创业展才能计划”。该计划通过基金资助非牟利团体成立小型企业，为残障人士创造就业机会，每项计划最高可获200万港元的资助，资助期限同样为3年。截至2014年11月，“创业展才能”计划已批出超过7200万港元资助款额，成立涵盖清洁、饮食、汽车清洁、按摩、零售店服务、蔬菜批发和加工在内的89项业务，共创造了超过940个职位，包括670个专为残障人士而设的职位[④]。此外，发展局亦于2008年推出了“伙伴历史建筑伙伴计划”，鼓励非牟利团体活化与运营本港历史建筑，为它们注入新生命，供市民大众享用。该计划期望受助项目能够最终实现盈亏平衡和持续运营，并将一次性拨款不超过

---

① 社企委员会委托调研的174家社企中有83.3%的比例以帮助弱势群体就业，协助其融入社会为目标，见《透视香港社企实况研究报告》。

② 政府部门的资助计划通常要求社企必须为根据《税务条例》第88条获认可属公共性质的慈善机构和信托团体，或者在申请资助时提交充分材料证明其属于非牟利的慈善性质。

③ “伙伴倡自强计划”通讯第八期，2014年12月。

④ “港创业展才能计划已批出逾7200万（港元）资助款”，香港中通社，2014－12－26。

500 万港元为社企应付前期开办成本和可能存在的经营赤字。

二　形式多样的推广策略

除了直接拨付巨资为社企提供启动资金外，特区政府亦与学界、民间支援服务机构合作推广社企理念、产品与服务。这些推广策略也遵行“民间主导、政府支持”的基本准则。例如，一年一度的“社企民间高峰会”，于 2007 年由特区政府第一次举办，接着从 2008 年起改为由民间筹办、民政事务总署支持，2015 年即将踏入第八年。“社企民间高峰会”不仅成为本港社企界的年度盛事，亦是国际上社企专题的最重要会议之一。为了鼓励大专院校学生了解社企并树立企业家精神去解决社会现实问题，2008 年起民政事务总署开始赞助香港中大学创业研究中心举办“香港社企挑战赛”。截至 2014 年，该赛事吸引了来自 27 所大专院校的约 4600 名学生参与，并收集了超过 800 个社企策划案①。在大众媒体传播方面，民政事务总署制作了不少企业电视宣传短片让公众更多了解社企，同时与香港电台合作推出“关心社企”“寻常事认真做——寻社企”等系列特辑对本土社企进行深入报道。安排社企参加不同主题的展览/展销是特区政府另一个常见的推广策略。例如，在 2014 年至 2015 年度，民政事务总署安排了 26 家社企在香港贸易发展局创业日、美食博览、49 届工展会、退休人士及长者博览会等展会上设立摊位。另外，民政事务总署亦积极与地方议会和社团合作，举办各种地区嘉年华会帮助社企展销各类型产品与服务，例如，2014 年龙城街舞社企荟萃嘉年华、2013 年深水埗社企活动荟萃暨青年节启动礼等。

---

① 香港社企挑战赛官网，http：//hksec. hk/chi/page/about - hksec。

三　促进官商民跨界别合作

官商民跨界别合作是香港社企发展过程中呈现的一个鲜明特征。上文中提到的许多社企宣传与推广活动，都是特区政府与不同界别机构合作共同推进的。此外，一个典型例子是“社联—汇丰社企商务中心”。2008 年，社联获汇丰银行慈善基金及社会福利署扶弱基金拨款，正式成立“社联—汇丰社会企业商务中心”（简称社企商务中心），致力于推动本港社企创业精神及社会创新。成立之后，社企商务中心获得社会福利署、民政事务总署、工业贸易署等多个政府机构的持续资助，并与毕马威会计事务所、香港律师会、冯氏慈善基金有限公司、麦肯锡公司（香港）等多件企业建立伙伴关系，凝聚社会资源，拓展跨界别合作。主要业绩包括创立“好好社企”（Good Goods）概念店和网络销售平台，鼓励企业及机构团体放置好好寄售点（Good Point），帮助社企开拓商机；每年出版《社企指南》对社企进行整合式推广，并加设 iPhone APPs 版本及网上搜索引擎，加强社企与消费者互动；编制社会效益评估工具及社企认证标准；推出“So – biz 无碍消费计划”；等等。

官商民跨界合作的另一个例子是“社会创新及创业发展基金”（简称社创基金），由特区政府于 2012 年出资 5 亿港币创立。社创基金目标在于激发跨界别合作建立和支持能吸引、启发和培育社会创业精神的计划和实验项目，通过创新产生社会效益，推动香港扶贫工作。社创基金聚焦于社会创新而非社企本身，因此牟利机构和非牟利机构均可提交项目申请。运营模式上，特区政府在扶贫委员会下设立专责小组，监督社创资金的运作，并委聘了香港社联、理大科技及顾问有限公司、心苗（亚洲）慈善基金有限公司及叶氏家族慈善机构为四家协创机构，推展“能力提升”和“创新计划”项目，促进社会创新生态系统的发展，培育新晋社会创业家。

四　奖励社企及其挚友

为了调动社会各界力量积极支持与参与社会创新计划，鼓励社会企业追求卓越经营绩效，特区政府亦注重奖励社企及其支持伙伴，分别推出了“社企奖励计划”和“社企挚友嘉许计划”。“社企奖励计划”由民政事务总署主办，星展银行赞助，已经在2011年、2013年举办了两届，获奖社企及其项目均由评审委员会通过面试、实地考察等方式严格筛选，并借由主流媒体进行广泛报道，从而加强公众了解社企为社会及经济带来的正面影响。“社企挚友嘉许计划”由民政事务总署和社会企业咨询委员会于2011年首次推出。该计划由2013年起，每两年由民政事务总署负责具体推行，目的在于表彰为香港社企提供各种支援的人士和机构，借此加强社会各界对社企的认识并促进跨界别支援社会创新。

五　小结

这几年社会企业亦成为内地公益界的一个时髦词汇，政府与坊间加快推动社企发展的呼声也是日益高涨。但现阶段仍然处于概念传播与启蒙阶段，粗糙地讲，就是高谈阔论会议多、落地行动项目少；表态支持讲得多，真金白银花得少。香港过去十年“官民商跨界别合作”模式带来社会企业的繁荣发展，对于内地政府应该如何扮演合适角色来扶持和促进社企落地生根以及学界、民间组织和商界如何合作互动搭建立体化的孵化与推广平台，树立了一个可以参考和学习的样板。

第四篇　关于社会企业创新的几个问题①

当前，社会企业是一个比较热门的社会创新话题，它牵动着公益创投、公益创业和政府购买服务等许多有实质内容的运作行为。在大众创业、万众创新的号召下，社会企业被看作是社会创新发展的新形式。在谈及社会企业的时候，人们往往用社会问题优先性的视角去判断社会企业的价值合理性，这无疑是正确的。但是，现实中，人们对于社会企业，依然延续着只要社会性不要商业性的纯慈善观念，如果在社会企业市场运行的各个环节和过程，只强调社会性而不重视其商业运作的能力，势必造成空喊口号，依此思维惯性进行判断和运营，很可能葬送社会企业，也是否定社会企业的存在。商业管理和运作能力是实现社会性目的的现实基础条件，涉及商业性的社会企业的生产和市场运营过程常常被质疑或忽视也造成社会企业家的苦恼。事实上，凡是运作良好的社会企业都会在市场中有竞争力，不仅能够有盈利能力还能够以此实力去解决社会问题。因此，科学理性的价值取向是：对社会企业的效益要用结果评估，对社会企业的效率要用过程评估。而以效率达成效益正是社会企业的创新性所在，当然需要科学合理的监管。

目前，我们国家还没有任何正式的法律、法规、条例等政策性的文件对社会企业（社会企业类的组织）进行明确的定义和阐述。社会企业首先出现在学术探讨之中，现在不仅成为学界、政府有关

---

① 作者：时立荣，北京科技大学社会学系系主任，教授，博士生导师。

部门、政策研究部门的话题，而且，更重要的是许多组织正在进行着社会企业的实践，它们自觉地称自己为“社会企业”，可见，社会企业在实践中已经形成了自我认同和社会认同。上述情况说明，我国的社会企业发展呼唤政府的有关政策、法规能够与时俱进，调整原有政策条例，出台新的法规。不仅如此，社会企业本身的生存与发展还需要理论研究的支持，要研究社会企业的运行规律、研究社会企业的管理原则，等等。

从生产要素理论出发来研究社会企业，是一种新视角。我们提出“生产要素的社会性变革”的观点。生产要素理论对企业进行物质生产及经营过程中所必须具备的一切要素及其环境条件进行研究，从传统的三要素理论发展到今天的五要素理论。五要素是指：任何企业都会包含五种生产要素，包括企业家才能要素、资本要素、劳动力要素、以土地为代表的自然资源要素和技术要素。本书关注的问题是：社会性因素和源生产要素是怎样关联的？作为传统企业向社会企业的转变新的生产要素会怎样改变？改变后的组织类型如何？

经济社会学的嵌入性理论解释了社会性因素与生产要素结合的可能性。认为，市场和社会之间是存在着无法隔离的协调一致的关系，并且经济行为一定嵌入在社会关系体系之中，社会因素对经济行为具有影响力。我们认为，任何经济行为中，都内含有社会因素对它的作用，即对经济决定的社会性控制能力和水平，它的约束程度和能力高低决定了经济和社会之间协调与否的关系，决定一个社会是否能够和谐发展。而社会嵌入机制促成了各生产要素性质的变革。

第一，与企业家才能要素的结合。

企业家才能要素又可称之为组织要素或管理作用，以企业家才能为基础的管理作用正是在于通过对其他要素的积聚、组合，使要素得到优化配置，从而实现单一要素所无法实现的嵌入式效应和聚集效应。在当代，企业家对创新的追求包含了信任互惠、公共责任、关注社会问题和回报社会等社会因素，他们能根据不同需求和企业能力将社会性因素注入到企业各生产要素之中。在将社会关系体系中的社会要素同经济要素有机地结合起来方面，这里，“社会”概念的核心在于社会目标的优先性，社会性目标优先的观念能够为企业家创新性地解决社会问题提供价值导向。社会企业家精神直接影响到社会企业操作的价值使命，社会创新性思维将“社会”嵌入于以“创新性”为核心的企业家才能之中。

第二，与资本要素的结合。

社会目标和投资的结合使得资本流向在社会企业中已经发生了不同于传统的改变，主要表现在利润性质出现的变化，即利润可以成为公益投资资金或者为解决贫困家庭、贫困者或贫困社区所做出的投资运营。作为资本的公益金的流通与运营最终也能促成社会企业资本市场的出现，吸引公益创投资金，这些公益投资资金来源个人、基金会、商业性小额信贷公司、政府和国际国内的非政府机构。这些资金的运作组织也被称为公益性小额贷款组织，它们会以协会、爱心互助金、合作社、小贷银行等各种具体形式存在。基于社会效益的投资改变了传统“资本”唯经济利润的流向。

第三，与劳动力要素的结合。

在市场经济条件下，资本有机构成的提高必然带来劳动者失业的增加，由于资本技术构成的缘故，以追求利润最大化的企业倾向于雇用具有高技术含量的劳动力的偏好，同时，也无法忽视在社会生活各个领域存在的“社会排斥”现象。社会企业关注“劳动力就业困境”不像传统企业那样一味把眼光盯向既有优势劳动力，而是适应性地结合产品、岗位技能要求、地区和企业所处环境等特点，增加专门指向弱势就业群体的就业机会及就业培训，在市场运作规律中，通过雇用推动就业和弱势群体境况的改变，也不妨碍企业成为市场中的成功者。

第四，与土地要素的结合。

“土地”是对生产活动中以土地为代表的自然资源要素的总称，也是地域性的资源概念。随着工业经济的发展，自然资源供不应求而趋向枯竭，环境质量急剧恶化，循环经济发展模式备受关注。一定形态的社会企业可以被看作是循环经济的组织形态创新，这些组织专注于探索产品、资源等的循环和可再生利用，其在物质和土地资源的再使用和再循环问题上进行新的结合，目的是促进地区经济社会绿色发展。在这里，当地社区的地域性资源特征代表了土地这一要素资源，含有社会性要求在内的社区整体利益对土地资源的使用提出环保要求，新“土地”价值——强调优先使用当地人力、物力等资源和优先使当地社区受益等引导了以社区利益最大化为原则的地区发展。

第五，与技术要素的结合。

现代通信技术的发达，为所有的市场运营模式开辟出无限的空间，社会企业也利用这些信息技术手段进行组织形态的改变。“互联网+”形成各种形式的网店、APP端、GIS系统、线上线下等技术手段造就了技术信息型社会企业的出现，不仅如此，它们也在积极探索众筹、P2P、O2O、PPP甚至风投等与信息技术加社会公益相结合的组织形式。

总之，在促进社会要素同生产要素有机结合方面，用市场的手段解决社会问题，首先要把社会性的观念嵌入到管理者的管理思想和管理要素之中。社会企业的出现，首先要改变的是企业家管理才能这一要素，只有使传统的企业家转变为一个具有“社会企业家精神”的社会企业家，才能推动其创造性地发挥管理才能，积极促使社会要素同生产要素的结合，从而刺激其他传统生产要素发生变革。与资本要素的结合会形成公益投资型社会企业、与劳动力要素的结合会形成就业型社会企业、与土地要素的结合会形成地区资源中心型社会企业、与技术要素结合会形成技术型的社会企业类型。但是，形成社会企业家精神是其他要素得以发生变化的转换器，是首当其冲的关键因素，它撬开了社会性因素与生产要素的融合通道，以生产要素变革为核心、由企业家才能演绎出的社会企业家精神促成了生产管理过程中资本、劳动力、土地和技术四个生产要素的变革，从而演化为不同的社会企业模式类型。正是这些社会性因素促进了生产要素的变革，最终引起了企业性质的改变，使得从传统企业向社会企业的转变成为可能，从而导致各种社会企业运行模式的产生。

第五篇　社会创业与社会企业需要理性、包容、开放、创新的探索①

"社会创业"与"社会企业"是令人感受五味杂陈的词语。

笔者从2004年开始社会创业与社会企业的探索，和同道创办了基金、社会企业、社会创业与社会企业研究机构，进行社会创业与社会企业的教学、研究和实践。2013年8月底到英国北安普顿大学做社会创业与社会企业的访学研究。笔者和中国社会创业与社会企业界多有接触。笔者印象最深的是北京2009年李连杰壹基金年会的讨论环节，笔者向公益界代表建议，中国的部分公益组织可以考虑向社会企业学习。当时会场上绝大多数代表（大概几百名）挥着绿手帕表示强烈反对，只有十几名接受了社会企业家技能培训的同学表示支持。

这十年的历程，对比国外，笔者觉得中国的社会创业与社会企业需要理性、包容、开放、创新的探索。

首先，社会创业与社会企业的概念理解认识。"社会创业"与"社会企业"（Social Entrepreneurship，Social Innovation 或者 Social Enterprise），也译为"公益创业""社会创业与社会企业"，或"公益创新"、社会企业家、社会企业家精神等，是一个舶来品。

国内众说纷纭，莫衷一是。基本可以分为三类：一类是传统的

---

① 作者：汪忠，湖南大学中国公益创业（社会创业）研究中心副主任，湖南省青少年发展基金会理事，湖南大学工商管理学院副教授、博士，KAB创业教育讲师，首届中国社会公益创业导师，英国北安普顿大学社会创业与社会企业访问学者。

国内慈善和公益学界，可以说是偏“左”的。关键词几乎是“奉献”“无私”“道德”等，几乎是排斥“商业”“营利”更不要说“赚钱”了！一类是，国内有经济学和商学背景的谈论社会创业与社会企业的概念，是接近国外狭义的社会创业与社会企业的界定，就是以商业手段解决社会问题的创新活动。另外很特别的一类是社会创业与社会企业实践者，以实践为导向，不理会这些“虚”的概念界定。比如，被哈佛大学的老师赞誉的社会创业与社会企业案例中国兔王旭平兔业集团，其创始人三十年坚持探索了非营利组织、企业、志愿公益活动以及研究机构等社会创业与社会企业形式。著名深圳残友集团、形成公司、基金会、服务网、研究会、社工服务社等社会创业与社会企业系统。

国际上对社会创业与社会企业概念有几十种至上百种之多。对于什么是社会创业与社会企业，以及社会企业表现形式以及是否分红，是否可以赚钱，也在演变之中。社会企业和商业企业的界限也日渐模糊。英国“社会企业联盟”首席执行官 Peter Holbrook 撰文表示，英慈善机构超半数收入来自经营商业运作成趋势。我访学的英国北安普顿大学，社会创业与社会企业形式丰富多彩，有教学、研究和实践，实践形式非营利组织、社会企业和志愿公益活动等多种。徐永光老师曾介绍了中国社会企业改制案例，传统的专家认为必须变为“不分配利润”，结果让如日中天的社会企业元气大伤，几乎面临灭顶之灾。

理解和界定社会创业与社会企业概念，我们需要理性、包容、开放、创新的探索。许多概念是在变化的。中国当年学界对“到底什么是社会主义和资本主义争论”和邓小平的“贫穷不是社会主义”和“三个有利于”思想的启示，是有助于理解和界定社会创业与社会企业概念。中国社会创业与社会企业，要实事求是，不要画地为牢，自我封闭和自我陶醉，要强调过程和客观结果。只要是有利于社会利益的创新活动，我们都应该给予鼓励和提倡。

其次，社会创业与社会企业的参与主体和表现形式。社会创业与社会企业的参与主体，中国偏向于慈善公益界，而国外的就广泛得多。比如，牛津大学赛德商学院社会创业与社会企业研究中心对社会创业与社会企业的参与主体的界定是：个人（individuals）、组织（organizations，即包含企业、政府和非营利组织）和网络（networks，即个人和组织的联系连接状态）。社会创业与社会企业的表现形式，牛津大学界定得非常广泛："创新性"意味着这是新思想的产生和新模式的创建，从而解决社会或者社会环境问题。社会创业与社会企业的创新性体现在三个方面：新产品和新服务（体制创新）；现存产品和服务的更多社会效应的新用途（增量创新）；构造社会问题的新标准新定义和提出新的解决方案（颠覆性创新）。

国内外社会创业与社会企业的参与主体和表现形式差异，表明中国社会创业与社会企业偏窄，国外很宽。英国社会创业与社会企业体现在方方面面，从英国首相、英国大使馆英国文化协会，到各类组织和个人，乃至延伸到欧盟和世界各地。2014 年 1 月 16 日至 17 日，欧洲经济与社会委员会和欧盟委员会共同在法国斯特拉斯堡举办了社会企业大会，超过 2 千名代表参加，此次会议通过了《斯特拉斯堡宣言》（*The Strasbourg Declaration*），提出了 10 项关键的行动计划，旨在欧盟范围内大力推进社会经济与社会企业的发展。英国从 2009 年起通过英国大使馆英国文化协会在世界各地举行社会创业与社会企业培训。

中国社会创业与社会企业偏窄，主要体现在民政系统，这需要借鉴国外社会创业与社会企业参与主体的广泛性和表现形式多样性，需要包容、开放、创新的探索，这样活力和影响力才会大幅提升。

最后，社会创业与社会企业的效率效果差异方面。中国社会创业与社会企业很容易停留在道德层面和形式上的一些活动。节假日的送温暖活动、捐钱捐物活动。效率效果方面的考虑是需要加强的。"学雷锋日"，社会福利院、养老院、孤寡老人家等就被踏破了门槛。"学雷锋"的人，做"好事"还是老三样：扫地、擦门窗、陪老人聊天。有时为了拍一张给她洗头、洗脚的照片，洗了一遍又一遍，"服务"成了"折腾"。社会创业与社会企业的效率效果不是很强调。

国外社会创业与社会企业是促进社会进步、提升就业和创业水平等高度。在过去的三十年中，全球大部分国家以市场经济为基础，实现了经济的增长，但也造成贫富分化等社会问题。社会创业与社会企业强调创新创业的公共利益导向性，要有效地弥补市场的不足和缺陷。传统上，“非营利组织”（non - profit orgnization），或者说是“第三部门”（the third sector），政府部门、市场部门共同构成了社会三大支柱。这三个部门在传统社会体制下具有相对清晰的边界。但是，随着经济和社会的动态演进，三个部门的边界变得越来越模糊了。社会创业与社会企业是非营利组织和公共部门开始逐步引入了商业化的运作模式，而以“营利”为宗旨的公司开始向公共产品市场开放。

社会创业与社会企业要追求的效率效果。牛津大学认为社会创业与社会企业强调市场导向性（market orientation）。“市场导向性”表明社会创业的绩效驱动、竞争性和前瞻性，这需要更大的责任担当和跨部门合作。社会创业与社会企业既专门针对传统的竞争市场，但社会创业与社会企业又另外拓宽“市场”的概念，超越了新自由主义的私有市场交换价值，它嵌入了公益性和社会性。

提高中国社会创业与社会企业的效率效果，要摆脱道德绑架和形式主义，重视业务模式创新，不排斥商业和技术手段方法，重视管理创新，需要理性、包容、开放、创新的探索。正如阿育王基金会的创始人 Bill Drayton 所言：社会创业与社会企业不仅提供产品和服务，还要创新调动社会资源和公众参与，探寻解决社会问题引发社会变革的根本办法。根据知名咨询公司 Monitor 在 2009 年的一份研究报告，在未来的 10 年间，仅仅是在为年收入 3000 美元以下的人群提供住房、农村饮用水、妇女卫生、初等教育和金融服务这五个领域，就可能出现 4000 亿—10000 亿美元的投资，利润则能够达到 1830 亿—6670 亿美元。

英国领域权威杨氏基金会的报告，指出社会创业与社会企业机会巨大，需要政府、企业和第三部门的共同参与，采用创新模式。中国社会创业与社会企业需要理性、包容、开放、创新的探索，向古今中外学习优秀文化财富，合理扬弃，探索有中国特色的社会创业与社会企业道路。

专题二　国际慈善学人

公益慈善行业人才培养问题一直是行业的痛点。尽管当前国内有关公益慈善的培训林林总总，但高层次、系统性的学习还不多见。越来越多的从业者将目光锁定在海外，而人们对此又所知甚少。为此，本刊专门邀约公益慈善学园中有留学或访学经历的专家、学者共同设计了海外慈善学人专栏，将为大家分享学者们在哈佛大学、杜克大学等众多海外知名高校的留学访学心得和对这些高校的介绍，希望能够为有出国学习需求的实务界、学界乃至政界人士提供参考。

第一篇　全美慈善研究 No. 1

——印第安纳大学访学漫谈[①]

转眼间，一年的美国访学生活即将结束，从准备出国至今一年半的种种经历所带给我的人生体验，远比出国期间学业上的收获更为珍贵。

上篇　出国之路

从高中开始到读博期间，身边一直有同学朋友通过各种方式走出国门，而我因为种种原因，总是与出国失之交臂。工作之后，没留在高校，且成为“房奴”和“孩奴”后，几乎就觉得出国这事儿跟自己无关了。直到 2013 年年末，一位自费访学后归国的同事向我提起此事，才又一次萌发了出国的念想。不过离开了高校的平台，没有“组织”，全靠个人摸索，倍感迷茫，只能跌跌撞撞，不断尝试。

主动出击，申请 offer。本以为申请 offer 必须要有人推荐，但发现被动等待不如主动出击，决定自己尝试通过邮件自行与印第安纳大学（IU）非营利组织相关的教授联系。没想到，发出简历和 proposal 之后，竟然一周左右就得到了回复。我联系的教授不招访问学者，但推荐我与另外一位教授 Lenkowsky 联络，Lenkowsky 教授欣然应许，并在圣诞假期和 IU 被罕见大雪封校的情况下，用最快

---

① 作者：徐宇珊，深圳市社会科学院副研究员，现为美国印第安纳大学访问学者。

的速度发给我正式邀请函，让我得以赶上申请留学基金委资助的最后期限。我申请 offer 的个人体会是，专业排名靠前的学校可能更容易申请，因为相关领域的教授资源更为充足。

一线希望，申请资助。原则上，拿到了 offer 就可以开启访学之旅了，是否申请国家留学基金或者其他资助只是钱的问题。听说，在 2013 年之前，申请国家留学基金的流程是先通过英语考试，再申请留学基金，获得留学基金委的资助资格后再向国外大学申请。而 2014 年更改了流程，改为先拿到国外大学的邀请函，再申请留学基金，而申请时英语成绩不是必要条件，可以选择在留基委批准后补考英语。也就是说，我很幸运地符合了当年申请留基委资助的条件。自己不在 211 高校，且申请时没有任何英语成绩，尽管希望渺茫，但我还是抱着试试看的态度匆匆将材料准备好，赶在最后一天递交到广州。

意外惊喜，奋战英语。2014 年 3 月底，留学基金委公布了当年的录取名单，我竟然获得了资助资格。然而，兴奋仅仅持续了几分钟，随之而来的就是紧张和焦虑。我必须通过英语考试才能真正获得资助。此时距离 IU 给我 offer 的日期仅有四个半月了。复习、考试、出成绩、向留基委递交材料、办签证……就算一切顺利，时间也是相当紧张。虽然过去英语基础还可以，但毕竟差不多十年没有考过英语，几年没怎么碰过英语，一下子面对突如其来的英语考试，还是有些怵。认真比较了雅思和 WSK 之后，我选择了主攻雅思，兼复习 WSK，主要原因是雅思考试频次高，而 WSK 半年才考一次，错过一次难以弥补。于是，从 2014 年清明节后，我几乎放下所有的工作，专心复习英语，差不多十几年没有这样的“备考”状态了，深感体力不支。但随着复习的深入，我能感觉到丢掉的英语正在一点点捡起来，信心也在一点点恢复。（复习期间，我才得知，原来很多高校的老师都是参加了留基委在各地办的英语培训班，培训几个月后参加考试即可获得留基委认可的英语资格，但当时我已经错过了春季培训班，无法报名。）5 月底，雅思考试，6 月初，拿到成绩，虽然分数不高但也足够用了，于是开始正式准备出国前的各种事宜。

网络时代，充分准备。几乎没怎么出国旅行过的我，一开始对于赴美确实是两眼一抹黑。有一天夜里做梦，梦到自己和 7 岁的女儿到美国找不到住的地方，露宿街头。但是随着一点点地尝试，通过各种信息手段，认真查找各类资讯，未出国门我已经对将要去的布卢明顿小镇谙熟于心了。尽管网速有点慢，但我们确实可以在国内查到几乎所有到美国后需要的信息和资源。在网上与小区管理处联系，预订好公寓；预订了下飞机后的大巴车票；了解了女儿上小学的学区划分、入学准备材料及入学时间，比对了解国内外对预防接种的要求，提前补打了预防针，甚至从网上看到了女儿小学每天的食谱；预订了床铺等基本家具；提前查好了从公寓到附近超市的路线；提前购买了美国电话卡……尽管这一切都可以在赴美之后进行，但是考虑到我自己带着女儿，又没有熟悉的朋友接应，还是尽可能地在国内把一切考虑周全。事实证明，在国内的充分准备大大提升了我们在美国的适应速度，基本上当天就安顿妥当，五天后小学新学期开始，女儿就高高兴兴坐上校车去上学了。

对于高校老师，特别是 211 的高校老师而言，访学之路可能比我平坦很多，因为每一步都会有学校的指导和提示，只要跟上统一步伐就好了。此外，很多省市和高校现在为了鼓励教师出国深造，也有一系列校内资助政策，会有更多的选择机会。幸运的是，尽管我没有“组织”的平台，但是我的工作单位和诸位师友给了我最大的帮助。深圳社科院的领导和同事给了我最大的空间和自由，为了让我安心复习考试，领导主动分担了原本属于我的工作任务；清华 NGO 所的几位老师、博士后和师弟师妹们给我提供了非常宝贵的信息；上海映绿的庄爱玲老师在重感冒中连夜帮我修改 proposal，许田老师的先生 Bob 通过 QQ 语音帮我模拟雅思口语测试……

每走一步，我都是抱着试试看的态度，尽管不抱希望，但都全力以赴。经过不断的尝试和认真的准备，眼前的道路也越来越明朗起来。原来，一切并没有想象的那么难，哪怕条件不具备，其实也可以试试看！

下篇　在美生活

在美一年，印象最深的大概就是到小镇上的各个非营利组织调研走访了。最初，激发我调研兴趣的是一次跟随 IU“中国公益研习社”的学生们有组织地到一家机构参观。这次调研让我信心大增，原来只要我提前准备，参观时与非营利组织的负责人交流几乎没有太大问题。既然是 visiting scholar，那就多多 visiting 吧。

与国内公益圈的大腕来美考察不同，自然没有人给我这个无名小辈安排好调研考察行程，一切都要靠自己联络。说实话，在国内调研时，我最怕的就是前期联络，往往需要找关系、找熟人、开证明，折腾下来比访谈本身还累。决定开启在美国的调研之旅后，我打算先试试看，不通过导师推荐，自行联络，实在碰到困难再向导师求助。

我通过 Google、Guidestar 等检索所在地区知名度较高、评分高、交通方便的非营利组织，在其官网上找到 CEO 的 Email，然后就直接发邮件预约。刚开始的一两封邮件石沉大海。之后我用 IU 的 . edu 的邮箱发邮件并附上个人简历，大都可以在一周内得到回复，两三周的时间内预约到访谈了。其实，不管访谈内容如何，仅仅是预约调研本身已经足让我感动。不需要什么推荐，更不用什么介绍信，仅仅靠一封个人邮件，就可以见到 CEO。当然，之后有些一直未联系上且导师熟悉的机构，我还是让老师帮忙发邮件提前打了声招呼。

如果说给当地非营利组织的负责人发信联络调研主要在于有勇气尝试外，那么调研本身则要精心准备了，调研前后要花费几倍的时间了解相关资料和整理调研记录。特别是预约时间短的访谈，更要精选问题，在最短的时间内得到最多最有效的信息。最初调研时，我并没有太多明确的目的和想法，只是想多走走多看看。后来一位同去调研的其他专业的老师无意中说，调研资料那么丰富可以写点文章。于是给了自己一些压力，把调研内容写成了若干案例，积累了几万字的资料。在美调研另一方面的准备是礼物，从国内带些具有中国特色的小礼物，会显得更为礼貌和真诚。

走访当地的非营利组织，让我得到了多方面的收获。专业领域的体会自不必说，对美国社会本身的了解也更为深入，我深深地感到，非营利组织、志愿服务的确是浸入到美国人血液中的，是普通美国人生活中不可缺少的一部分。由于调研，我可以更好地了解女儿学校里发来的各种募捐信和一些相关活动。由于调研，我发现了Boys & Girls Club 这家公益性托管机构，为女儿找到了最佳的课后去处，她在那里最大限度地发挥了自己的潜能。在此之前，访问学者圈里的中国人几乎没人知道这家机构，也似乎没有当地的中国孩子到这家机构参加活动，是公益调研让我意外地发现了这个大宝藏。

其实，除了调研走访，在美国生活的各个方面都离不开“勇于尝试”。来美后，很多中国人的普遍感觉是，美国并不像我们想象中的有制度和标准，自由裁量权似乎很大。例如，我周围每个人缴纳的电费押金各不相同，相同的公寓租金也略有差异。最初我对这些感到不可思议，但在我的调研中似乎慢慢明白其中体现的美国特色。当我问一些机构是否有公益项目的遴选或评估制度时，得到的往往是比较模糊的回答，它们有一些原则性标准，但并没有我们想象中的细致的评分表格。社区基金会对每个资助项目的拨款比例各不相同，既有一次性付清的，也有分阶段报销的；一家儿童器官移植筹款机构对每个患儿的筹款目标额度都有差异，哪怕是同一病症，因所在区域不同，额度也不同；甚至为无家可归人士提供短暂住房的机构，也会根据每个人的需求设定最长居住时间，不会因为所谓的标准把真正需要帮助的人提前赶出去。总之，不管是在我居住的公寓管理处，还是在调研过程中，我常常听到的就是 Case by Case。也许这就是判例法系在美国人生活中的生动体现吧，也许这就是美国人性化的一面。

这些 Case by Case 的人性化处理，其实对我们这些初来乍到、短期在美的访问学者来说，由于缺乏标准，往往困难大于好处，会觉得美国人“欺生”。那么在这种情况下，更需要我们有尝试的勇气。选课听课、调查访谈、租赁公寓、购物打折、商品退还、租车订房、盗刷退款……从学习到生活，都可能发生各种囧事，遇到各种奇葩，不要怕听不懂，不要怕麻烦，多问一两句，多发一封邮件，多留意一下，一切皆有可能。当我把一切插曲都当作了解美国社会的窗口，把与美国人之间的任何接触都当作练习英语的机会时，心态也就自然有所不同了。

总之，前后一年半的出国历程是一个不断尝试、挑战自己的过程，尽管有成功有失败，但这一过程让我更加相信自己驾驭生活的能力，更愿意以乐观的心态迎接未来生活中的种种挑战。

第二篇　社会创业型大学的领先者：英国北安普顿大学访学漫谈[①]

英国是世界上社会创业与社会企业最发达的国家之一。由中华人民共和国国家公费出国留学资助，本人以访问学者身份在英国北安普顿大学于2013年9月到2014年9月为期一年从事创业和社会创业教育的访问学者研究、教学学习以及社会创业的国际合作工作。合作导师是Simone Denny教授和何邵炜博士。

一　英国北安普顿大学社会创业与社会企业相关介绍

北安普顿大学是首批获国家教育部认证的英国综合性大学。北安普顿大学坐落于素有“玫瑰之郡”美名的北安普顿郡。前身可追溯至800多年前，堪称历史最悠久的古老大学之一。当年和牛津大学、剑桥大学并称英国历史最悠久大学。可惜由于战争，其被战胜方勒令停办，失去了和牛津大学、剑桥大学一样的历史积累和发展。北安普顿大学经过恢复发展于1975年正式命名。北安普顿大学校内有约10000名学生，包括近1000名来自全球100多个国家的留学生，其提供从大学预科到博士学位的课程。皮革、护理、环境、建筑、管理等在英国享有很高的声誉。

---

① 作者：汪忠，湖南大学工商管理学院副教授，英国北安普顿大学访问学者。

北安普顿大学是英国新兴大学的代表。它是2013年英国大学生最满意大学，也是2013年英国大学就业率最高大学。北安普顿大学2014年英国《卫报》排名第47位，较前一年跃升40多位，是英国高校排名上升幅度最大的大学之一。在《泰晤士报》排名第59位。地理位置优越，处于伦敦1小时生活圈，而生活费仅为伦敦的55%。北安普顿大学商学院在全英123所大学商学院满意度排名第8位。“全英最经济学生公寓”评比排名第一。

北安普顿大学力图通过创建社会创业型大学重新振兴，其建立了教学、研究和实践有机融合的社会创业生态体系，号称英国社会创业教育的第一大学。2010年北安普顿大学制定战略目标：2015年成为英国社会创业型大学的领先者，目标在2013年提前实现。它是英国乃至全球高校明确以社会创业型大学作为战略指导思想大学，大学校长在国内外亲自宣传其社会创业教育，社会创业教育的宣传几乎无处不在。它在全世界范围内建立起广泛的社会创业合作网络，比如它是英国第一个加入全球社会创业阿育王网络，获得“改变世界校园”的社会创业国际奖项，学校连续多年获英国创业型大学奖，两位社会创业领导者先后获得英国女王创业奖，获得女王接见嘉奖。

北安普顿大学社会创业教育核心价值观是：北安普顿大学的社会创业界定为“社会价值导向，使用市场效率原则规则，实现社会的结果”。社会创业的核心价值观主要体现为以下三方面：“第一，提供增强学生的经验。我们将提供最高品质的独特的学习体验，发展社会创业的理论和实践能力，是准备未来的领导的社会创业者。第二，提供创业、创新、进取能力。我们将鼓励、支持和发展创业技能，我们的学生、员工以及和我们一起工作的社区成员形成积极进取的态度。第三，通过提供我们的价值观社会包容和社会创新。我们将努力提供一个更公平、更具包容性的社会。”

2010年北安普顿大学制定其社会创业教育的战略目标是：2015年英国社会创业型大学的领先者（在2013年提前实现），2018年成为世界社会创业教育领先大学。北安普顿大学社会创业教育的战略目标：高度致力于支持社会创业和社会创业精神，鼓励创业和创业精神，增强学生的创业和创业精神经验是北安普顿大学社会创业教育的战略目标的出发点。

北安普顿大学社会创业教育的战略举措主要体现以下七个方面：（1）提供所有学生独特的学习体验，使其具备就业和创业技能；（2）社会创业的教学、研究和实践有机融合；（3）提供全国性社会创业支持；（4）社会创业投资；（5）大学的社会创业支持功能；（6）为利益相关者创造更公平的社会；（7）影响英国社会创业政策和实践。北安普顿大学社会创业教育的七项措施的核心：给学生提供独特的机会，以发展其就业和创业技能。不管学生未来决定做什么，目的是帮助其在职业生涯脱颖而出。

二　导师研究方向以及申请简介

合作导师 Simone Denny 教授是 University of Northampton，UK 社会创业研究中心主任，2010 年 4 月英国女王特意为他授予女王奖励章。他是对社会创业激情澎湃而充满创新性和行动力的教授！

我是 2011 年 4 月参加中英创业教育论坛，我做了湖南大学社会创业教育的分享。会议上认识了英国北安普顿大学商学院何邵炜博士，得知英国北安普顿大学英国社会创业（公益创业）教育排第一。双方有共同的合作兴趣点，在英国北安普顿大学商学院何邵炜博士、国际合作处等老师的帮助下，所以我很顺利就获得邀请函。

英国北安普顿大学中国要素体现在以下方面：（1）英国北安普顿大学国际合作处的负责人是中国人张喆以及工作团队，经过十年耕耘来吸引大量的中国学生留学北安普顿大学。（2）英国北安普顿大学中国人何邵炜博士等老师积极参与的英国首相行动计划“提升学生创业与就业能力——韶关与北安普顿模式”获得英国文化教育处表彰，社会创业教育国际合作已经有基础。（3）英国北安普顿大学有个中国学生陈熙慧成为英国北安普顿大学甚至英国高校有史以来的第一个华人学生会主席。陈熙慧同学 2013 年 3 月被英国全国学生联合会评为2012—2013年度评价最高国际学生。(4) 英国北安普顿大学中国学生学者联合会主席胡晟以及其博士指导教授、学校社会创业研究中心主任 Simone Denny 教授。(5) 英国北安普顿大学国际合作处驻大中华区办公室为华人与英国北安普顿大学提供了巨大的便利!

三 社会创业与社会企业访学经历简介

通过中国国家留学基金委资助，在北安普顿大学 Simone Denny 教授、何邵炜博士以及北安普顿大学驻大中华区办事处的帮助下，我期望学习北安普顿大学的社会企业方面的研究、教学和实践，在为期一年的时间内，我主要做了以下工作。

(一) 英国高校创业以及社会创业教学学习与交流

1. 英国高校创业以及社会创业课堂学习

我全程参与旁听学习了低年级到高年级乃至研究生英国高校创业以及社会创业课堂教学过程，我分别听了一、二、三年级不同的课，比如《Introducing Social Enterprise》《Enterprise & Opportunity》《Opportunity, innovation and entrepreneurship》《issues in Small business and entrepreneurship》以及 MBA 创业课，了解英国大课堂乃至小课堂以及英国高校创业以及社会创业课堂社会实践考察过程。

2. 英国高校创业以及社会创业讲座培训学习

因为英国北安普顿大学目标是2015年前成为英国社会创业的第一，所以有很多社会创业讲座。只要有机会，我就积极参加英国高校创业以及社会创业讲座。了解英国高校创业以及社会创业讲座形式与方法。第二，我积极参加社会创业培训，如《Teach First》社会创业培训，研究生 MBA 培训，如《The MBA in a day》，了解英国社会创业培训内容形式、组织安排等。

3. 给中外学生做有关中国社会创业教育的讲座

应访问学者指导老师 Simone Denny 教授要求，我于2013年10

月 14 日在北安普顿大学会议中心（Sunley Conference Centre）给中国留学生做了有关中国社会创业教育的讲座。为促进学生社会创业教育国际合作，2014 年 1 月 24 日，我给英国北安普顿大学面向国际学生《中国文化研究》课选修学生讲授中国社会创业和社会创业教育文化。

4. 写作有关创业以及社会创业教材以及英国高校创业教育教改论文

结合中外创业以及社会创业资料，写作有关创业以及社会创业教材，今、明两年内能够出版。写作了英国高校创业教育，特别是北安普顿大学社会创业教育教改论文《英国大学社会创业教育体系的特点及启示——以北安普顿大学为例》，准备在中国相关期刊发表。

（二）创业以及社会创业等研究

1. 创业以及社会创业学术国际合作研究

我阅读国外有关创业以及社会创业研究文献，和北安普顿大学 Simone Denny 教授、Richard Hazenberg 博士、Fred Seddon 博士、何邵炜博士以及胡晟博士等开展合作初步研究，和他们合作撰写了《中国大陆、英国和香港社会创业比较研究》的文献综述以及课题申报书。

通过网络和湖南大学研究团队申请了社会创业长沙科技局课题（以社会创新生态系统促进长沙生态文明城市建设研究，长沙市软科学研究项目，主持，2013. 06—2014. 06），写作两篇中文核心期刊论文[①]。指导研究生的社会创业开题、论文修改以及答辩等科学工作。和何邵炜博士等共同写作科学论文《The rise of China's innovation giants and the emergence of new new geography of innovation：im-

---

① 汪忠、吴倩、胡兰：《基于 DEA 方法的社会企业双重绩效评价研究》，《中国地质大学学报》，013，13（4）：106—111.（CSSCI 源刊）；汪忠、吴琳、张乾梅、胡兰：《基于模糊综合评价法的社会企业合作伙伴选择研究》，《财经理论与实践》2013 年 34（184）：104—108.（CSSCI 源刊）

plications for the global economic organisation》并投国际期刊。

2. 促进学生层面的社会创业合作研究

为促进中外学生社会创业合作研究，我积极参与和促进了有关学生层面的社会创业合作开展，由于语言问题、文化差异等，与期望和目标有些距离。这仅仅是开始，希望未来越来越好。未来联合培养社会创业的本科、硕士、博士乃至博士后的途径和方式，进行多种形式的社会创业研究。

3. 参与相关学术教育研究研讨会

在访问学者指导老师 Simone Denny 教授、Richard Hazenberg 博士、Fred Seddon 博士、何邵炜博士以及胡晟博士帮助下，我多次到伦敦参加社会创业相关学术研究研讨会。我也两次参加了由英国大使馆文化教育处牵头的中英高校教育论坛，分别是 2013 年 12 月 10 日诺丁汉大学举行的《协同创新：中国—英国高等教育论坛》和 2014 年 3 月 25 日布里斯托大学举行《中英高等教育创新与协作会议》。

（三）国际合作与交流沟通方面

1. 国际教学合作

第一，到英国北安普顿大学不久，我就参加了该创新创业课程组老师的教学研讨活动，为整个访学期间的创新创业教学合作打下一定基础。

第二，观摩北安普顿大学乃至英国高校的本科和研究生的创业教育和社会创业教育的教学方式，将其先进的教学方式引进到中国。并在 2014 年 5 月促成，以湖南大学分管国际合作的副校长曹一家教授，以及湖南大学远程与继续教育学院两个副院长和分管国际教育合作主任一行的湖南大学代表访问北安普顿大学，探讨教学合作模式和方式。

第三，主要以 2014 年 7 月和 8 月为主，我和北安普顿大学创新创业课程组老师共同撰写湖南大学与北安普顿大学本科和研究生的创业教育和社会创业教育国际合作与教学培养方案。

第四，通过湖南大学与北安普顿大学本科学生层面的社会创业教学课余合作，探讨未来联合培养社会创业的本科、硕士、博士乃至博士后学生。

2. 国际交流与沟通

第一，2013 年 9 月观摩泰国教育部长和其国内的 50 个大学校领导到英国学习社会创业教育一样，希望未来能够促成中英学习交流创业教育和社会创业教育国际合作。为此在英国当访问学者期间，积极通过邮件方式和中国相关组织沟通，希望为未来国际交流与沟通打下初步基础。

第二，通过博客、QQ 等多种媒体沟通方式，我介绍了到英国当访问学者的流程，特别介绍了北安普顿大学创业教育和社会创业教育情况，在我、何邵炜博士以及北安普顿大学驻大中华区办事处的帮助下，我协助了两个中国高校学者到北安普顿大学当访问学者，希望未来能够帮助中国更多同道。

第三，协助中国青年报、联合国 KAB 创业教育中国推广办与国内同行一起建立中国公益创业标准，为中外公益创业青年国际交流与合作做点力所能及的工作。

3. 媒体宣传报道和介绍

第一，在中国著名的《中国青年报》乃至行业报纸《公益时报》结合国内外创业和社会创业发展动态，写作评点创业教育和社会创业。

第二，通过自媒体博客、QQ 介绍创业与社会创业教育的国内外动态。利用访问学者大量可支配的业余时间，利用公开网络等各方面资源，转载数千篇创业与社会创业教育的国内外动态以及相关资料。

另外，到英国当访问学者，我和北安普顿大学 Simone Denny 教授、Richard Hazenberg 博士、Fred Seddon 博士、何邵炜博士以及胡晟博士等一起在试图加强国际合作与交流沟通方面进行一些尝试。

第一，在英国试图举行全球社会创新创业论坛，未来在中国试图举行《创新创业世界博览会》（简称“创博会”）。第二，甚至希望在英国大使和北安普顿大学帮助下，能够促成2016年“岳麓书院创建1040周年暨湖南大学定名90周年”校庆时间，像北京大学100周年校庆一样，促成中英教育部部长对话以及世界大学校长论坛，希望其中的主题之一是社会创业教育。第三，在中国政府支持下，联合相关高校组织促成以社会创业为主题的孔子学院能够在北安普顿大学建立。第四，联合中国相关高校，希望中国高校在北安普顿大学帮助下，加入社会创业全球阿育王全球联盟。第五，促进全球社会创业联盟建成，在北安普顿大学帮助下促成全球社会创业联盟北安普顿大学社会创业组织，协调社会创业的教学、研究和实践，促进国际协作。

我到英国当访问学者仅仅是一个开始，也许我会将一生投入到创业乃至社会创业的教学、研究和实践事业中去。衷心感谢一直以来帮助我包括国家留学基金委、中国驻英国大使馆教育处等各位老师和朋友的帮助！

第三篇　思考全球化、行动在地化：台湾访学分享[①]

提笔去回顾台湾那段访学经历的时候，已经过去了四年，不过那段经历记忆深刻，确实值得一番回味。四年前，正值学校与静宜大学签署协议共同建设社会工作专业，并在同年开设有两岸社会工作联合培养生项目，为了推进项目的实施，单位委派我在台湾负责项目的设计开发，并在静宜大学社会工作暨儿童少年福利学系、台北大学公共行政暨政策学系进行为期一年的访问学习，研究的主题为非营利组织与社会企业。

一　台湾地区非营利管理教育和研究

凭着自己在文献上对台湾非营利组织的一点点浅薄认识便开始了自己的访学生活，其实每天在忙碌于一些具体问题上，是很难从宏观去了解整个台湾学术圈生态的，直到自己不断去参加各种学术会议，向合作教授与同仁请教，经过了一年在台湾的生活，才逐步看清楚台湾非营利管理教育和研究的整体轮廓。岛内从事非营利教育与研究的系所大致有三种模式，第一种是公共行政为主的相关系所，在教学与研究方面相对成熟，也汇集了大批知名学者从事该领域的研究，绝大部分公共行政系所都开设有非营利组织管理课程，

---

① 作者：杨志伟，北京师范大学珠海分校法律与行政学院讲师，社会工作教研室主任。

少数大学在大学部设置了非营利组织或公民社会学群课程，多数相关系所在研究所、在职专班中都开设有非营利组织管理的硕博研究生研究方向或学程，如台北大学、政治大学、淡江大学、世新大学、暨南大学、东吴大学等。第二类主要是以社会工作为主的相关系所，绝大部分大学将非营利组织管理纳入专业必修课程中，有些大学将非营利组织管理的内容与社会工作管理进行合并开设，无论在教学还是研究上，以非营利组织管理为主题的间接社会工作的研究也非常热门，近年来随着发展社会工作的兴起，跨学科、跨领域的研究也成为一股新的力量，如台湾大学、台北大学、辅仁大学、东吴大学、东海大学、静宜大学等。第三类就是从商科背景来研究非营利组织管理的，特别是社会企业与社会创新、公益创投等领域的研究，如辅仁大学，整合了管理科系的资源来推动社会企业的教学与研究。

或许是自己本次访学跨越了社会工作与公共行政两个学科的缘故，原本觉得有些压力和惶恐，但是换一个学科来看待同一个议题的时候，其实会有不少新的 Idea，随着时间的推移，这种跨学科间的互动还是能产生不小的能量。正因为台湾在非营利教育上也非常多元的情况下，选择来台湾访学的学者也可以尝试申请在不同的学科进行访问，也许是一个不错的体验。

二　课程比较注重与学生互动和移地教学

在静宜大学与台北大学访学期间，参与了一些非营利组织管理、社会工作、社会企业、公共管理课程的学习，如纪金山教授的《非营利组织管理》与《社会企业》、张秀玉副教授《家庭社会工作》、姚奋志助理教授《方案规划与评估》、陈金贵教授《非营利组织研究》与《公共管理专题研究》、丘昌泰教授《社会研究方法》、林淑馨教授《公共管理》、张四明教授《政府绩效评估》、蔡文贤副教授《公益创投与社会企业》等课程，还参加了课程的多次教学与参访活动。

这些课堂教学的课程给我留下非常深刻的印象：第一，大学间无论生源层次、师资队伍、教学风格、教学方法以及对待实务的态度都有着很明显的差异，即便是对待非营利组织同一议题的教学与研究，各学校都有着较大的差异，例如，台北大学公行系的学生更注重与高考（等同于大陆公务员考试）相关的课程，而静宜大学社工系的教学就相对比较注重实务训练；第二，课程设计与课程资源相当丰富，配合课程会邀请实务部门的人士来课程进行分享，除了要求学生有志工实践外，还会安排异地教学或参访的项目，让学生对某些议题更有感，而学系也会在经费与行政上给予支持；第三，课程会要求学生进行引言报告或者课程导读，客观推动了学生对议题研究的深入，学生一般都会通过小组的形式提前了解相关的主题与案例，对授课内容有了一个初步的了解；第四，硕博班课程基本采取美式教学方法，小班教学，互动讨论频繁，思辨性很强，课前阅读量较大，每节课程都会有必要严格的研究主题报告，由课程成员进行评议与反思，老师也会鼓励从多学科的角度去分析非营利议题，特别对于其中的伦理与价值的议题会进行详细讨论。

三　学术研讨会是接触和认识学术圈最好的选择

除了上课以外，其实还是有不少时间是可自由支配的。在台湾访学一年，最难能可贵的是可以参加各种研讨会，而且关于非营利管理相关议题的研讨会特别多，如学科专业学会年会的台湾公共行政与公共事务系所联合会（TSAPA）、公共行政学会年会、台湾社会学会年会、台湾社会工作教育学会年会、台湾社会工作专业人员协会年会、台湾社会福利学会年会，这些年会每年都会有大量非营利组织相关的论文发表，并设有相关的研讨会场。政治大学公民社会暨地方治理研究中心（亚太公民社会论坛）、政治大学第三部门研究中心（台湾第三部门学会年会，台湾第三部门年度学术研讨会）、辅仁大学非营利组织管理硕士学位学程（非营利组织管理学术与实务研讨会）、辅仁大学社会企业硕士在职学位学程（台湾社会企业创新创业学会，社会企业学术研讨会）、法鼓文理学院社会企业与社会创新硕士学程（两岸 NGO 实务暨人才发展论坛）等学术团体会定期举办相关的研讨会。此外，相关的系所每年也会规划举办相关主题的研讨会，大多都会涉及非营利组织管理相关主题。

参加学术研讨会一般不须缴纳会务费用，按照主办方的要求提前在网络上完成注册即可，勾选出席研讨会的具体场次。待研讨会办理签到时，主办方一般都会将研讨会议程以及会议手册发给与会人员，就可以直接参加研讨会的旁听与讨论了。因为这一年参加社会工作与公共行政学科领域约 30 多场研讨会，不难发现研讨会除了在组织程序上规范以外，相关主题都经过严格的甄选，绝大部分与会者来自于社会多个领域，如政府部门、实务部门、教师、学生、国际代表等，在互动讨论的环节中都能针对具体问题进行实质的交锋与探讨。当然，出席很多研讨会还可以向主办方索取参与证明，因为台湾地区很多政府部门、实务部门以及研究生有终生/进修学习时数的要求。

四　实务参访才可以看到非营利组织的多元样貌

在台湾研究非营利组织最大的优势就是拥有大量的样本可供选择，非营利组织的多样化、个性化以及规模化是最难得的素材。得益于两个访学单位的安排，有幸能对北部与中部的多家机构进行参访，如家扶基金会、励馨基金会、儿福联盟、生态绿咖啡、中华育幼机构儿童关怀协会、主妇联盟、创世基金会、台湾农夫、清水沟重建协会、福气社区关怀协会、大志杂志、喜憨儿社会福利基金会、佛光山文教基金会、慈济功德会、龙眼林福利协会、台北市社会局、台中市社会局、宜兰县社会福利馆、台中地方法院少年法庭……这些能让我看到台湾非营利组织的多元样貌。

在访问期间，对实务参访部分应该是可遇而不可求，会受到诸多因素的影响，特别是不同区域可接受访问的机构相对较为分散。而我正好也利用了课程参访、系所拜访实习机构、研究案专访、合作教授协助拜访等多种机会，才争取到了对相关机构的参访与了解过程。在对这些机构参访的过程中，可以透过网络或者其他途径做好参访前的功课，对它们的发展背景材料有个粗略的了解，这样也更利于与参访对象去交流。在参访过程中，总能看到很多非营利组织能创新地去解决社会问题，如创世基金会的发票募捐、儿福联盟的社会议题倡导、台湾农夫的生态农业经济、弘道老人福利基金会的不老骑士，等等，这些都可以作为我们研究的个案或者素材。

五　善用图书资源让访学事半功倍

在访学过程中，图书馆想必是每位访问学者最重要的阵地了，学校都会为访问学者申请办理访问学者证或图书馆借阅证，可借阅的图书册数与校内学生大体相当，可使用图书馆内所有的公共资源。更可喜的是，北部、中部和南部大学间都有图书馆馆藏互借以及文献传阅的合作方案，大致就是联盟内的大学可以互借图书，资源利用率较高。以证件作为抵押可以出入所有高校图书馆，凭访问学校邮箱 ID 及密码可以在所有学校登录利用 WIFI 网络。

受到市场因素的影响，台湾学术著作出版市场近年来都不太景气，市面上关于非营利管理相关的图书相对是较少的，之前一些经典著作因没再版也很难在市面上见到了。而台湾地区非营利组织管理不仅在实务上，还是在研究上，其实早年是积累了诸多有品质的研究成果，特别值得当前大陆借鉴与学习。所以在这种情况下，勤于奔波于各高校图书馆，查找历史馆藏图书，是获取相关研究资料的很好的途径了。此外，20 世纪 90 年代以来，举办过多场比较重大的研讨会，汇集了诸多有一定影响力的论文与研究报告，这些一般也只能在大学图书馆或学科资料室才能查找。

不过当时也让我为难的是，囿于知识产权的保护，很多学术期刊论文并没有授权在网络发布，利用相关文献需要查阅纸本杂志，硕士与博士论文也较少授权在网络公开……遇到这种情况，只有通过图书馆文献查阅或直接前往馆藏地图书馆调阅资料，但费时且效率较低。所以，在台北访问期间，可以好好利用国家图书馆的相关资源，无论图书馆藏还是论文、研究报告的馆藏都相对丰富且完整。不过，受到智慧财产权的限制，相关图书的影印量是有一定限制的，超出影印量可能会受到处罚。

第四篇　最美的七年，我的慈善之路[①]

打开玻璃门，远远地看见大厅里坐着一位清新大方的中国女孩。“她应该就是来找我的那位即将入学印第安纳大学礼来公益慈善学院的博士师妹”，我心里琢磨着。我走过去自我介绍，然后带她到街对面的餐厅坐了下来。她此程是来纽约探友，顺道向我了解传授博士学习经验的。我望了望窗外，看着窗外熙熙攘攘穿梭的人群，猛然意识到印第安纳博士学习真正的已经逐步向我远去，忙忙碌碌中我已经奔向了新的生活：读书、备课、写作，还有自己的家庭和生活。是时候对过往七年峥嵘的求学岁月做一个回顾和总结了。看着对面的师妹，她让我想起了7年前的自己，充满希望又满怀忐忑。2008年，我刚完成中欧论坛南中国区的工作，受论坛很多有志之士的社会精英和知识分子影响，我萌生了读博士的想法。我想如他们一样能够用知识和影响力推动中国社会的发展。在广州中山大学的国际事务工作中，我结识了印第安纳大学—普渡大学—印第安纳波利斯分校的常务副校长比尔—普拉特（Bill Plater）教授，他向我介绍了当时的慈善研究中心（Center on Philanthropy），也就是现在的礼来慈善学院。我立即对这种既有人文关怀和哲学追求，又对推动社会发展有实践意义的学科产生了兴趣，并有意迈出勇敢的一步，放弃稳定的工作，重新开始一段新的人生体验。不得不说，申请这个学科的时候是2007年年末，那时，汶川地震尚未

---

① 作者：何莉君，纽约佩斯大学文理学院公共管理系助理教授，印第安纳礼来家族慈善学院博士。

发生，社会对公益慈善也是不温不火，申请这样一个非主流的学科，是一件很冒险的事情。一方面，我要放弃已经拥有的一切，另一方面，对这个学科的就业前途茫然未知。一位备受尊敬的友人很支持我读这个专业，认为社会公益事业的发展是一个国家发达的标志，社会一定是朝这个发向发展的，这个学科以后一定会发展起来。就这样，他的一句话让我的人生道路拐到新的道路。当时，我心里想的就是如何推动民间社会发展，对其他学校和其他项目了解也不多，从没想到有机会出国留学的我带着试一试的态度申请了印第安纳大学慈善研究中心唯一的一个项目。庆幸的是，我被录取了。考虑到我之前是英语文学背景，没有社会科学研究的理论基础，中心的教授建议我先读硕士，再读博士，这样可以让我打下坚实的学术基础同时给我时间深入了解和重新审视自己读博士的选择。我有些犹豫，担心这样漫长的学习会“耽误”自己的大好青春，担心自己的自私会为父母带来精神和经济负担。虽然我出身不贫寒，父母暂时用不着我养他们，可也远不能承担我出国留学的任何学费和生活费。于是我向学校申请了奖学金，并顺利找到自己在美国的学费和生活费的慈善资助。一向相信知识就是力量的父亲欣然鼓励我出国留学。带着几分青春的惆怅，2008 年 8 月，我踏上了美国求学之旅。我问了师妹的年龄，告诉她：“不要怕，也许真正美好的青春就在这象牙塔里，在这里，头脑得到滋润，性格得到锤炼，心灵和气质可以变得更纯净，倒是一种幸运。”师妹点了点头，接着问：“你为什么要读博士?”这是一个极好的问题。从最初到现在，我的理想和使命一直是想通过丰富的学识、国际的视野推动中国公益的发展，从而推动社会发展。有了这一个清晰的目标，我在听课、生活和实践中不断体会这些国外的知识和理论对中国的现实意义；很多期末论文我会有意识地写关于中国的话题，我会关注国内外的行业新闻和学术动态，我还很乐意地支持学院和学校领导在中国的各种学术交流，我开始写很多关于中美公益慈善的时评文章和专栏，创建了中国青年公益领袖行动的学生组织，并在基金会中心网总裁程刚先生的号召下回国帮助开启了中国第一个本科生公益慈善管理方向的项目，帮助了中国的企业家、慈善家在美的各种学习和交流活动。虽然做了很多博士生不会做的事，但是只要我认定这是可以推动中国公益慈善发展的事，我都做了。这样的我，非常忙碌，有时也会迷茫，在有限的时间和精力面前，我不可能做所有的事情，更不可能总是在同一时间做所有的事情。我的迷茫，还源于这个理想里没有放进自己。

所以，我放慢了脚步，坐下来重新思考读博士之于我的意义，思考自己的未来职业发展方向，还有我的人生。后来，我对这个读博士的意义的问题慢慢有了更具体的答案：读博士是为了完成自己内心一直想达到的学术高峰，为了让自己更加理性而审慎的思考力，为了满足心智里的好奇心，培养自己系统、条理地处理问题能力、专心细致而又深度地分析和解决问题，培养自己出色的语言和写作交流能力以及人际合作能力等。这个目标更多是关乎能力和品性，而较少关乎我是要从事学术研究教职还是做行业领袖的目标。到最后的论文研究和写作阶段，我只有一个目标：认认真真、专心严谨地做好一个学者，顺利博士毕业。和你们一样，我对自己最后的答案也有点意外，读博士的目的，就是做好一个学者应该做的事，拥有一个学者应该有的品性和能力。这样的目标与我而言，最坚实也最踏实，也是最具挑战的。

第一个建议关于这个“为什么”的问题的探索和发现以及再发现，也是我想和师妹分享的：不断探索、追问、审视自己的使命。

在师妹还没有问我下一个问题之前，我已经开始分享第二点学习心得：积极体验当地生活。很多学生和学者来美国，都抱着远大的目标和刻苦努力学习的信心，这是没有错。但是也不要忘记在社会中学习，这一点对于学习公民社会、研究美国非营利组织非常重要，因为美国公民社会的体现、非营利组织在人们生活中的重要性都表现在日常社会生活当中。比如，我才来美国的一年，几乎每周末都跟着美国室友去教堂，在那里我感受到了新教对民主精神和公民精神的影响。我在美国朋友家小住，发现他们的小区根本没有物业管理，全是社区志愿的自治行为。我去辛辛那提市为无家可归的非营利组织做义工，深刻地了解了美国社会问题的诟病并体验了优秀的志愿者管理。所以，带着好奇，尽情地参与各种派对、讲座、社区活动吧。第三点建议是结合实践和理论学习。很多时候我们会专注于读书和探讨，但是实践不仅可以让我们检验所学知识，还可以使自己的知识更加牢固，对研究也很有帮助。我就是在当地的一个私人基金会实习的时候找到了自己的研究兴趣和职业兴趣的，同时，也获得了当地很多的社区资源，为自己的研究提供了便利。也正是在美国红会以及组织缅甸难民社区的项目中，我更加深刻体会了当地的慈善文化、社区问题以及组织管理的具体挑战。在组建和管理中国青年公益领袖行动力的学生组织中，我也刻意应用非营利组织管理关于战略规划、项目管理、人力资源管理等知识。在我看来，实践和学术研究是一定是紧密相连的。第四点，我会把它当成是我博士成功读下来的关键因素，也是读博士最大的收获——找到好的 mentor，并建立终身的良师益友的关系。我在博士阶段不止一个导师，有些是学术和课程的导师，他们的教学方式、研究水平让我折服，有的是我们一起讲课、访学交流、一起合作论文的导师；有的是对我为人、性格非常了解、对我的生活无微不至的关怀、无论逆境困境都站在我身后支持我的精神导师；有的是本身散发着人性和智慧光辉的导师。这些导师在很大程度上塑造了我以后即将成为什么样的教授、学者和领导者。没有他们的支持，我的梦想、我的目标、连同我所有的激情都可能已经在求学中途“夭折”了。读博士是一个长久的体力、脑力、智力、心力的考验战，异地求学的学生和学者面临比美国博士同学更多的压力，所以，不要一个人去面对，和喜欢你、支持你、相信你的人一起去共同完成这个挑战。

阳光斜斜地照了进来，已是下午了。看着师妹若有所思的样子，我打住了更多的交流，在她离开的时候，我没有忘记告诉她：这些只是我的一些体会，可以多问问其他人，但是最终，你需要用自己的方式去探索和走完这段旅程，路上会有荆棘和痛苦，但是最终都是值得的，Best of luck！

第五篇　深入美国人生活的公益活动[①]

一　引言

在美访学期间，我走访了印第安纳州布卢明顿小镇的十几个非营利组织。当调研一两家非营利组织的时候，只会觉得这个机构有点意思；而当走访了多家机构之后，则会觉得这些机构相互之间的故事更为生动，能够切身体会到这些机构是如何影响普通美国人生活的，公益活动、志愿服务、非营利组织，是如何深入美国人血液中的，也就更加深刻地理解托克维尔笔下的美国人的互助精神。

二　嵌入美国人生活的网络化的非营利组织

记得早在2004年跟随贾西津老师进行公民社会指数（CSI）研究的时候，我对其中测量公民社会结构维度的一个指标印象颇深，即组织之间的网络和支持结构。当时的研究表明，中国非营利组织之间的网络结构、支持机构非常脆弱。此后的十余年间，我们会观察到国内各类非营利组织之间的交流愈加广泛，网络越来越密，也出现了若干类型不同的支持性组织，但总体上仍处于初级阶段。这一年在美国一个普通小镇上的调查，让我真正对美国非营利组织之间的网络联系以及支持组织有了深刻的感悟，其联系的广泛性、持

---

① 作者：徐宇珊，深圳市社会科学院副研究员，美国印第安纳大学访问学者。

久性、深入性、多样性，确实超过我之前的想象。

为了更为形象地展示布卢明顿小镇上非营利组织之间的网络连接，我先结合自己及身边若干朋友的案例，虚拟一个初中生小 A 的故事，看看小 A 的日常生活可以与哪些非营利组织发生关系，从中也可以看出这些非营利组织之间的互动。

小 A 在公立学校上学，全县公立学校的午餐统一配送，各个公立学校当天没有发放完毕的食品会统一送到食物银行（NPO1：Hoosier Hill Food Bank），即公立学校是当地食物银行的重要食品捐赠者之一。食物银行则根据其近百名会员单位的不同需求，给不同的会员发放食品。其中，有一个会员单位是一家课后托管机构“男女生俱乐部”（NPO2：Boys & Girls Clubs of Bloomington），小 A 恰好是这个机构的会员，他有时会来这里晚托。晚托时孩子们享受免费的下午茶点，如水果、牛奶、糕点等，这些下午茶点既不需要“男女生俱乐部”付费购买，也不需要小 A 的家长出钱，而是全部来自上述食物银行的捐赠。小 A 也会参加该机构的假期托管活动，作为初中生，他可以在该机构的组织下，到食物银行参与志愿服务，做一些力所能及的分装、打包等工作。每年的筹款季，食物银行会在很多区域放置捐物箱，小 A 所在的学校也会在校门口放置一个大大的捐物箱，给家长们发募捐邮件，号召大家捐赠一些保质期长的罐装或盒装食品。

由于小 A 所在的学校片区属于另一家课后托管机构“女孩公司”（NPO3：Girls’ Inc.）的校车接送区域，因此，小 A 每天要乘坐“女孩公司”的校车来到“男女生俱乐部”。反之，还有些孩子，会乘坐“男女生俱乐部”的校车到“女孩公司”服务。也就是说，两家课后托管机构会共享校车服务，节省运输成本。

食物银行的另一个会员单位是“妈妈橱柜”（NPO4：Mother Hubbard’s Cupboard），该机构在社区内有若干种植园，开设营养健康课程，教会人们如何烹饪健康美味的食品，并给有需要的低收入群体发放未加工的食材。小 A 的妈妈参与了妈妈厨房的社区种植志愿者项目，有时也会参加烹饪课程。

小 A 的爸爸在当地某大型连锁超市工作，每年他会收到通过公司下发的联合之路（NPO5：United Way of Monroe County）的募捐信，捐款自愿。该企业希望回馈社区，在社区基金会（NPO6：Community Foundation of Bloomington and Monroe County）建立了一个长期捐赠基金（Endowment），只动本金不动利息，希望在社区发挥持久影响。同时，该大型超市也是食物银行的重要捐赠者，一些外包装被挤压的、临近保质期的食品会捐赠给食物银行。这里提到的几家非营利组织（NPO1—NPO4、NPO7—NPO10）其实都是联合之路和社区基金会的会员或是被支持机构，联合之路和社区基金会通过直接拨款、项目资助、评估督查等方式帮助这些直接服务类的机构成长。

小 A 父母的学历都不高，家庭收入也一般，他们为了让孩子更好地成长，就参加了“大哥大姐”（NPO7：Big Brothers Big Sisters）的结对帮扶活动，由该机构给小 A 结对了一名印第安纳大学的在读学生，这位大学生会在节假日带着小 A 参与一些社会活动，如听音乐会、参观博物馆等，并给予一定的课业辅导，希望小 A 能够成为他们家的第一个大学生。“大哥大姐”机构也会组织一些集体性活动，而这些集体活动有时就在课后托管机构的场地进行，那里也是小 A 所熟悉的区域。

小 A 还有一个哥哥，不幸的是他是自闭症患者，已经 20 岁的他平时在一家专门为有发展性障碍人士服务的机构（NPO8：Stone Belt）里接受服务。近些年他有一定的康复，可以参与机构提供的一些社区融合项目，例如，参加了 NPO8 与社区厨房（NPO9：Community Kitchen）的手拉手项目（Hand In Hand），到参与社区厨房捐赠项目的家庭中收集装好的食品袋，有时也会参与 NPO9 与一家专门为长者服务的机构（NPO10：Area 10 Agency）的合作项目，为长者分发食物。这些社区志愿服务也为小 A 的哥哥提供了接触社会的机会。

小 A 一家尽管工作努力，但收入不高，没有能力买房。凭着良好的信用记录，他们一家参与了全美连锁的仁人家园

（NPO11：Habitat for Humanity of Monroe County）的互助建房项目，全家人与参与该项目的其他建房者一起，投工投劳，一起搭建自己的家园。

诚然，小 A 的案例是虚构的。但这其中的每一个环节却是真实的，发生在我自己、我的朋友、我的导师、我的访谈案例中，只是我把若干个故事集中到了一个家庭身上而已。可以看到，一个普通的美国人是如何嵌入非营利组织之中，各种类型的非营利组织是如何切实影响着普通美国人生活的。同时，我们可以看到，这个小镇上的若干非营利组织彼此之间你中有我、我中有你，机构之间形成紧密的合作关系，构成了一个非营利组织网络。

简单地说，当地的非营利组织之间构成了两类网络结构。一类可以称之为平行网络，该网络中所有的非营利组织之间是交流与合作的关系，彼此之间没有隶属关系，例如，上述 Stone Belt（NPO9）与社区厨房（NPO10）之间的合作，两家儿童托管机构 NPO2 和 NPO3 之间的共享校车服务等。另一类可以称之为垂直网络，在垂直网络中，有一个组织位于核心位置，起到支持性作用。垂直网络又可以包括几种形式，一是某一专业机构对其会员的某领域支持性服务，例如，上述食物银行 NPO1 对其众多会员的食品发放服务，只有通过评估获得了会员资质，才可能得到食物银行的服务；二是社区综合发展机构对一线组织的支持，如联合之路（NPO5）对其 25 家会员机构的拨款资助，以及社区基金会（NPO6）通过项目资助和设立机构捐赠基金对社区其他非营利组织的培育支持；三是全国总部对地方分支机构的支持，如上述 NPO2、NPO3、NPO11 等都是全美连锁的机构，在全美各地有几千家地方机构，共享 Logo 和服务理念，但各地方机构独立运作。每一个非营利组织通常都同时处于平行网络和垂直网络之中，不同的网络结构为其带来不同的社会资源。关于非营利组织的网络关系还有很多精彩的故事，限于篇幅关系，不在本书中赘述，将在后续文章中专门介绍。

三　无处不在的筹款活动

（一）形式丰富的筹款和捐款

在美一年，作为印第安纳州布卢明顿小镇的一分子，我切身体验了各种各样的筹款和捐款活动：走路筹款、大灾捐款、消费捐款、实物捐赠等；捐款对象既包括几乎天天打交道的公立小学，也包括千里之外的陌生非营利组织；捐赠形式包括现金、支票、实物、电子支付等。在美生活仅一年的我们，尚且能如此近距离地体验捐款，更不要说真正的老美了，不管是否有宗教信仰，捐赠是其生活中很自然的一部分。

每年的感恩节到圣诞节期间，算是美国不成文的筹款季，很多机构在这个时候进行比较大型的募款活动。例如，联合之路的工作场所劝募宣传多是在这个时间段进行。食物银行会在这个时候在很多企业、学校等机构门口放置食品募捐箱，学校也会给家长发邮件号召小朋友捐赠食物。一些公寓管理处会协助相关非营利组织在小区内发放募捐信，设置募捐箱。除了捐款季，一年中平时的捐赠也是形式多样，还是以食物银行为例，我们曾经在邮箱里收到过食物银行与邮局的合作募捐，在指定的日期，用户只需要把一袋待捐赠的罐装或盒装食品放在自家的信箱上，邮递员就会在送信的时候顺便拿走，再统一捐给食物银行。

不仅仅是非营利组织，美国的公立学校本身也有相当多的筹款活动。我女儿所在小学的家委会只在学校层面上设立，完全开放，全校各个年级的任何家长都可以参加任何一次会议。家委会的作用绝不同于国内的家委会，与学习几乎无关，基本上就干一件事——筹款。据说，这一年学校要整修操场，资金缺口 10 万美金，就靠家委会使出浑身解数筹款。学校会隔三岔五地发邮件或纸条，写着凭此单到某比萨店/溜冰场等场所消费，商家会有一定的捐赠。学校一年还举行了几次大型活动，有的活动号召家长捐些活动物资，无非是纸盘纸碗、小食品等，有的活动有一定的参与费用，要提前购买游戏币入场参加，这些资金也全部属于学校的年度筹款。

（二）多样便捷的捐款凭证

虽然我没能在美国体验报税及免税，但在一年的生活中，因为多次捐赠，也得到了多种免税凭证。美国任何接受捐赠的机构都可以出具免税证明，免税证明的形式也各式各样。支票、邮件，甚至是学校发来的一张写有捐款人姓名和用途的信函，都可以作为报税的免税凭证。

初到美国，在办理完银行卡之后，银行发给了一本厚厚的支票，这让从未用过支票的我有些好奇。起初，使用支票基本上限于每个月缴纳房租。之后我参加的一次“走路筹款”活动，让我对支票在捐款中的作用有了新的认识。我和朋友参加了一个非营利组织举办的小型走路筹款活动，其形式与国内各地开展的运动筹款并无本质区别，要在活动开始前尽可能地筹款。我斗胆向我的导师提出捐款请求，慷慨的导师欣然应允，当即掏出一叠支票，写下捐款金额，捐款机构（注意，是我参加的筹款机构的名称，可不是我的名字哦）。我把这张支票连同其他的现金一起放到筹款指定的信封中，交予组织方。后来多次在周日的教堂活动中，看到老美写好支票，放在捐款箱中。

事后想想，相比现金捐款，支票捐款确实有其优势。第一，给自己留存捐款凭证。所有的支票都有一联留给自己的，且所有的支票兑现之后在网上银行都有记录，可以看到支票扫描件。第二，确保只有募款机构才能最终拿到捐款。无论是导师支持我的捐款行为，还是教友支持教会的捐款，我或是教会的某位工作人员都绝对不可能拿着支票去银行兑换的，因为抬头写的不是我们个人的名字。这就防止了捐款中途被贪污挪用的情况。第三，支票及其在银行中的记录都为报税时的免税提供了依据。当然，在互联网时代，网络捐款也有其更为便捷的一面（正如我以下个人体验的那样），但是不可否认，支票捐款在某些特定环境下，有其特殊的优势。

在尼泊尔地震发生之后，我通过网络给美国两家非营利组织捐款，两家机构分别是仁人家园（Habitat for Humanity）和 Lutheran World Relief，前者是因为我刚刚到该组织位于布卢明顿当地的机构调研过，该机构公信力高，是 Guidestar 上的金牌机构，同时该机构是致力于房屋建设的，对地震灾后重建应该比较有经验。后者是一位老美推荐的，一家具有宗教背景的非营利组织。在网上给美国的非营利组织捐款跟网上购物基本类似，无非是输入金额、个人姓名、地址、Email、信用卡卡号等。记得给仁人家园（Habitat for Humanity）捐款的时候，还有一栏是询问捐款者是否隶属于某一企业，如果属于该机构名单上的企业员工，那么员工捐款后会有企业配比捐款，当然很遗憾，我无法填写此栏，也就无法进一步感受如何进行配比捐款了。给这两家机构捐款后，我均立即收到了机构发出的 Email，并在稍后的几天内收到了来自两家机构的纸质捐款确认信，这些信件是可以作为报税时的免税凭证。由于在捐款的时候留下了 Email，在此后至今的日子里，我就不断地收到了来自这两家机构的募款信或是项目进度情况报告，尽管不一定每一封信都认真阅读，但这些信件的存在确实提醒着我曾经的那份捐款。

在给美国机构捐款的同时，我通过手机微信、支付宝等方式也给了国内几家机构进行尼泊尔地震捐款。从捐款便捷程度上看，国内机构的捐款甚至还更胜一筹，需要输入的信息极少，只需按两三下，就可以完成支付。但是，在微信、支付宝多以匿名为主的情况下，这样捐款也自然可以理解为匿名了。在捐款之后，我像购买商品一样，立即收到了微信或是支付宝的交易信息，但比起美国机构长长的邮件感谢信和机构 CEO 签章的信件，国内捐款后收到的仅仅是最简单的“交易信息”。从捐款至今的几个月间，我作为捐款人再也没有收到过这些机构和项目的任何的反馈了。以至于我现在已经忘记了我当时到底给哪几家机构捐过款，各自捐了多少钱，也自然没有关注过所捐款项是如何被使用的。

四　灵活贴心的志愿服务

在美一年，我自己和朋友在非营利组织做了几个月的志愿者，我女儿作为受益者享受着志愿者的服务，而我和其他访问学者们更是一直受惠于当地一位美国朋友无私的志愿服务。如同捐款捐物一样，志愿服务也是无处不在，形式多样，自然而然地成为美国人生活中的一部分。

开学初，大学在 Orientation 时发放的学校指南中，就有一段是专门介绍志愿服务的。上面简明扼要地介绍了如果希望参与社区的志愿服务，可以登录社区志愿服务网站，检索志愿服务岗位需求。在这个网站上，列出了每天社区里的各家非营利组织所需要的志愿服务岗位以及一些非营利组织的志愿者培训时间。居民可以自行选择感兴趣的项目和方便的时间前去参加。

小镇上各类非营利组织的志愿服务丰富多样，但却并没有一个所谓的统一的志愿者或义工注册机制，没有类似于国内义工联、志愿者协会等机构来“组织”当地的志愿服务，来“记录”志愿服务时长，更没有统一的志愿者积分或是表彰等。所有的志愿者管理工作都是由每一家机构自行组织的，招募、培训、表彰等，都是机构个性化的。记得曾偶然地参加了妈妈厨房（上述 NPO4）的年度志愿者表彰会，获得该机构当年志愿者大奖的一位女性在几分钟的演讲中几次哽咽，她反复地强调，在这里做志愿者更多的是得到而不是付出。而这位女士年过七十岁的父母特意从另外一个城市赶来参加女儿的颁奖会，可见，美国人非常看重志愿服务，珍视志愿服务荣誉，但这些都与功利目的无关。

（一）切身体验志愿服务

我经过导师推荐，报名参加了 Stone Belt（前文 NPO8）的志愿服务。在真正开始志愿服务前，我需要先填写长达十几页的表格，这些表格不仅包含基本的个人信息，更有若干开放性问题需要回答，诸如为什么要参加志愿服务，有没有跟残障人士接触的经历等。同时，机构还会给若干志愿者指南，其中我印象很深的一条是，与被服务对象的肢体接触仅限于握手，包括拥抱等肢体接触都是不允许的。在填写并递交这些文字资料后，机构会通知志愿者培训时间。培训的内容包括播放机构短片，介绍服务注意事项和参观机构场所等。在培训时，我记得志愿者部的负责人反复跟大家强调，在跟智障人士交流的时候，要注意用词，不可使用带有歧视性的语言；不可以在志愿服务的时候拍照录像等。在我第一次到该机构访谈的时候，曾经在征求过机构负责人同意的前提下，拍了一些远景画面。在我担任志愿者后又偶遇机构负责人，她反复对我强调，即便是远焦照片，也不能外传。

在实际的志愿服务中，有一次在跟服务对象聊起有关孩子的话题，我很自然地拿出手机想让服务对象看一下我女儿的照片，然而却立即被正式工作人员制止，并严厉地批评了这位服务对象。不允许看志愿者的手机，看来这是这些智障人士早已理解并熟悉的规则，是我无意中冒犯了。这其中的原因或许很多，也许是担心智障人士看到一些不健康的照片或视频，也许是担心志愿者用手机拍下服务对象的相貌，侵犯个人隐私吧。

将我自己的志愿者体验与女儿在托管机构（前文 NPO2）接受志愿者服务的经历结合起来，我会发现，充分保障服务对象的隐私是各个机构反复向志愿者强调的。无论是平日的晚托班还是假期的夏令营，Boys & Girls Clubs 的任何活动都没有老师拍照，所有全职工作人员和志愿者老师在带领小朋友活动时都不能携带手机。所以我几次咨询老师有没有活动照片，得到的答案都是 No。但凡在活动过程中会有拍照环节的，都会提前让家长填写一份肖像使用同意书。除了拍照，这些机构还都强调志愿者不可与被服务对象有肢体碰触。女儿说，在晚托班，老师与孩子们的肢体接触最多也就是两人击掌表示鼓励（Give me five），而不会有拥抱等行为。我注意到，即便是小朋友需要安慰，老师们也只是俯下身子，而鲜有身体接触。

（二）人人都可以成为志愿者

尽管我生活的布卢明顿小镇是一个典型的大学城，但志愿者却并不限于学生群体，可以说小镇上的任何一个人都可能成为志愿服务的一分子，甚至包括在常人眼中看起来需要他人帮助的弱势群体——残障人士。

在访谈社区厨房（前文 NPO9）的时候，我注意到该机构年报的志愿者介绍中，位列志愿服务前三位的是三家机构，且三家均是当地为残障人士服务的机构，三家机构当年贡献的志愿服务时长分别为 691 小时、531.5 小时和 477 小时。原来，社区厨房与这些机构合作，共同开发了适合残障人士参与的志愿服务项目。例如，前面介绍过的 Stone Belt 的手拉手项目是社区厨房在社区内征集一些爱心家庭，定期准备好一些食品放在自家门口。由 Stone Belt 的工作人员开车带着残障人士来到这些爱心家庭，由残障人士亲自一户一户地敲门，拿走包装好的食品，最后统一送到社区厨房。再如，另外两家残障人士服务机构 Transitional Services Inc. 和 LIFEDesigns 则是组织残障人士到社区厨房做一些食品分发、包装等工作。从效率的角度来看，由残障人士担任这些工作可能不如健全人士速度快，但是这些工作给残障人士接触社会、服务社区的机会，让他们感受到自己的价值，让其他健全人更好地了解接纳残障人士。事实上，何止是残障人士，作为小镇上的新人，志愿服务不也是我们了解和融入当地社会的窗口吗？

（三）随时随地都可以成为志愿者

从事志愿服务，也不一定要从属于某一个机构，服务于某一个项目。任何人，只要有意愿，随时随地都可以成为志愿者，提供志愿服务。在布卢明顿校区的中国访问学者群里，有一位被大家称为“Mama”的美国当地人 Doris，她六十岁左右，之前亲自在家教两个儿子学习，经过十几年的 homeschool，两个儿子考上大学后，她几乎把全部时间精力奉献给了我们这些素不相识的中国朋友。Doris

几乎每天开设英语辅导课程，协助我们提高英语水平；每周组织“图书馆之夜”，教给小朋友如何利用图书馆资源；时常准备好丰富的食材，组织好车辆，招呼大家参与各种户外活动。不管哪位中国朋友有事寻求帮忙，Doris 总是无私地伸出援手。而她自己的衣服鞋子几乎都是 Goodwill 花几美元买的二手货。Doris 做的这一切都没有任何人任何机构的要求，全部出自她个人的内心。有人说她可能是传教，但是从我多次的接触中，她从未对我暗示或者明示鼓励我加入某个宗教，从未发放过任何有关宗教的宣传资料。不可否认，她所做的一切与她的宗教信仰密不可分，但她仅仅是通过她的一举一动向我们传递了一个基督徒的信仰。

我相信，像 Doris 这样的美国人还不少，他们一直在从事着志愿服务，但没有什么组织和机构给他们计算服务时间，颁发服务奖章。志愿服务就是他们的生活方式！

（四）非营利组织中的高级志愿者——理事

在非营利组织中，还有一类志愿者就是理事会成员。从不在机构领报酬这一点看，可以把他们归为志愿者，这一点中美非营利组织的理事是基本相同的。但是比起中国很多非营利组织的理事多为挂名的“虚职”，美国非营利组织的理事可是真的“理”事。能够成为一家非营利组织的理事，在某种程度上意味着你被这个社会所认可，自付机票往返于各城市间参加理事会也在所不惜。

在我的访谈中，有多家机构负责人谈到理事在机构治理和运作中的重要作用。社区基金会（上述 NPO6）的理事会成员们每个月都要召开一次理事会，某些专业领域的理事更要直接跟进某一方面的具体工作，随时把握好方向。例如，投资理财方面的理事要与基金会聘请的理财公司联系，确保基金会的投资收益。作为不动本金只花收益的社区基金会来说，投资收益的高低直接关系到机构的正常运转。再如，一家刚刚成立几年的为家庭提供临时住房庇护的机构 New Hope Shelter，在其年报中感谢各位理事的参与，这些理事不仅参与了机构的重大决策，甚至还亲自参与房屋修缮、花园整理等工作。

联系紧密、覆盖广泛的社区非营利组织，形式多样、快捷灵活的捐款捐物，丰富多彩、触手可及的志愿活动，让公益成为普通美国人日常生活的一部分。或许这些在我看来有些小小惊喜的活动，却已经是美国人司空见惯的常规事件，并非是什么抓人眼球的热门话题，很多在我看来值得报道的公益活动现场，却从未看到过记者的身影。例如，社区基金会的年度社区影响力项目发布会，某机构发起的走路筹款活动等，都没有大张旗鼓的宣传造势；Boys & Girls Clubs 精彩纷呈的夏令营活动把所有精力都用在专心陪伴孩子身上，丝毫不见公关与营销，甚至作为家长的我还有些小小的失落。或许我们也可以从另外一个角度来解释这一现象，这里的公益不是造出来的，而是实实在在做出来的。她不需要什么噱头，她就是生活！

专题三　行业协会商会

中共中央办公厅、国务院办公厅近日印发了《行业协会商会与行政机关脱钩总体方案》，从中央层面明确了行业协会商会的改革路径。然而，行业协会商会去行政化改革的利弊如何？目前的脱钩方案是否完善？脱钩后的行业协会商会如何发展？金秋九月，公益慈善学园联合温州市五金商会隆重推出行业协会商会脱钩专题，邀约众多专家学者对上述问题发表深度见解和评论。

第一篇　行业协会商会去行政化后的困境与变革[①]

中办、国办印发的《行业协会商会与行政机关脱钩方案》出台，民政部、国家发改委联合发布了具体的通知。其实，这一轮的脱钩改革，与建立现代社会组织体制和国家治理现代化有很大关系。从谋篇布局到正式启动，前前后后也快三年了。可见，国家层面的行业协会商会与行政机关脱钩错综复杂，盘根错节。

对行业协会商会，江湖上有一段生动的总结："戴市场的帽子，拿政府的鞭子，收企业的票子，供官员兼职的位子。"由于计划经济向市场经济转型，以及每一轮政府机构改革的需要，行业协会商会成为最后放逐之地。人事、财务、批文经济、乱收费等乱象也相伴而来。如今，面对"互联网+"的影响，全国性实体经济尤其是制造业受到前所未有的冲击，去行政化后的行业协会将如何转型？如何应对？如何凤凰涅槃？温州市行业协会商会是基于市场经济的发展、壮大而成立的，一直相对比较独立，被吴敬琏教授称之为"中国真正意义上的商会"。因此，基于市场的力量，温州的行业协会商会早在 2007 年启动脱钩工作，也比较顺利。确实，温州当下的行业协会商会与国家级行业协会商会明显不具有可比性。我一直认为，温州的行业协会商会的发展为各地乃至全国提供一个可能和方向。温州版行业协会商会故事是若干年后中国行业协会商会的

---

① 作者：蔡建旺，浙江省温州市民政局民登记中心主任/浙江师范大学硕士生实践导师。

经典剧目。去行政化后的温州社会组织，在市场经济的浪潮冲击下，把行业协会商会发展模式带入前所未有的盛况，之后有一段长长挣扎期、徘徊期，目前正在等待重新出发的机会。

一　为什么陷入困境？

不可否认，温州行业协会商会的发展目前在中国仍然处于领先地位，最大的看点是建立与市场经济相匹配的生态。但同时也不得不承认，与高峰时期的温州行业协会商会发挥的巨大作用和风光相比，它们陷入了困境。在政府和市场的双重挤压之下，它们的生存空间受到前所未有的压缩。

（一）伪命题：去行政化的陷阱

由于时间节点的巧合，温州2007年启动行业协会商会与行政机构脱钩工作，2008年宣告完成脱钩工作。2011年，温州出台相关文件，明确行业协会商会业务主管单位由市工商联负责，即专家们认为的三元管理结构。2012年，出台《加快推进社会组织培育发展的意见》（1+7）文件，取消行业协会商会业务主管单位为业务指导单位的规定，采取直接登记、试行一业多会。这一时间段里，温州行业协会的发展每况愈下，会员年年锐减，影响力式微。据某位资深的行业协会秘书长说，不要说每年会费的缴纳情况，就是连保证会员大会的到会率达到50%都成问题。与20世纪八九十年代的会员大会高朋满座和领导层一席万金相比，真是今不如昔。这是行业协会商会去行政化惹的祸吗？应该不是。大家清楚知道这是因为全球经济危机波及实体经济，带来温州本埠制造业不景气。行业协会商会的背后，就是企业。

（二）外部原因：经济环境和产业调整

其实，这一轮行业协会商会的困境，从外部角度监测分析，主要是经济危机和互联网思维冲击。全球经济危机，造成国内制造业出口的极大萎缩。以鞋革、服装等传统制造业支撑的温州行业协会商会，其会员企业的业务市场不稳定，倒闭企业众多。龙湾区鞋革行业协会在2014年的一份统计报告指出，一年内协会会员企业失联或关闭的达50%。互联网思维，带来的冲击直接改变当下行业协会商会包括社会组织治理、观念、行为等方面。更重要的是互联网经济对企业商业模式业态的冲击。

（三）内部原因：俱乐部产品服务缺失

我认为行业协会商会去行政化为真正市场化提供了机会。即使在市场经济发育比较早的温州，行业协会商会的结社并没有真正地市场化，但社会化一直与生俱来。从后期看，行业协会商会振兴实体经济、招商引资、提供公共服务产品，极大满足了政府需要，却忽视了会员需求。从早期看，行业协会商会提供的俱乐部产品，如行业自律、应对入世、拓展市场、协调关系、回报社会等方面，实现了价值最大化，成就了行业协会商会的传奇。但这些年，行业协会商会服务弱化，俱乐部产品缺失和异化，会员企业的需求无法满足，对其缺乏认同感。此外，行业协会商会服务的覆盖面是非常有限的，一般情况下，它真正的服务半径最多在副会长或者常务理事这一层级。

二　陷入困境有什么样的特征?

温州行业协会商会仍然发挥着重要的作用，活力依旧，但所有人都能观察到它的艰难。在很多场合，大家都在讨论和思考如何重振行业协会商会。我应邀参加几次政府、民间的讨论会，依然感到困惑。大家徒有热情，却缺乏问题导向意识与直面变革的勇气。

（一）价值观责任感迷失

最近几年，我接触了不少的行业协会商会。我最大感受是行业协会商会的价值观、责任感、使命感的迷失。以前，成立行业协会商会，大家有一种共同的目标，抱团、维权、共赢、发展。行业协会商会领导团队，尤其是会长和秘书长的使命感特别强。在 20 世纪 80 年代，温州鞋革协会、温州服装商会、打火机协会等一大批制造业的协会，真正缔造了温州行业协会商会的历史。现在的行业协会商会，在这一点上尤其缺失。当然这与互联网思维冲击和社群诱惑，价值多元，以及企业实力减退，都有关系。

（二）专业化人才和服务缺失

当然，相对其他领域的社会组织，行业协会商会还是有很多资源和一定的经济实力。一些从体制内退休的同志，成为骨干力量，贡献智慧。但由于缺乏明确的职业愿景、具竞争力的薪酬，行业协会并没有吸引到人才集聚。一般协会工作人员有 3—6 人，没有专业化的人才和服务。基本上只是维持行业协会商会日常运行，不可能深入服务会员企业；对行业发展缺乏了解，不可能提供充足的有效的服务。

（三）政府“还权”进程有待加快

温州市党委、政府高度重视行业协会商会发展，从实施行业协会商会与政府机关脱钩方案后，加快了政府“还权”和“赋能”的进程。市环保局、市中院、市经信委、市财政局、市民政局等加快扶持计划，市编办、市财政局、市民政局等加快政府职能转移进程，但改革还在路上，大家的认识还未完全统一。相关人士指出，真正意义上政府对行业协会商会含金量高的支持政策和务实举措，不及 20 世纪八九十年代。

三　党委政府积极应对做了些什么？

温州行业协会商会在温州经济建设、社会建设、文明建设、生态建设等发挥不可替代的作用，温州市市委、市政府高度重视行业协会商会工作，主动有所思考、有所作为，决定把行业协会创新发展作为一项重要工作来抓。

在温州转型发展中高度重视发挥行业协会商会的作用，进一步推动行业协会的创新发展，这是温州振兴实体经济的推动力，是温州政府职能转变的题中应有之义，同时也是行业协会自身发展的迫切需要。近日刚刚闭幕的市委十一届八次全会提出温州要研究和实施“生态化、信息化、时尚化、都市化、国际化”五化战略，温州行业协会商会有很多参与路径并贡献有效力量。

省委常委、市委书记陈一新在赴温州经济技术开发区调研实体经济发展时强调，行业协会要立足自身的独特优势，为再创温州民营经济新优势发挥独特作用，更好地引领和带动民营企业和企业家创业创新。

市政府领导在全市行业协会工作会议上提出，要把行业协会作为政府职能转变的主要承接载体来培育，把行业协会创新发展作为温州转型发展的重要战略任务来推进，提出了“三个凡是”，希望行业协会当好产业振兴的“带头人”，做好政企协同的“中间人”，扮演服务企业的“娘家人”，同时希望行业协会进一步加强自身建设，重点加强独立性、代表性、规范性和专业性等“四性”建设。

2010 年 3 月，市环保局出台了行业协会参与环保管理试点实施方案；6 月，市中院发布《关于民商事纠纷委托行业协会调解的意见》，政府将部分职能下放或授权给行业协会，大大增强了行业协会承接政府职能转移的合法性，明确赋予其地位和职责，加快了行业协会承接政府职能转移的步伐，形成政府与行业协会的互动机制并逐步推广。

2013 年 9 月，市政府在温州市鞋革行业协会开展创新发展和承接政府职能转移试点工作，明确地税、科技等 6 家职能部门的 7 项职能由鞋革行业协会承接。2013 年，省工商联与温州市政府达成的《关于助推温州市政府职能转变与行业协会商会改革发展试点工作方案》，决定共同在温州开展行业协会商会承接政府职能转移试点工作，市工商联在指导鞋革协会做好创新发展综合性试点工作的同时，有选择地对服装、金属、眼镜、建筑材料 4 家协会商会开展了单项试点工作。鞋革协会的综合试点和服装商会等4个单项试点工作均具有较强的代表性和典型意义，进一步助推了我市行业协会商会承接政府职能转移工作。

2014年1月，温州经信委和市财政局联合推出行业协会商会创新培育扶持计划，在产业转型升级资金中对行业协会进行专门支持；温州市经信委每年对市级优秀行业协会进行评选；同时，市民政局在优势行业、重点行业、新兴行业等领域，积极支持组建了一批顺应形势、定位准确、特色鲜明的行业性社团，如网络经济促进会、电子商务行业协会、股权投资行业协会等；温州市优秀社会组织评选，也对行业协会商会进行重点倾斜；乐清市成立全国第一个社会组织孵化平台，其行业协会商会社会组织孵化运行得到更大范围认可。

2014年9月和10月，温州先后发布《温州市政府向社会购买服务的意见》《温州市政府职能向社会组织转移暂行办法的通知》《温州市政府职能向社会组织转移目录和市本级具备承接政府职能转移条件的社会组织目录》。2014年，以各地行业协会商会为主阵地，配合市委市政府开展大规模振兴实体经济、招商引资，以及温商回归等重点工作。

2015年，市编办牵头，加大对政府职能转移给社会组织的力度，市财政局确保资金落实，市民政局加大社会组织目录清单推荐。同时，市委市政府授权市委统战部，加大对行业协会商会培育力度，重新评估一业多会的价值和做法，期待更为科学的做法。

四　摆脱困境有什么样的路径?

不管怎样，温州行业协会商会流动着温州文化与商业的血液，努力地面对着新一轮变革。

（一）再塑责任再造价值

行业协会商会的使命感责任感在哪里？就拿一个现象来说，温州眼镜商会、温州金属行业协会等20家行业商会协会组建了青年工作委员会。创二代、富二代是每个行业和产业未来的中流砥柱。围绕会员企业，建立工青妇和党建组织，培育和加强他们的企业社会责任感，传承行业品牌文化。温州市眼镜商会青年工作委员会的工作集专业、健康、能力、素质、责任培训于一体，是眼镜商会每年最重要的工作之一。会员企业负责人，也表现出创一代老板对青年工作委员会的高度认可。我们要打破“会长”协会和“会长们”协会的困境，树立会员企业“我们”的协会价值观。

（二）平台思维创新价值

实体经济危机，行业协会商会鼓励大家抱团发展，利用协会商会的平台优势，组建社会企业网络，直接进入实体经济，加速整合行业资源。温州市金属行业协会，以73家龙头企业抱团组建公司，共同投资4.5亿元建设金属行业大楼。2013年，100家相关企业入驻，在省内开创了由协会牵头、行业企业组建集团公司的先河。温州市金属行业的36家企业抱团投资“温州鑫港物流有限公司”项目，行业协会商会在经济大潮中整合行业资源，搭建大平台，成为拉动行业内企业转型升级的“新引擎”。

（三）升级俱乐部产品服务

温州市眼镜商会秘书长许海州认同郁建兴教授观点，认为行业协会商会存在的最大支撑依然是俱乐部产品的提供。当然，俱乐部产品如何升级换代，是当下行业协会商会面临的挑战。一业多会是一种常态：一种是由大企业组成的协会，代表着行业方向和未来；一种是由小微企业组成的商会，代表着共同利益与其他部门的博弈。为了真正为会员服务，想会员企业所想、急会员企业所急，提供个性化服务，行业协会商会必须有两手过硬的技术，或者说核心竞争力。如专业性会展，前瞻性技术，精细化服务，等等。专业化人才的需求越来越紧迫。

（四）大力拓宽转型路径

这一轮改革，行业协会商会面临着延伸，向公益慈善、社会事务类复合型社会组织转型的挑战。2013 年，温州启动了温州市行业协会（商会）应急转贷资金试点工作，将“行业互助基金”纳入规范化、常态化的运行轨道。这些基于协会成立的应急转贷资金在应对金融风险、帮助企业渡过难关中发挥了不可替代的作用。温州市电子商务行业协会全国首创的“流量贷款”，破解了电子商务企业因轻资产而造成的贷款难问题。商会成为温州政府派驻各地办事处，招商引资、引智，推广旅游产品等的热点。2014 年年底，市委市政府派出 10 组赴各地招商引资，其中全国各地的温州商会发挥很大作用。此外，可以借用全国性行业协会力量，跟温州产业进行对接。

行业协会商会脱钩专题由公益慈善学园与温州市五金商会共同发起。温州市五金商会是一家在温州市民政局正式注册的 5A 级社会组织，目前拥有会员企业 196 家，系中国五金制品协会常务理事，全国工商联五金机电商会团体会员单位。商会成立二十多年以来，先后获得突出贡献行业协会，市经贸委工商领域优秀行业商会，市工商联规范化协会商会等荣誉称号。

第二篇　行业协会商会改革的几个重要问题探讨①

2015 年 7 月 8 日，中办国办联合发布《行业协会商会与行政机关脱钩总体方案》，随后中组部、中编办、财政部、发改委、外交部、民政部、国管局、中直机关管理局等部门牵头出台十个配套文件，民政部核准确定 148 家全国性行业协会商会脱钩试点单位，强调在 2016 年 6 月底完成试点任务，2016 年下半年扩大试点，2017 年在更大范围内试点，完善相应体制机制后全面展开。这标志着行业协会商会改革有了路线图（顶层设计）和时间表，行业协会商会改革以“脱钩”为突破口，力图革陈除旧，去除官办行业协会商会行政依附型特质，通过体制机制创新盘活行业协会商会自身潜能。本轮改革能否顺利推进？改革中会遇到哪些问题与风险？针对改革中的几个重要问题，笔者基于对改革试点单位及相关领域专家学者的调研访谈，做一点粗浅分析。

一　行业协会商会改革是建立现代社会组织体制的重要环节

随着全面深化改革战略的推进，社会体制改革的紧迫性日益凸显，如何构建现代社会组织体制已经成为一个不容回避的问题。在中国语境下，现代社会组织体制的构建涉及两种类型的社会组织：

① 作者：游祥斌，北京师范大学中国社会管理研究院副教授。

一是草根社会组织的培育与健康发展，二是官办“社会组织”的“创造性转化”。两者所面临的问题各有偏重，但从顶层设计的角度来看又都需要解决一个体制性的痼疾，即社会组织与党、政府之间的关系如何确立，这是现代社会组织体制的核心。

党的十八大、十八届三中全会明确提出，要“激发社会组织活力”“引导社会组织健康有序发展”“推进社会组织明确权责、依法自治、发挥作用”“加快形成政社分开、权责明确、依法自治的现代社会组织体制”。行业协会商会作为我国社会组织体系中的重要组成部分，扮演着政府与市场、社会之间的桥梁和纽带角色，能够为政府提供决策参考、服务企业发展、促进行业自律。然而，由于历史的原因，我国的行业协会商会在成立之初就与政府机关及事业单位关系紧密，行政色彩较浓，未能很好地实现政会分开。政会不分导致行业协会商会缺乏应有的独立性和自主性，内部治理结构不完善，主要依靠政府主管部门开展工作，沦为事实上的“二政府”，限制了行业协会商会作为行业自律组织在经济社会发展中所应有的作用。本次以“行业协会商会与行政机关脱钩”为突破口，抓住了我国行业协会商会管理体制改革的“牛鼻子”，是厘清政府、社会二者职能边界，实现协会“去行政化”的关键一步，是理顺政府、市场、社会三者关系，建立政府依法行政、社会组织依法自治的现代社会组织体制的关键环节。

二　构建基于平等信任的新型政社关系是行业协会商会改革的目标

行业协会商会改革首先要回归本源，确定政府、社会各自的职能边界，通过去行政化改革建构政府与行业协会商会之间基于平等信任的新型政社关系，让社会板块真正能够在现代国家治理体系中起到应有的作用，这是行业协会商会改革的根本目标。

这种从隶属关系到平等关系的转型需要政府与行业协会商会双方共同的努力。行业协会商会与行政机关脱钩一方面政府不能“一说了之”，需要切实根据实际，出台相应的配套政策，为“后行政化”时代的行业协会商会健康发展提供良性的政策环境；也不能“一脱了之”，而应当在清晰界定政府、行业协会商会二者职能边界的基础上，走法制化的轨道，建构两者之间“你中有我、我中有你”的合法合规的新型协作关系。

“去行政化”涉及政府职能转变与转移的问题，即将原来由政府行使的部分社会化职能转移、下放给行业协会商会。但转移哪些职能？如何转移？这些问题不解决，政府向行业协会商会转移职能就可能成为一句空话。因此，应尽快制定政府向行业协会商会转移的“权力清单”，按程序有序移交相关职能是行业协会商会改革的关键一步。

职能转移以后，行业协会商会与政府之间主要通过契约等协商方式，承接政府相关社会服务职能。因此，改革过渡期内，如何做好逐步取消财政直接拨款与政府购买行业协会商会服务工作之间的衔接，保障行业协会商会应有的权利，就成为一个值得关注的问题。应当尽快制定政府购买行业协会商会服务清单或指导目录，制定清晰可行的政府购买服务标准体系，并妥善处理好政府购买服务过程中行业协会商会与其他社会组织之间的竞争关系，优先支持行业协会商会发展。与此同时，应当注意防止机关事业单位“突击”成立“御用”协会，把持政府购买服务相关资源等衍生问题。

三 建立多元高效的综合监管体系是行业协会商会改革的关键

行业协会商会去行政化改革不是政府甩包袱，更不是推卸政府相关责任。因此，行业协会商会与行政机关“脱钩不能脱管”，构建政府依法监管、行业协会商会高度自律、社会成员依法监督“三位一体”的现代化多元综合监管体系是“后行政化”时代行业协会商会良性发展的制度保障。

传统社会组织监管体系是基于业务主管部门与登记管理机关

“双重管理”体制的“碎片化”“单向”监管模式，重事前资格审查，轻事后行为监管；重行政监管，轻社会监督。监管手段单一，监管过程不透明，监管效果不佳。政府对行业协会商会的监管应将重心放在对行业协会商会行为的监管，通过权力清单与负面清单的制定，为政府与行业协会商会各自的职责边界作出清晰界定，并在此基础上，构建政府基于财务、税收、人事、绩效等相关监管职责的全环节整体监管体系。

“后行政化”时代的行业协会商会应当通过完善自身治理结构，建立高度自律的自我监管制度。与此同时，应尽快建立完善行业协会商会信用体系和信息披露制度，建立全国行业协会商会公共信息平台，及时向社会公开涉及行业协会商会登记、章程、组织机构、接受社会捐赠、政府委托职能和事项、政府采购服务等相关信息，接受社会公众的监督。积极探索第三方评估实施机制，通过专业化的第三方评估机构，对行业协会商会实施绩效评估，实现公众监督从边缘到常态的转变，使公众成为社会组织的监督者与积极参与者，营造公开、透明的良性运作环境。

四　完善法人治理结构是行业协会商会可持续发展的保证

章程是行业协会商会法人治理结构及其行为的“宪章”，与行政机关脱钩后的行业协会商会能否具备可持续发展的能力，关键是结合自身宗旨和实际情况，制定出科学合理的章程，并基于章程组建科学化的法人治理结构。改革之前的行业协会商会由于对行政机关的依附性，普遍存在法人治理结构不完善等问题，各行业协会商会的章程千篇一律，既缺乏对自身定位和架构的科学设计和规范，也不能与外部服务对象的需求相结合。这种千篇一律的章程本应是改革的对象，但在改革试点中却又存在政策部门片面强调“章程规范化”，强制要求试点单位采用“标准化章程模板”的现象，这无疑为犯了本末倒置和目标置换的迷思。因此，改革过程中应抛弃所谓“标准化章程”倾向，政府相关部门可以制订相关的章程指导意见，各行业协会商会应当根据自身功能定位和实际情况，自主制订自身的章程。

与此同时，在建构行业协会商会内部治理结构的过程中，要特别注意行业协会商会决策层与执行层之间的关系问题。应当清晰界定负责行业协会商会决策职能的理事会与承担具体管理职能的秘书处之间的权力责任边界，制订理事会议事流程及秘书处办事程序，有效解决主要以兼职为主的理事会与秘书处之间在运作中的衔接问题。防止理事会职能虚化、空转，执行层权力过于集中等问题的产生。

五　加强能力建设是行业协会商会发挥功能的基础

在现代社会治理体系中，行业协会商会的功能主要体现为两个层面：一是协调功能，这种协调又表现为两个方面：与政府的协调，即行业协会商会作为本行业的代表，通过一定的途径和渠道，参与政府相关政策议程，将反映本行业利益和意志的意见和建议上升为相关政策；行业内部的协调，即作为本行业自治组织对同业之间有序的市场竞争环境的维护和管理。二是服务功能，即行业协会商会如何为本行业内的成员企业提供服务，提供哪些方面的服务问题。改革之前的行业协会商会在两个层面的功能发挥上均存在较为严重的问题，这不仅表现为其对自身的功能定位不清晰，更表现为其自身的能力并不足以支撑其功能的发挥。而能力不足也是政府向行业协会商会购买服务的最大忧虑之一。因此，去行政化后行业协会商会要发挥应有功能，必须强化自身能力建设。改革得以顺利推进的基础主要还在于行业协会商会自身竞争力的提升，并通过深化改革争取更大的资源空间。

六　做好风险防范是推进行业协会商会改革的难点

行业协会商会与行政机关脱钩改革试点工作已经有了路线图、时间表，各地在推进试点改革的实践中也已经取得了值得肯定的经验、成绩。但与此同时，改革中也遇到了一些困难与挑战，这些困难和挑战在某种程度上构成了行业协会商会改革的风险。改革深入推进的难点就在于改革设计者及决策部门是否对改革中可能存在的风险作出预判，并提前做好应对，做好政策协同，防止风险转化为改革中有可能引起混乱或制度性缺陷的现实问题。

一是人才流失的风险。改革前的行业协会商会，特别是参公性质的行业协会商会，其中高层管理人员身份在很多情况下同时兼具事业的保障性与企业的灵活性，其与主管部门之间存在较为畅通的人才交流渠道。脱钩后的行业协会商会中高层管理人员的身份将不再具有这种灵活性，其薪酬水平和社会保障水平与之前相比有可能出现下降，短时期内其对高素质人才的吸引力将大幅度下降，有可能导致人才的快速流失，从而制约行业协会商会改革的顺利推进。因此，行业协会商会高层管理人员能不能简单视同为企业员工是一个值得斟酌的问题。改革过渡期中行业协会商会中高层管理人员职业年金的建立和薪酬水平的确定等问题应当由政府相关部门统筹规划，解决行业协会商会中高层管理人员的后顾之忧。

二是被特定企业或企业联盟“俘获”的风险。改革前的行业协会商会在资金、人事等方面依赖于政府机关，导致其缺乏应有的独立性和自主性。本次改革以“脱钩化”为突破口，力图解决的就是行业协会商会对政府机关的依附性问题。但与此同时，去行政化的行业协会商会却有可能被另外一股力量“俘获”，即行业中的某个龙头企业或企业联盟，使得其丧失了自身的独立立场，沦为特定企业或企业托拉斯的利益代言人。如何在制度上作出科学的设计，以保障行业协会商会的独立、非营利地位，这应当成为改革决策部门关注的议题。

三是内部人控制风险。所谓内部人控制即行业协会商会负责人凭借自身的资历、威望与资源，主导行业协会商会决策及管理过程的现象。这种现象往往出现在草根社会组织发展的早期阶段。在官办行业协会商会去行政化改革中，如果相关监管制度不能有效衔接，脱离主管部门监管视线的行业协会商会有可能被内部强人所控制，偏离了改革的方向。

四是基层行业协会商会人员转移的风险。由于市场容量小，资源匮乏，人才短缺及能力不足，基层（市县层级）行业协会商会脱钩后将面临严重的生存危机，一大批缺乏能力和资质的基层行业协会商会将不可避免地进入“关停并转”的境地。在此过程中，如何妥善转移、处理其工作人员，尽可能降低由此带来的社会矛盾和冲突，也应当引起重视。

第三篇　以职能划分推动行业协会商会与行政机关脱钩改革[①]

政社关系改革一直是我国政府改革的核心议题之一。从1998年开始，中办和国办就以“两办”的名义要求“党政机关领导干部不兼任社会团体领导职务”。党的十八大明确提出了要建立现代社会组织体制。2013年的《国务院机构改革和职能转变方案》提出，逐步推进行业协会商会与行政机关脱钩。党的十八届二中全会、三中全会对政社分开进行了重要的部署。2015年7月，中共中央办公厅、国务院办公厅印发的《行业协会商会与行政机关脱钩总体方案》提出，厘清行政机关与行业协会商会的职能，加快转移适合由行业协会商会承担的职能。

政社分开和政社职能分离已经成为改革的共识，具体而言就是将那些适合由行业协会商会等社会组织承担的职能交给社会组织承担，将那些不适合行业协会商会等社会组织承担的职能保留给政府承担。但问题是哪些职能应转移给社会组织，哪些职能应由政社协作实现，已有的研究缺乏有力的判别标准。[②] 政府和行业协会商会之间职能划分的标准不清晰，就会导致行业协会商会与行政机关脱钩缺乏可操作性。本书借助公共物品理论，力图提出对行业产业事

---

① 作者：陈建国，华北电力大学人文与社会科学学院副教授、院长助理、硕士生导师。

② 陈建国：《科技事务属性与政府科技社团关系改革的方向》，《甘肃社会科学》2014年第4期。

务分类的理论标准，从而能够为行业协会商会适合承担的职能进行勘界。

对政府和行业协会及企业之间进行职能的界分是回答行业协会政府和行业协会脱钩等问题的前提。职能的界分其实涉及的是行业产业发展相关事务在政府、行业性行业协会及企业间的分工和协调的问题。根据外部性的大小和专门性的强弱，我们可以将行业产业发展相关的事务进行类型划分。具体如表 1 所示。

表 1　　行业产业事务的类型划分

<table>
<tr><td rowspan="2" colspan="2"></td><td colspan="3">外　部　性</td></tr>
<tr><td>小</td><td>中</td><td>大</td></tr>
<tr><td rowspan="2">业务专门性</td><td>强</td><td>企业核心研发业务
例如，企业专利性的产品研发生产等</td><td>行业“共益性”产品技术研发
例如，行业标准、共性检测平台、产业链的协调等</td><td>关系国计民生的公共性行业产品技术
例如，特高压电网的建设、核电技术的研发等</td></tr>
<tr><td>弱</td><td>企业的服务职能
例如，企业内部的财务、人事管理等</td><td>行业“共益性”管理和服务
例如，行业自律、共同市场的开发等</td><td>行业的规划和管理等
例如，行业的发展规划、规范、补贴、认证、税收和服务产品的监管、投诉等</td></tr>
</table>

资料来源：笔者自制

根据外部性的大小和专业性的强弱两个维度对行业事务进行类型划分。外部性的大小，也就是其成本收益范围的大小及其是否对称。专门性的强弱主要是指某项行业事务是否具有共通性，是否是行业企业所面临的共性问题。从行业事务的内容来看，有些属于专门性强的事务，如某个企业的核心技术；有些则属于专门性弱的事务，如企业管理的经验、市场的开拓、行业的自律等。据此，我们可以大体将行业产业的事务划分为六类。

第一类是企业的核心技术研发、核心产品开发，这类事务专门性强、外部性弱，影响的仅是企业。这类事务的直接成本和收益都仅局限于企业自身，可以将其称为私益性的企业研发事务。

第二类是企业的一般性管理事务，这类事务专门性弱、外部性弱，影响的仅是企业自身。这类事务的直接成本和收益都仅局限于企业，可以将其称为私益性的企业经营事务。

第三类是行业性的研发技术和产品开发事务，这类事务专门性较强、外部性中等，会对其他人产生影响，但是影响范围仅局限于某些产业行业的范围内。例如，某个行业标准的制订、检测认证平台的开发等，可称其为行业“共益性”研发事务。

第四类是行业性的“共性”经营事务，这类事务专门性较弱、外部性中等，会对其他人产生影响，但是影响范围仅局限于某些产业行业的范围内。例如，某个行业的自律、共同市场的开发等，可称其为行业“共益性”经营事务。

第五类是公共性的行业研发事务，这类事务专门性强、外部性强，会对其他人产生影响，而且影响范围广泛，涉及的是整个国家的国民等。例如，某个关系到国际民生的重大行业的技术研发和产品开发活动等，可称其为公共性的行业研发事务。

第六类是公共性的行业管理事务，这类事务专门性弱、外部性强，会对其他人产生影响，而且影响范围广泛。例如，行业的发展规划、扶持政策和监督管理等，可称其为公共性的行业管理事务。

在六类事务中，前两类由于成本收益对称，都在企业自身的范围之内，不会对其他企业或者社会产生正面或负面的影响，因此适合由企业自身管理，而且政府或行业性行业协会没有动力去开展此类活动。

第三类和第四类事务是“共益性”的行业事务或者是行业产品，其成本收益在本行业内对称，不会对行业之外的人产生太大的影响，因此适合由行业性行业协会实行自主治理，私人企业没有动力去承担行业受益而单个企业负担成本的事务，政府则由于专门性和专业性不强及信息不对称的问题，没有能力管理好这两类事务。“共益性”的行业事务或者是行业产品是行业协会成为国家治理体系重要组成部分的客观基础。国家治理体系需要明确所针对的治理客体或者治理对象，而作为行业协会等形式的行业协会，其所赖以存在的基础就是作为行业“共益性”的行业事务或者是行业产品。这是在探讨国家治理体系中必须要明确的一点。

对于第五类和第六类事务而言，在行业专业性事务或者是行业专业性知识和信息等方面的优势使得行业性行业协会成为政府协作治理必不可少的重要伙伴。由于科技、行业、社会生活和公共管理的日益交融，行业性的知识和技术等对政府的管理活动产生了越来越突出的影响，政府对行业、产业的宏观管理和政策越来越多地需要依靠行业领域的专业组织参与和配合。因此，通过购买服务等方式承接政府转移职能，能够促成政府和行业协会发挥各自在资源、技术和专业知识及信息等方面的优势，形成协作性的现代治理体系。详见表 2 所示。

政府、企业、行业协会，各有边界，各有职能，管住手，防止职能的无限蔓延，不仅对政府适用，对行业协会亦然。

表 2　　　　　　行业事务属性分析和治理机制选择的逻辑

行业事务类型	具体表现	治理的组织选择
私益性的企业研发事务	企业的核心产品技术研发	企业
私益性的企业经营事务	企业的人、财和物管理	企业
行业“共益性”研发事务	某个行业标准的制定、检测认证平台的开发等	行业协会自主治理
行业“共益性”经营事务	行业的自律、共同市场的开发等	行业协会自主治理
公共性的行业研发事务	关系到国际民生的重大行业的技术研发和产品开发	政府与行业组织协作治理
公共性的行业管理事务	行业的发展规划、扶持政策和监督管理	政府与行业组织协作治理

资料来源：作者自制

行业协会商会与行政机关脱钩改革中，只要推动力度强，实现二者间的机构、资产财务和人员等有形形态的分离不难。而且这些改革的目标实现与否容易进行明确的判断。难的是职能分离，《行业协会商会与行政机关脱钩总体方案》提出行政机关对适合由行业协会商会承担的职能，制订清单目录，按程序移交行业协会商会承担。但按照什么标准制订清单目录，如果没有明确的依据，由行政机关制订必然会如同行政审批制度改革那样，根据部门利益进行选择性的转移。

因此，未来的一段时间内，行业协会商会与行政机关脱钩试点改革需要关注三个方面的核心问题：第一，除了二者间机构、资产财务和人员等有形形态的分离之外，核心的创新点在于探索总结出真正反映二者优势和功能的职能清单目录。第二，在职能清单目录的基础上，通过公开竞争的程序实现职能向行业协会商会回归。第三，要明确行业协会商会在行业管理等宏观事务管理中合作者的角色，通过决策程序、购买服务、委托项目等方式实现行业协会商会与政府的协作治理。本书提出的职能划分是一种理论推理，对于制订行业协会商会承担职能的清单目录具有一定的借鉴意义，但具体的适用性还需要实践的进一步检验。

第四篇　剪掉脐带　轻装上阵　规范行业　依法自治

——评2015年行业协会商会与行政机关脱钩方案①

2015年7月，中共中央办公厅、国务院办公厅印发《行业协会商会与行政机关脱钩总体方案》，这是从1994年、1997年、1998年、2007年以来出台的最新的政策，一方面，说明脱钩工作很重要，国家全面深化改革与市场经济新秩序构建非常需要，另一方面表明形势很严峻，政府、市场和社会所需要的东西，目前的行业协会商会提供的服务远远不够，难以适应新形势的客观要求，非得下大力气改变这个状况不可。

一般来说，行业协会商会是由会员企业为了维护本行业的合法利益服务会员实行行业自律和行业规范的社会团体，它的权力源自会员企业的授权，我们常称这类行业协会商会是“草根组织”，在温州等地有大量这种类型的行业协会商会。

但在1949年新中国成立后，还有另外一种行业协会商会，不是由于会员企业的需要组建成立的，而是出于政府管理的内在冲动。1952年，由于西方国家对新中国实行经济封锁和禁运，为了促进与世界各国民间贸易团体的双边和多边交往成立了中国国际贸易促进委员会。1954年12月，考虑到中国与日本还没有建立外交

---

① 作者：徐家良，上海交通大学国际与公共事务学院教授、第三部门研究中心主任。

关系，为了维护中国海洋利益，保护渔民利益，解决中日之间的渔业纠纷，与日本民间渔业机构谈判而成立中国渔业协会。2001 年国务院机构改革中，撤销国家经贸委下的内贸局、冶金局等 9 个局，相继成立机械工业协会、钢铁工业协会等十大行业协会总会，并赋予这些行业协会部分政府职能。这一种类型的行业协会商会可以理解为政府授权或委托。全国性的行业协会商会这一方面的特性非常明显。

如果要包括会员企业授权这一种类型和政府授权另两种类型的行业协会商会情况，有必要对行业协会商会的定义重新进行界定。行业协会商会是由政府或会员企业出于管理的需要，为了维护本行业的合法利益服务会员和服务政府，实行行业自律和行业规范的社会团体。很明显，中国行业协会商会有两种权力来源，第一种是会员企业赋权，第二种是政府赋权。在双重赋权的情况下，会员企业赋权的行业协会商会无法发挥积极作用，因为政府控制着许多职能，而政府赋权的行业协会商会又与政府走得很近，行业化严重，成为人们常说的“二政府”，无法承担起市场经济所要求的行业自律自治规范功能。

1997 年国家经贸委发布《关于选择若干城市进行行业协会试点的方案》，在上海、广州、厦门、温州四地进行行业协会商会改革试点，实现政企分开，加快政府职能转换。这是国家层面第一次改革开始，它的不足是没有细化，比较宏观。1994 年和 1998 年国务院办公厅分别发文要求部门领导、党政机关领导干部不得兼任社会团体负责人，包括行业协会商会，结果实施下来效果不明显，行政化依旧。这次脱钩方案有以下几个方面的亮点。

一是部门众多。最早的行业协会商会改革，是由国家经贸委单一部门推进的，以后国务院办公厅加入，这次是 14 个部门参与，由国务委员牵头，而且中央政治局专门加以讨论，涉及党中央的改革思路和宏观布局。

二是内容丰满。这次脱钩的是“五脱钩五规范”。最早的脱钩内容主要是针对政府官员的兼职问题，后来发现仅解决人的问题不是根本问题，所以2007年国务院办公厅发布的《关于加快推进行业协会商会改革和发展的若干意见》逐渐调整为职能、机构、工作人事、财务四个内容，把脱钩最关键的问题点了出来。这次脱钩方案肯定和延续了《若干意见》的主要内容，增加了另外三个关键的部分，一是资产，二是党建，三是外事。政府是机关法人，而行业协会商会则是社会团体法人，不同的法人，在法律上最根本的是资产，原先几次都忽视了，这次强调凸显出来，使法人独立自治有更扎实的基础。党建与党的领导有关。外事，主要是解决行业协会商会国际交流所面临的困境。所以，从脱钩的内容来看，这次改革方案相对来说，非常全面和完整。

三是方向明确。这次把行业协会商会“生下来”与政府显现的或潜在的“脐带”切除，使两个组织都变成一个完整的独立体，行业协会商会也不再是政府种种形式的附属体。通过“五脱钩五规范”的改革，提升行业协会商会专业化水平和能力，服务重心由以政府为主调整为企业、行业、市场为主。行业协会商会依法自律自治，通过行业规范为企业、行业和市场服务，逐渐实现行业协会商会社会化与市场化的管理目标。

四是慎重试点。由于这次脱钩事务是“切断行政机关和行业协会商会之间的利益链条”，所以处理起来更加复杂和艰巨。考虑到各个行业协会商会的特殊情况，准备花两年时间，把脱钩工作做完。在试点工作中，发现问题，逐步解决，体现出实事求是的工作作风和学习精神。

有一点需要特别说明，尽管通过“五脱钩五规范”，实行政社分开，但实际上行业协会商会与政府是无法完全分开的。因为政府圈与行业协会商会圈，有的部分是重合的，有的部分是没有重合的。不重合的部分，是政府与行业协会商会独立运行的，重合的部分仍是政府与行业协会商会需要合作的部分，如行业规范，既与政府有关，也与行业协会商会有关，脱钩后，政府仍要通过转变职能与购买行业协会商会行业服务方式与行业协会商会打交道，只不过，政府与行业协会商会的关系，已经不是原来的依附伙计关系，而是独立的两个主体之间的伙伴合作关系，权利义务清晰。

我相信，这次行业协会商会与行政机关的脱钩方案，既有前瞻性的顶层设计，又有可行性的微观运作安排，通过几年的努力，能够圆满地实现预期的改革目标，使行业协会商会更好地满足政府改革与市场经济新秩序的要求，真正发挥出第三部门所独有的功能与作用，规范行业，依法自治，与政府第一部门和企业第二部门一起共同促进中国现代化建设，圆中华民族腾飞梦。

专题四　市场化

如何处理政府、市场和社会的关系，是近年来改革的焦点和难点。政府的方法，意味着规范但缺少效率和灵活性；市场的方法，充满效率但缺乏对于外部性的控制；社会的方法，基于社会公平与正义，关心最少数人的幸福，是外部性控制的最佳选择，但是缺乏效率。公益慈善在中国正在向纵深发展，以解决社会问题和满足社会需求为导向是其基本出发点，但同时也必须考虑专业和效率的因素，唯有社会性＋专业性＋效率，公益慈善才能实现飞跃式发展，才能成长为支撑整个社会的实体，才能实现在中国特色环境下可持续发展的一个载体。公益慈善的市场化，作为一种工具，而非目的，将引领中国公益慈善领域的社会创新。

第一篇　社会影响债券：英国大社会理念下的政府、市场与社会组织合作创新[①]

一　社会影响债券的背景：英国的"大社会"建设

卡梅伦成为英国新任首相之后，开始推行其"大社会"（big society）的政治理念。其中心思想是：

1. 更多公共事务管理的权力赋予到社区和志愿者；
2. 鼓励人们积极参与所在社区建设；
3. 权力从中央政府下放到地方政府；
4. 培育和支持合作团体、慈善机构和社会企业；
5. 政府信息公开[②]。

这些构想的背后是卡梅伦所秉持的"社会责任"理念，即公民个人、社区和地方政府对自己以及所在区域的发展、建设和问题负有责任，也具有能力来解决问题。因此，政府应该将权力还给公民个人，通过社会力量，尤其是家庭、邻里和社区力量来建立人们日常生活和面对问题时候所仰赖的资源网络。只有当社会当中的个人和组织拥有权力和责任的时候，才能激发能力去解决问题并推动社

---

① 作者：陈琤，中山大学政治与公共事务管理学院讲师。

② Cabinet office, Building the big society [R/OL]. 2010. http://www.cabinetoffice.gov.uk/news/building-big-society.

会进步，其效果比现有的以政府为治理核心的方式更有效①。

因此，在社会服务的供给上，大社会的理念体现为政府培育、鼓励和支持非政府的力量，尤其鼓励企业、社会组织和个人参与社会服务的供给。社会影响债券（social impact bond）就是在这一理念下推出的体现政府、企业和社会组织合作的社会创新计划。

二　社会影响债券：概念、模型以及彼得伯勒的减少再犯罪试点项目

（一）社会影响债券的概念与模型

一直以来，英国的社会服务供给主要依靠于社会组织，其筹资渠道主要有两方面：一方面是政府对社会组织拨款（grant），即社会组织通过竞标争取政府经费支持，政府在评估竞标社会组织能力的基础上给予项目拨款。

另一方面是社会捐款（donation），即慈善机构、个人和企业对社会组织进行无偿捐赠②。但是在社会影响债券的概念中，则是通过利用政府、私人资本和社会组织的不同优势和特长，进行三方合约合作来提供社会服务。具体的概念设计如下：社会影响债券发行公司（social impact bond issuing organization）针对某一社会服务项目向市场投资者发行"社会影响债券"（social impact bond），以此融资，所获资金投入其选定的社会组织当中。另一方面，政府与该债券发行公司签约。根据合约，一旦该社会组织所提供的社会服务在一定年限后达到合约目标，则向该债券发行公司及其投资者支付债券本金及所规定的回报利息。但如果没有达到合约标准，政府则

① Evans, Kathy. "Big society" in the UK: a policy review [J]. Children and society, 2011, 25: 164 - 171.

② 刘波：《当代英国社会保障制度的系统分析与理论思考》，学林出版社 2006 年版。

不需要进行任何支付①。

因此，事实上，社会影响债券并非传统意义上为投资者带来规定时限内预期承诺收益的债券。从回报的角度看，社会影响债券更接近于股权投资（股票）。投资者的收益并非固定，而是取决于所投资的项目在规定期限后是否达到合约的要求。

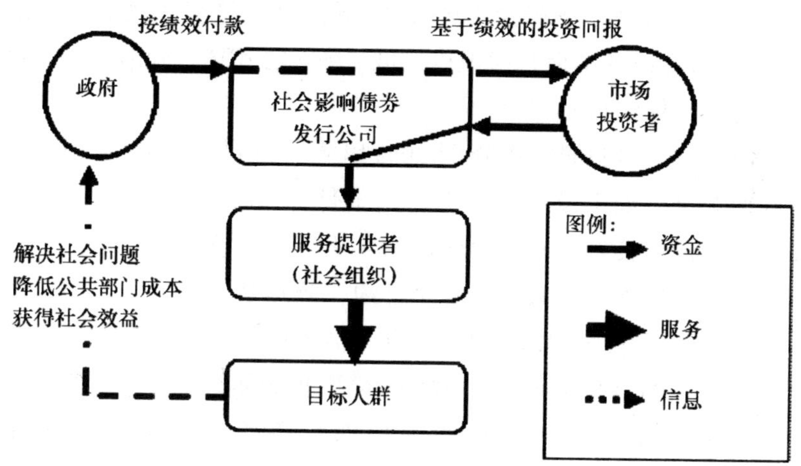

图1　社会影响债券的模型

资料来源：http：//www. socialfinance. org. uk/resources/social – finance/towards – new – social – economy – blended – value – creation – through – social – impact – bonds

（二）社会影响债券的第一个试点项目：彼得伯勒的减少再犯罪项目

2010年，在英国政府的支持下，社会影响债券的第一个项目启动。2010年3月，英国司法部与一家从事社会服务融资并发行社会影响债券的公司——SOCIAL FINANCE 签订合约，在英国彼得伯勒地区开展社会干预减少再犯罪项目。这一项目针对彼得伯勒地

① Social finance. Towards a new social economy：blended value creation through social impact bonds［R/OL］. 2010. http：//www. socialfinance. org. uk/resources/social – finance/towards – new – social – economy – blended – value – creation – through – social – impact – bonds.

区的一年短期刑满出狱犯人进行社会帮助和社会干预，以减少该地区的再犯罪率。

SOCIAL FINANCE 选择了圣基拉斯（St Giles Trust）这家社会组织作为该社会服务的提供者，与其签订合约，并通过发行社会影响债券的方式从市场上融资 50 万英镑，投入圣基拉斯的运作当中。在这两份合约中，如果圣基拉斯所干预的出狱犯人群体的再犯罪率在四年干预期之后下降至 10% 或以下，政府将会偿还 SOCIAL FINANCE 的投资者本金并回报以最低 7.5% 的利息。政府的利息回报根据合约所规定再犯罪率的变化而变动。

例如，当再犯罪率下降到 20% 以下，投资者将得到 13% 的最高标准利息。如果没有达到合约的最低标准，政府无须任何支付。如果项目评估良好，则项目将以两年为一期延续①。

彼得伯勒项目一共产生 6 份合约，分别是：

1. 司法部与 SCOIAL FINANCE 的合约；

2. SOCIAL FINANCE 与市场投资者之间的投资合约；

3. SCOIAL FINANCE 与圣基拉斯社会组织之间的服务供给合约。

以上为三方主合约。此外，还有以下合约：

1. 司法部与独立绩效评估者的合约；

2. 司法部与彼得伯勒监狱的合约，以获得监狱对该社会服务的配合；

3. SOCIAL FINANCE 获得英国大彩票基金会（Big Lottery Fund）资金支持的合约②。

其中，大彩票基金对 SOCIAL FINANCE 的投入是其全国性投资项目的一部分。每五年，大彩票基金会评估和选择具有创新意义和

---

① Ministry of justice. Lessons learned from the planning and early implementation of the social impact bond at HMP Peterborough [R/OL]. 2011. http://www.justice.gov.uk/downloads/publications/research-and-analysis/moj-research/social-impact-bond-hmp-peterborough.pdf.

② Ibid..

强烈需求的社会创新项目进行投资，并利用大彩票基金的资源网络和投资经验来帮助其提供社会服务或解决社会问题。

作为一项复杂的牵涉多方利益相关者的绩效合同，彼得伯勒项目设计了多重的监督和绩效管理体系来监控项目进程。在政府方面，司法部的采购与法律小组负责对合约进程进行监督，并在与SOCIAL FINANCE 协商的前提下，针对可能的变化进行合约修订。此外，司法部定期与 SOCIAL FINANCE 召开进度会议，以获得项目的最新信息；SOCIAL FINANCE 与监狱方、圣基拉斯员工进行定期会议，了解干预服务的细节；投资者定期从 SOCIAL FINANCE 处收到季度报告和关键事务报告。该项目还成立了由 SOCIAL FINANCE、司法部和独立评估者组成数据管理小组。该小组负责收集和管理项目进程中产生的与绩效相关的数据，数据管理小组负责跟踪数据，制定绩效计算方式，并保证合约要求能够反映在这些计算标准中①。

三　社会影响债券的创新优势

社会影响债券在理论和实际操作上都已经体现出相对于传统方式的优势以及创新。

（一）从“按需筹资”到“按绩效付款”：对传统社会服务筹资方式的变革

社会影响债券的资金投入方式是对传统方式的变革。传统的社会组织的资金来源是政府拨款和社会捐赠。这种按需筹资的方式存在两个问题：第一，无论是政府拨款还是社会捐赠都是按需筹资的方式。政府的拨款标准主要依据社会组织的需求，无法衡量绩效。

① Ministry of justice. Lessons learned from the planning and early implementation of the social impact bond at HMP Peterborough ［R/OL］. 2011. http：//www. justice. gov. uk/downloads/publications/research – and – analysis/moj – research/social – impact – bond – hmp – peterborough. pdf.

第二，政府拨款是社会组织资金的主要来源。然而，随着政府财政的日益紧张，许多社会组织很难得到政府拨款。这束缚了社会组织的发展，也无法满足日益多样的社会需求。社会影响债券的方式针对性地解决了以上两个障碍。

首先，在社会影响债券中，政府在项目评估之后才进行偿付，是一种"按绩效付款"的方式，保证了公共财政的使用成效。

其次，社会影响债券通过向市场投资者发放债券融资的方式，吸引市场资金。在政府财政日益缩减的今天，开辟新的融资渠道，也为市场投资者提供了新的投资领域。

更重要的是，社会影响债券为社会组织的发展和社会问题的解决提供了新的激励机制。社会影响债券发行公司为了吸引到更多的投资，必须选择和培育有潜力的社会组织作为服务供给者。为获得回报，各类利益相关者——无论是政府、债券发行公司还是投资者——都有动力在项目开展的过程中对整个服务绩效进行监控和管理，这是传统的资金提供者——无论是政府还是社会捐赠者——都无法做到的。

（二）合作与风险分配：社会创新的核心

社会影响债券的创新核心在于体现了合作治理相对于传统政府单一治理方式的优势：通过合作的方式，将服务供给的风险分配给最适合承担的参与主体①。与传统的社会服务供给方式比较，社会影响债券的优势在于财务风险从政府和社会组织转移到最适合承担该风险的市场投资者身上，并利用政府、市场和社会组织的不同特征，发挥各方优势，达到服务效果最大化。对于政府来说，传统方式的拨款，无法判断财政投入的最大化价值，如果财政投入所得到的社会服

---

① 陈琤：《公私部门合作中的风险分配失败：一个基于网络治理的分析框架》，《复旦公共行政评论》2011 年第 6 期，第 51—68 页。Social Finance. A new tool for scaling impact: how social impact bonds can mobilize private capital to advance social good [R/OL]. 2012. http://www.socialfinance.org.uk/resources/social - finance/new - tool - scaling - impact - how - social - impact - bonds - can - mobilize - private - capita。

务没有达到标准，从风险的角度来看，是财务风险的事实化，政府只能为此“埋单”。但在社会影响债券中，政府付款与绩效挂钩，只有在绩效符合标准的前提下才付款，无须承担财务风险。

对于社会组织来说，从 SOCIAL FINANCE 处获得的资金不要求与结果挂钩，这使得社会组织能够有充足的资金支持组织的运作，集中精力实现社会服务目标，不需要承担财务风险。对于市场投资者来说，作为投资者所具有的心态和预期使其成为最适合承担财务风险的主体。一方面，对投资风险的预期使其能够接受一旦财务风险发生所造成的损失；另一方面，投资者为了更大可能获得回报，有足够的动力来选择最适合的项目，并对项目进行监督，降低风险发生的可能性。

（三）利益相关者获得潜在收益

社会影响债券的优势不仅在于合作主体之间达到了风险的最佳分配，也在于为合作各方带来了潜在的利益。在彼得伯勒项目中，政府获得以下收益：以较低的成本解决社会问题，为纳税人节约财政资金；以社会创新方式来解决社会问题，为政府带来了创新的声誉。对于社会组织来说，资金的投入和绩效评估以四年为期限，比以往的政府拨款方式的期限更长，这样有利于社会服务供给的持续性。

此外，社会影响债券带来的资金和长期的支持也避免了社会组织以往的要不断寻求前期投资的风险，也解决了许多小型社会组织的融资障碍。对于私人投资者来说，社会影响债券的出现，为他们带来新的投资选择。尽管在社会服务上的投资回报率比不上其他商业领域的回报率高，但是对于热心公益以及需求社会声誉的机构和个人来说，社会影响债券的投资能够带来双重回报，即财务回报和慈善目标的达成。

四　社会影响债券面临的挑战

社会影响债券项目尽管有理论的优势并且试点顺利开展，其至今仍面临很大挑战。这种挑战主要来自它的创新性。第一个挑战来自合约的复杂性。在彼得伯勒项目中，合约的签订是十分复杂的。由于社会影响债券仍是一个全新的概念，并且彼得伯勒试点是社会影响债券的第一个项目，合约的准备和谈判都无经验可循。此外，社会影响债券牵涉众多利益相关者，多方合作的过程在带来风险的最佳分配的同时，也增加了项目的交易成本。

第二，对于绩效的测量和回报率的确定需要更准确的标准。社会影响债券能否成功取决于能否准确地按绩效付款。这对绩效的测量提出很高的要求。彼得伯勒项目当中的绩效以彼得伯勒短期刑满犯人的再犯罪率为指标，以全国性抽取的其他地区同样刑期出狱犯人的四年后再犯罪率为参照组进行计算①。再犯罪率这一指标的代表性、以参照组为计算标准的客观性，以及项目干预与结果之间的相关性程度仍有待时间检验。

第三，社会影响债券的市场依然有待开拓。目前彼得伯勒项目的投资者主要来自于各大慈善机构和基金会以及十分少量的私人投资者。SOCIAL FINANCE 表示，下一步将会吸引更多的私人投资者、银行和金融机构、养老基金和企业社会责任基金②。彼得伯勒项目作为第一个试点项目，其成功与否将影响社会影响债券这一市场的形成和发展。

五 启示

社会影响债券的概念不仅在英国开始实践，也开始被其他国家借鉴，例如，美国已开始研究社会影响债券在美国操作的可能性。社会

---

① Social finance. Towards a new social economy: blended value creation through social impact bonds [R/OL]. 2010. http://www.socialfinance.org.uk/resources/social-finance/towards-new-social-economy-blended-value-creation-through-social-impact-bonds.

② Social Finance. Overview of the Peterborough social impact bond [R/OL]. 2011. http://www.socialfinance.org.uk/resources/social-finance/SF_Peterborough_SIB.pdfLiebman, Jeffrey. Social impact bonds: a promising new financing model to accelerate social innovation and improve government performance [R/OL]. Center for American Progress 2011. http://www.americanprogress.org/issues/2011/02/pdf/social_impact_bonds.pdf.

影响债券作为一种创新理念，尽管仍处于尝试阶段，其效果仍需要时间进行观察和评价，但它可以为中国的社会建设提供理念和操作层面上的借鉴。

首先，社会影响债券的概念对公共服务供给方式有理念上的启示，即公共服务的供给和公共问题的解决可以通过多元主体的参与来完成。这源于社会影响债券概念背后所体现的合作治理的理念。合作治理方式相对于传统政府治理方式的优势在于前者可以结合不同主体——政府、社会、私人部门的——优势并使风险因为分配给最适合的主体而得到控制或影响最小化。在中国，公共事务的日益复杂化使得单纯依靠政府权力和资源无法成功解决问题，社会、个人以及私人部门不应该看作管理对象或问题本身，而应该看作是治理主体和解决问题的参与者。从这个角度看，中国的社会建设，不能强调政府为主导的社会管理，更应该是社会、个人和企业作为与政府平等的合作伙伴而进行的社会治理。

其次，社会影响债券作为一种创新的社会问题解决方式，在操作层面上可以为中国本土的创新实践提供借鉴：即社会创新需要理念的支持来推动，更需要当时成熟的对接机制才能成功。社会影响债券的概念完美地体现了合作治理的优势，但这一优势的实现有赖于现实中各方面成熟稳定的机制，例如，发育成熟的金融体制才能推动债券市场的形成；多元和活跃的社会组织才能为私人投资者提供投资选择；政府强大的合约管理经验和监督机制才能保证财政投入对应绩效并物有所值（value for money）。

以上条件在英国是比较成熟的，这使得社会影响债券的推出有适合的时机。中国社会建设进程中也推出了标志着中国走向合作治理的各项创新举措，例如，各地政府购买社会服务的实践引入了合同契约关系①。深圳试行的福利彩票种子基金购买社会服务项目尝试了新的

---

①　王浦劬、萨拉蒙等：《政府向社会组织购买公共服务研究：中国与全球经验分析》，北京大学出版社 2010 年版。Wang Puqu & Lester M. Salamon. Outsourcing government－financed social services to civil society organizations: lessons learned from China and abroad. Beijing: Beijing University Press, 2009。

融资方式①。这些社会建设的创新与英国的社会影响债券的类似之处在于合约机制的引入及其对财政和融资体制所产生的新的要求。因此，中国可以参考英国社会影响债券运行过程中对金融、财政、合约监管机制的设计，为社会建设的创新推动创造条件。

英国的大社会建设几乎与中国的社会建设与社会管理体制创新同期进行，这使得英国“大社会”理念和社会影响债券为中国的社会创新提供了及时的灵感。不过需要强调的是，两国在社会建设上的背景和起点并不一致，英国社会影响债券及其“大社会”的理念着力于释放已经相对成熟的社会能量，而中国的社会建设更需要关注政府权力和职能边界的收缩以及对社会组织的培育。

---

① 张舟逸等：《政府购买社会服务之深圳篇让政府学会“买单”》，《南方都市报》2011年11月21日。Zhang zhouyi et al., Governmental purchase of social service in Shenzhen: Government learns to pay. Nandu Daily news. 2011-11-21。

第二篇　怎样理解慈善机构的市场化运营与管理[①]

尽管流行“慈善市场化”的说法，但个人认为，这个表达有些太过简化，应当称为慈善机构的市场化运营和管理，这样的表述比较完整和贴切。慈善机构的市场化运营和管理，其市场化重在强调管理手段，其目的是提高慈善机构的效能。慈善机构的效能包括组织的运作效率和最终获取的社会效益，通过它们最终实现慈善机构的社会使命。

慈善机构的市场化运营和管理包含了从传统慈善向现代慈善运行与管理的组织机制转变。传统慈善恪守着社会捐赠的运行机制：自愿捐赠、单方给予、输血功能、恩赐观念、单一责任主体、纯粹社会募捐的特征。而现代慈善则出现由社会捐赠向社会捐赠 + 市场创收的模式转变。慈善机构的市场化运营和管理问题来自西方国家的福利实践，20 世纪七八十年代，西方国家普遍发生了“福利国家危机”，迫使政府和社会必须面对福利提供问题，因此，提出了公共产品私人运营的多元化公共管理政策，这为市场化登上慈善领域的舞台提供了契机。慈善机构向市场化运营和管理转变是在这样的条件下产生的，即政府因财政支付能力不足而允许私人对公共产品的经营采取市场模式，这对传统的慈善机构造成足够大的竞争压力，在这种情况下，慈善机构自身的服务能力受到挑战，必须进行升级转型。采取市场运行的机制则为慈善组织注入了新的要素，多元责任与资源支持、自我造

① 作者：时立荣，北京科技大学文法学院教授。

血功能、慈善的权利义务平等观念、共同责任、效率观念、市场化运营等。这些变化使得福利慈善作为财富的第三次分配功能得以充分发挥，并且促进了就业和经济的发展。

慈善组织的市场化主要是进行社会营销，包括：围绕在收入创造、培育市场导向和维护形象与声誉方面主动地展开工作；在资本运用、慈善资源开发与配置、捐赠者行为分析、建立伙伴关系等的运作上用市场理念来运行。主要的运营形式包括向服务对象收取一定比例的费用，委托信托机构对慈善基金进行投资增值活动，以社会企业的方式兴办营利性机构，以“成本—效益”对慈善活动进行项目化管理，把机构的利益相关者视为“顾客”进行营销管理，等等。总之，借鉴商业在市场中的策略和手段，提高组织绩效，促进组织发展。

慈善机构的市场化运作和管理必须注意以下问题：

第一，无论如何市场化，慈善机构奉献社会的价值属性不能改变，善的精神实质不能改变，这是对所有市场化行为结果判断的终极标尺。所以，慈善的市场化运营，谈的是管理手段问题，不是价值目的，而是方法和工具。市场化的目的是通过管理提高慈善组织的效能，而不是为了市场化。

第二，慈善组织的市场营销活动，不能大肆炒作。社会对慈善组织的道德期待程度是最高的，社会公信力是慈善机构存在的社会基础，炒作营销不实，损害了公信力，可以毁掉组织。

第三，市场化也不是解决慈善问题唯一的灵丹妙药。与西方国家相比，我国目前还没有形成比较发达的慈善组织群，整体社会提供的福利水平不高，慈善的观念转化进程也不一样，特别是在法律法规及政策上存在许多空缺，仅凭慈善机构本身的“自我戒律”进行市场化操作，必须加大监管，否则，将会出现偏离慈善机构使命的“目标替代”问题，对慈善领域造成破坏。

第三篇　毕节事件再反思

——运用市场化手段解决留守儿童问题[①]

2015年6月9日，贵州省毕节市七星关区田坎乡的4名留守儿童在家中服农药死亡，事件发生后的十几天内，围绕该事件的讨论持续发酵，媒体、学者、社会组织和政府都在深入总结和反思毕节事件给我们带来的惨痛教训，并围绕如何解决留守儿童问题建言献策。通过对50余篇媒体报道、微信公众号和博客文章的梳理，我们发现目前的观点主要集中在四个方面：第一种观点从家庭角度出发，认为应明确监护人对儿童的责任，父母应该加强对留守儿童的家庭关爱；第二种观点从社会组织参与的角度出发，认为应该由社会组织对留守儿童提供照护、制订留守儿童保护手册以及进行公众倡导等；第三种观点从社会文化角度出发，认为不应该给留守儿童乱贴标签，造成留守儿童的心理错位，应加强对留守儿童的心理疏导和干预；第四种观点从政策倡导的角度出发，提出政府应该建立专门的儿童保护部门，完善留守儿童救助机制。长远来看，还有人提出修改未成年人保护法，破除城乡二元分化，完善流动人口的城市融入机制，提供流动人口子女入学的平等权利，改革户籍制度，加强农村经济建设等政策建议。这些观点无疑都十分具有建设性，但不得不说的是，如果我们的目的是着眼于为6100万留守儿童寻求现实解决方案，那么上述主张要么只能聚焦于问题解决的某一环节，要么因为牵涉面太广而无法短期生效。为此，本书提出一个可能始终被我们选择性忽视的，却又是十分简单有效的解决途径——市场化。

---

① 作者：李健，系中央民族大学基金会研究中心主任，副教授。

农村留守儿童问题是一个空间分离的结果。一方面，由于人口从农村向城市的流动造成的空间分离，这就导致以属地化原则为基础的政府购买服务无法为留守儿童“埋单”，城市不愿意为外来人口子女入学提供帮助，农村更不愿意为已经外出的人提供照顾，因为这会鼓励更多的人从农村转向城市，加剧农村的空心化和城市的拥堵化。另一方面，由于农村地区欠发达，社会组织数量稀少，目前的许多社会服务都是由注册在城市的社会组织提供的，社会服务的空间分离在很大程度上制约了问题的解决效果。留守儿童的问题涉及学习、生活和心理等一揽子解决方案，要解决这些问题脱离固域的社会组织而寄托外部社会组织的介入，效果也只能流于表面，即便是单一的在地社会组织也只能通过项目方式聚焦于上述问题的某一环节，难以构建起系统化服务。最后，留守儿童与贫穷没有必然联系，更多是家庭内部成员之间的空间分离问题。这就决定了我们所做的很多努力，如果不能还原家庭的结构或者重建家庭的空间，也就无法从根本上化解问题。

大概在七八年前我曾看到过一则新闻，说深圳一个失业打工妹在自己租住的楼房里做托教，帮城市里工作的夫妻带孩子。因为许多大城市里的家庭夫妻都是双职工，常常因为加班、应酬、出差或旅游等事务两个人都无法抽身照看孩子，两人的父母又不在身边，这时就可以把孩子交给托教机构来照料，托教机构既可以照顾好孩子的饮食起居，还能够针对性地辅导孩子功课，托教模式大受许多城市家庭喜爱，该打工妹因此每年获得超过 30 万元的收入。这个励志的创业故事向我们展示了城市家庭也在一定程度上存在儿童“留守”，但问题却能够很好地通过市场化手段得以化解。同理，市场化在解决农村留守儿童问题方面也具有可行性。首先，留守儿童是家庭责任的缺位，儿童属于家庭的私人物品，为其提供照料和服务是作为法定监护人的责任，当法定监护人无法履行这种责任时，委外购买照料服务具有合法性，从而形成市场需求。其次，随着产业结构的调整和经济的发展，农村的闲散剩余劳动力越来越多，尤其是女性和老年劳动力资源，一方面，这些女性需要就业机会获得收入，另一方面，老人希望参与社会劳动，发挥积极作用，由此构成市场供给。最后，农村家庭成员外出打工的动因是因为收入比在村里种地更高，这样的假设无疑是符合现实的。如果排除家庭关系破裂的因素，父母两人都出去打工，家庭收入会更高，从而形成市场购买力。进一步地，市场化可以建立起一种需求和供给的双向筛选机制，可以将有限的财政资源和社会慈善力量聚焦在真正需要的人身上。同时，这种付费还可以赋予这些家庭真正的选择权，由他们来选择由谁来为自己的孩子提供更好的服务。

当前强调市场化的一个初步解决办法是外出打工家庭通过货币补偿的方式将子女交给亲戚或者邻里来帮助照料（类似的一个名称就是寄养制）。由于亲戚、邻里都是熟人，近似原来家庭的结构或者关系，这样做可以减少儿童的陌生和疏离感，他们也可以得到相对用心的照料。这也符合法律上的辅助原则，即对社会问题的解决如果能够在较小层面解决，尽量不要动用上一层级。另一种市场化解决方案是城市面向流动人口兴办子女教育机构和托教机构。留守儿童问题虽然在农村表现得较为尖锐，但解决方案却往往在城市。城市只需要降低这些机构的准入门槛，依托民办教育机构和托教机构的充分竞争，就可以很大程度缓解流动人口子女随迁的后顾之忧。

正如《福布斯》杂志撰稿人 Mike Montgomery 所说：将慈善融入商业可以让这个世界变得更美好。当我们都在抱怨政府缺位、社会冷漠、家庭失责的时候，我们对市场的作用是否真正有足够的反思呢？

第四篇　如何保护和平衡公益与商业的冲突

——从理解动机到契约建立①

公益与商业之间的结合从未像今天一样以如此高调的姿态出现在公众面前，以至于越来越多的 NGOer 几乎是在以抗争的方式表达"做公益也要赚钱"的无奈，与此同时，一些不以利润最大化为目的的商业企业则以改变世界的姿态宣扬"既赚钱也要公益"的良知。这些看似不同的声音都在向我们传递一个相同的价值观：公益与商业的结合似乎可以帮助我们在利他和利己之间寻找新的平衡。从进行当中的实践来看，这种结合既包括公益组织以商业的手段运作，也包括企业以社会责任的方式参与公益活动，还包括双方围绕某一社会问题所开展的跨界合作。近年来更是出现了一种囊括上述三种形式的新提法：社会企业。然而，在越来越多的企业成立基金会，NGO 注册为工商企业的同时，我们却发现无论是 NGO 还是企业都还没有来得及适应迅速商业化或公益化的混合组织形态，Dan Pallotta 在 TED 的演讲《我们的慈善观，大错特错》中充分表达出他的种种困惑和不解。在公益与商业边界日益模糊的今天，我们需要进行更加理性的思考，公益与商业的结合究竟是昙花一现还是大势所趋？两者之间存在冲突吗？如何保护和平衡公益与商业的冲突？

---

① 作者：李健，中央民族大学管理学院副教授，中央民族大学基金会研究中心执行主任。

一　公益与商业的结合

公益与商业的结合最早出现于春秋战国时期，《吕氏春秋·察微》曾记载了“子路受人以劝德，子贡谦让而止善”的故事，强调互利是使善法得以延续的根本。然而，到了近代，由于过分推崇个人奉献精神以及受西方国家人道主义的影响，公益与商业仿佛渐行渐远。时至今日，公益与商业的结合再度成为社会舆论的热点。这一话题的回归与转向具有深刻的时代背景。

第一，第三部门的羸弱与失灵。莫尤的《死亡援助》和伊斯特利的《白人的负担》等著作使越来越多的人意识到，第三部门纯粹、无功利的想法虽然能够激发起建造空中楼阁的冲动，却始终无法真正为人们提供结实的居所。同所要解决的庞大的社会问题相比，第三部门总是显得羸弱和无力，用查尔斯·汉迪的话说，就好比“想要指挥大象的跳蚤”。目前以第三部门较为发达的美国为例，其总产值占GDP比例不到2%，平均ROI不到3%，从业人数还不如麦当劳的雇员多。

第二，私人部门社会企业家精神的崛起。继比尔·盖茨、洛克菲勒和巴菲特等人成为慈善家以后，越来越多的社会精英加入了社会企业家的阵营，如王石等百位企业家发起了阿拉善生态协会，李亚鹏和王菲发起了嫣然天使基金，刚刚卸任的马云也出任大自然保护协会主席，他们将物质上的财富视为次要的人生目标，转向追求解决社会问题的更高成就感。在世界范围内社会企业家精神正在成为一种不可或缺的力量，在解决贫困、教育、医疗和环保等领域问题时扮演着越来越重要的角色。

第三，政府公共政策的调整。从中央到地方，政府对公益与商业结合的态度也在发生变化，2011年6月，北京市政府在《中共北京市委关于加强和创新社会管理全面推进社会建设的意见》提出：“积极扶持社会企业发展，大力发展社会服务业。”这是直辖市一级政府首次明确使用“社会企业”这一名称，2012年佛山设立200万元社会创新基金，鼓励社会组织和社会企业的创新，2013 年顺德推出中国首个社会企业认定标准。公共政策的调整为公益与商业的结合提供了一个良好的政策支持平台。

第四，公众道德消费的兴起。据 co - operative group 统计，2011 年英国消费者在道德商品和服务上花费了 430 亿—468 亿英镑，比 2010 年增加了 9%，而 1999 年这一数字仅为 135 亿英镑。道德投资也由 2010 年的 193 亿英镑上升到 2011 年的 211 亿英镑，增加了 9.3%。“道德”消费者的数量和金额在以指数级的速度增长，吸引了更多的公益组织商业化以及商业企业公益化。

公益与商业的结合作为一种趋势，是否在未来会构成公益或商业领域的自然生态，我们还不敢确定，但上述四种新的变革确实构成了公益与商业结合利好的基本面，英国公民社会年鉴显示，2005 年英国志愿组织筹资总额中，商业收入所占的比例就已经超过了 50%，并且还在不断增长，诺贝尔和平奖获得者尤努斯认为商业机制可以渗透到除了地震与救灾之外的所有公益慈善领域。更多的人已经看到公益与商业结合的广阔前景，在社会创新领域，人们已经将注意力由公益组织“授人以鱼”和商业企业的“授人以渔”，转移到商业企业和公益组织共同合作为人们提供解决问题的“渔网”上来。

二 公益与商业的冲突

公益与商业的结合的确可以解决现代社会的许多问题，然而又不可避免地带来许多新的问题，可以说，近年来的许多公益热点事件都源于没有处理好公益与商业的关系。有人喜欢用公益为体，商业为用的说法来概括两者之间的关系，我认为这种说法并不完全贴切，一方面，体和用常常是相互交织，做起来并不如说起来这般容易区分；另一方面，这种说法排斥了商业为体，公益为用的正外部性。近日，沃顿商学院市场营销学教授（Deborah Small）德伯拉·斯莫和奥本大学（Auburn University）市场营销学教授弗恩·林希利（Fern Lin - Healy）发表在《社会心理和人格科学》杂志上的一篇论文《好人不得志与不得志即好人：做好事与有好报之间的冲突》（*Nice Guys Finish Last and Guys in Last are Nice*：*The Clash Between Doing Well and Doing Good*）为我们提供了很好的分析视角。文章认为无论公益还是商业都有自身的标准，公益与商业的冲突集中反映出不同主体背后的动机和行为准则。

公益的行为准则强调普世价值，推崇决策公平、公正以及对人的权利的尊重，其中公正观（theories of justice）关注行为或政策的分配效果，它要求决策者按照公正、公平和不偏袒的规则行事；权利观（theories of rights）认为人的基本权利（生存、自由选择和了解自身潜力等）在任何决策中都应该得到尊重。相比之下，商业更推崇效率和效益优先的功利观（Utilitarian theories）。这一准则强调某一行为对大多数人产生了好的结果，那么就是道德的。决策者被要求评估每个可行方案对大多数人的影响，并选择满足大多数人的最优方案。

这些动机或准则尽管都合情合理，但在公益与商业结合的时候却常常不可避免地产生冲突。一种情况是由于双方过分坚持自我准则所导致的冲突。比如，在商业企业和NGO跨界合作参与的养老服务中，商业企业更倾向于从功利观出发从事“高端养老”项目，而秉承公平公正观的NGO则认为应该将关注点更多地放在那些空巢、失能以及低收入的老人身上。汉密尔顿和霍克曾用一个案例说明了公益与商业之间的这种矛盾与冲突。在环保人士眼中的公共利益，意味着更多的野生动物保护区、更少的能源生产或更多红杉和较少或不同工作岗位的伐木者和工厂工人，而企业则倾向于发展更多的能源储备、较少的原始的荒野或更少的红杉和更多伐木者和工厂工人的就业机会。另外一种可能常出现在公益组织商业化和商业企业公益化的过程中，一方的行为和背景中发出的信号背离了自身的行为准则，这种错位会造成认知失调并放大经营风险。比如，商业企业过于强调公平公正，则意味着要考虑如何将产品或服务提供给收入不稳定的消费者，尤其是那些处于金字塔底层的人群（BOP），此时就通常会面临产品或服务的定价两难问题。FEC商学院的Frédéric Dalsace教授提醒商业企业在介入公益时尤其需要留心三大暗礁：原有市场的流失、对目标人群的侮辱以及门槛效应。相对于商业企业公益化，一些短视的NGO逐渐背离了公益的公平公正理念以谋求“与狼共舞”，这种理念甚至主导了相当一部分NGO的话语权。比如，一些NGO声称为社会大众服务，在从事商业经营过程中却过度透支自身员工，要求员工长时间连续工作，以志愿服务为借口克扣员工薪水，甚至不给员工缴纳“五险一金”，这样的做法不仅造成了从业者的认知失调，也带来较高的人员流动率。另一方面，功利观只考虑行为的结果，而不关注过程和方式，许多NGO在筹资过程中也逐渐失去了底线和立场。对于烟草企业的捐赠该不该接受？这样的话题在今天显然已经无法吸引起NGO讨论的热情。

三　如何保护和平衡商业与公益的冲突？

在“道不同却相为谋”的情况下，现实给我们提出了更高的要求，对于已经迈出这一步的NGO或商业企业来说，现在的问题已经不是应不应该结合的问题，而是如何保护和平衡两者的冲突，共同创造美好社会的问题。在此，我们试图在上述分析的基础上提出三点建议。

（一）理解

理解首先应该是对自身动机和行为准则的理解。目前的许多公益培训很重视筹资、财务管理和市场推广，反而忽略了最重要的理念与价值。或许大家都认为这种东西没有培训的必要，简单地说，“没那份心谁会来做这个”。然而，在理念与价值已经构成公益组织和商业企业领导者最重要的胜任力的今天，我们真正缺乏的正是对自身理念与价值的深入理解。一些公益组织商业化传出的丑闻以及一些商业企业因为做公益而陷入经营困境的症结就在于对理念的认知不够。其次，公益与商业的结合还要求双方增进相互了解。在缺乏了解的情况下，商业与公益的结合很难成功。在某次培训课上，一个商业企业背景的讲师给NGO负责人介绍公益项目设计，在实战阶段，讲师先播放了一段展示现有雨伞种种弊端的视频，然后让大家分组设计一种新型的雨伞，我实在想不出这种课程设计与公益项目有什么关系，这类培训的效果也可想而知。公益与商业的了解是双向的，从当前的实际来看，商业企业向 NGO 的技巧输出较多，NGO 向商业企业输出的理念较少，未来应该加深对相互理念的了解。

（二）尊重

然而，仅仅理解还不够，生活在一个多元化价值观的社会，我们既不应该改变自己去迎合他人，更不要试图去改变别人，我们更需要的是相互尊重彼此的理念和价值。正所谓“君子和而不同”，了解基础上的尊重是公益与商业结合的前提和基础。这种尊重既包括同一体系内的自我尊重，也包括体系外的相互尊重。比如，近日某基金会对外宣称今后所有募集的款项将全部用于救助孤儿，项目所产生的行政经费由理事会另行筹集。对此，一些基金会纷纷予以谴责，认为其破坏了行业规则。我认为这种谴责大可不必，公益人应该有开放包容的心态，我们认可公益人应该有自己的合理回报，但这并不意味着德蕾莎修女所做出的高尚奉献就不值得提倡；同样，我们赞许商业企业回报社会，积极从事公益的行为，但没必要以此为理由将所有的企业进行道德绑架。另外一种尊重是体系外的相互尊重。我们不应将公益与商业简单地等同于目标与手段之间的关系，要在尊重相互理念与价值观基础上厘清有所为与有所不为的边界。商业可以通过公益来获取收益，但前提是尊重公益的基本理念和行为准则。例如，日前媒体报道的“深圳最美女孩”为乞讨老人喂饭的感人一幕事后就被证实为某商业展的炒作，附近一位目睹拍摄过程的报刊亭老板称，女孩只喂了几口饭，便随拍照的男子离开。这种“消费穷人”的做法是在亵渎公益。

（三）契约

契约是西方社会的主流精神，它存在于商品经济社会，而由此派生的契约关系与内在的原则，体现一种自由、平等、守信的精神，它既能包容公益与商业的双重理念准则，又可以建立公益与商业在冲突时的协调与对话机制。由于单一的法律形式通常只能获取所创造价值形式中的一类好处并且使做“好事”更具有合法性，我们建议从事商业服务的 NGO 和从事公益活动的企业创建两个独立的法律实体，一个以营利为目的，另外一个以公益组织形式存在，两个组织在财务上独立核算。在这两个组织之间建立一种契约以实现内部合作，NGO 可以通过对营利性目的的企业进行控股，以此掌控合伙企业的业务活动并保证其不偏离创立初衷，如 Embrace；企业则可以通过成立非营利组织来保障被企业忽略的弱势群体客户，如 Sanergy。此外，盖茨·梅琳达基金会为我们理解这种契约在商业企业和 NGO 之间跨界合作的应用提供了现实操作的经典案例，在解决第三世界国家的公共卫生问题时，盖茨·梅琳达基金会选择资助商业企业从事药品研发，盖茨·梅琳达基金会承担其药品的一定比例的研发费用，在药品研发成功后，盖茨·梅琳达基金会并不分享利润，但要求药企按照穷人能够买得起的价格出售药品。盖茨·梅琳达基金会的案例虽然只是个案，然而其反映出的一些原则却非常值得从事商业活动的 NGO 或者从事公益活动的商业企业学习，比如 NGO 在涉足商业中取得的收益不得分配、商业企业在从事公益活动时要尽量不宣扬。

公益与商业的结合所带来的社会创新价值要远大于传统公益与商业在传统路径下的锁闭前行，问题在于我们如何作到趋利避害，相信对以上建议的采纳可以一定程度上帮助 NGO 和商业企业应对在公益与商业结合过程中受到的困扰。

专题五　慈善法

“穷则独善其身，达则兼济天下”，乐善好施、扶贫济困是中华民族的传统美德，慈善文化源远流长，是中华民族传统文化的重要组成部分。而真正的以慈善组织专业化运作为特征的现代慈善活动则于改革开放后兴起，近十多年来，进入黄金发展期：非营利组织骤然增加，志愿服务活动蓬勃开展，慈善信息平台广泛应用，公益慈善活动从扶贫济困逐步拓展到教育、科技、文化、环保、体育等领域。但同时，慈善领域频现的恶性事件所暴露出来的不规范、不专业、不透明为社会所诟病，严重影响社会公众参与公益慈善的热情和爱心。在这样的一种背景下，《慈善法》千呼万唤始出来，以期引领、推动、规范和保障中国公益慈善的发展。关于《慈善法》，他们这样说。

第一篇　慈善法草案：游离于支持与管控之间？

——基于日本相关立法技术的启示[①]

一　引言

我国的民间慈善传统源远流长，为维系传统秩序和推动社会发展等发挥了重要作用。然而，清末民初以后，随着国家（政治）力量的触角不断地向社会各领域延伸，民间慈善的活动空间开始受到挤压。新中国成立后，随着国家（政治）力量全面膨胀和急剧扩张，民间慈善事业被迅速定性为“统治阶级欺骗与麻痹人民的装饰品”（董必武语）。据此，民间慈善事业完全由政府包办，其原有的独立地位被彻底否定，结果导致“近代以来中国社会经历百年积累起来的民间慈善事业，在中华大地上消失了近40年。”[②]

改革开放后，民间慈善事业逐渐得到政府的认可并开始走向复兴之路。时至今日，民间慈善事业已然呈现蓬勃发展之势。为了顺势推进民间慈善事业的进一步发展，我国政府在历经十年孕育、两年起草后终于公布《慈善法（草案）》（以下简称“草案”）。该草案坚持开门立法，积极吸纳多方社会意见，这对我国公益慈善事业而言无疑具有里程碑式意义。

通览草案全文，我们不难发现，该草案力图通过大量的有关规范

---

① 作者：俞祖成，日本同志社大学综合政策科学研究科。

② 李小尉：《一九四九年至一九五六年国家政权与民间慈善组织的关系解析》，《中共党史研究》2012年第9期。

性和支持性的法律条文以实现其立法目的，即“发展慈善事业，……保护慈善组织、捐赠人、志愿者、受益人等合法权益”。然而，仔细推敲后我们亦可察觉，囿于现有制度框架的束缚，许多条文表述严谨度不足、精细化欠缺且略显晦涩，甚至不少条文还暗含现行制度惯用的、以模糊的行政自由裁量权为基础的管控思维，从而很可能使草案的立法目标出现偏离，进而有可能使法律的实施将游离于“支持”与“管控”之间。为了更好地说明这个问题，本书将采取与邻国日本的相关立法相比较的方式进行阐述。

或许很多人知晓，日本政府于1896年通过民法第34条的规定，创设了基于行政主管部门几乎漫无边际的行政自由裁量权的公益法人制度，由此开启延续100余年的“公益国家独占主义”时期[①]。然而，以1995年的阪神/淡路大地震为契机，志愿者活动和市民活动受到社会的广泛关注，进而促使日本政府于1998年以民法之特别法的形式出台《特定非营利活动促进法》（通称“NPO法”）。鉴于公益国家独占主义所带来的严重弊端，NPO法放弃“许可”制度，转而采取“认证”制度（即市民团体只要向行政主管部门提交符合法律规定的申请材料即可获得认证并注册为社团法人），同时将行政部门的行政自由裁量权控制在最小范围之内。结合日本NPO法的立法技术经验，我国的《慈善法（草案）》至少需要对以下几个问题进行慎重讨论。

二　关于慈善概念及其范围的界定问题

草案立法说明声称，草案采取“大慈善”的定义，即慈善活动“是指自然人、法人或者其他组织以捐赠财产或者提供志愿服务等方式，自愿开展的下列非营利活动”（参见表1）。

① 星野英一（2013）.『民法のすすめ』岩波新書。

表1 《慈善法（草案）》第三条所列举的慈善活动

（一）扶贫济困、扶助老幼病残等困难群体；
（二）救助自然灾害等突发事件造成的损害；
（三）促进教育、科学、文化、卫生、体育等事业的发展；
（四）防治污染和其他公害，保护和改善环境；
（五）符合社会公共利益的其他活动

很显然，这种“慈善”概念的定义有失严谨，甚至还将“慈善”等同于“公益”（公共利益）。在笔者看来，问题的关键还不在于此，而在于其所列举的有关慈善活动范围的第五项“符合社会公共利益的其他活动”。对于这项规定，我们不禁要问的是，除了其余所列四项，到底还有哪些慈善活动符合“社会公共利益”？换言之，是不是其余慈善活动范围的认定只能交由行政主管部门说了算？法律实施后，我们是否必须仰仗于行政主管部门的行政自由裁量权来判定到底哪些慈善活动符合社会公共利益？如果真是如此，那么我们有足够的理由怀疑，行政主管部门完全可能根据现实政治的需要对慈善活动的范围作出单方性和垄断性的界定，进而实现其管控目的。

与之相比，日本政府又是如何定义“慈善”（或“公益”）的？日本 NPO 法第一条提出：“本法律的目的在于通过赋予从事特定非营利活动的团体法人资格，以及创设针对那些组织营运和业务活动均妥善且有助于增进公益的特定非营利活动法人（通称‘NPO 法人’）的认定制度，从而促进以志愿者活动为主的、作为市民自由的社会贡献活动的特定非营利活动的健全发展，进而实现公益之增进。”紧接着，该法第二条明确规定：“本法律所谓的‘特定非营利活动’，是指符合附表所列举的活动（参见表2），即指代那些以增进不特定多数人利益为宗旨的活动。”

由此，日本 NPO 法通过较为严谨的“特定非营利活动”（=公益）的概念界定以及尽可能地穷尽特定非营利活动范围之方式，将行政主管部门所能掌控的公益活动范围认定权限控制在尽可能小的范畴。正如日本学者雨森孝悦所指出的：“目前，NPO 法人几乎可以在

表 2　　　日本 NPO 法所列举的"特定非营利活动"

编号	活动范围名称
1	增进保健、医疗或福利的活动
2	促进社会教育的活动
3	促进社区营造的活动
4	振兴观光的活动
5	振兴农山渔村或农村地区的活动
6	振兴学术、文化、艺术和体育的活动
7	环境保护活动
8	灾害救援活动
9	地域安全活动
10	维护人权或推进和平的活动
11	国际援助活动
12	促进男女共同参与社会的活动
13	培养儿童健康成长的活动
14	推动信息化社会发展的活动
15	科学技术振兴活动
16	激活经济活动的互动
17	开发职业能力或扩大就业机会的活动
18	消费者保护活动
19	从事前面各项所列活动的团体运营或有关活动的联系、咨询或支持活动
20	通过都道府县或指定都市的条例所指定的、类似前面各项所列活动的活动

注释：经过多次的法律修订，特定非营利活动的范围从最初的 12 个领域拓展到目前的 20 个领域。

资料来源：译自《特定非营利活动促进法》，URL：http：//law. e – gov. go. jp/htmldata/H10/H10HO007. html（2015 年 11 月 6 日最终访问）

所有的社会活动领域开展活动。"① 另外，根据日本内阁府的最新统

① 雨森孝悦（2012）.『テキストブック　NPO（第 2 版）』東洋経済新報社。

计显示，截至2015年10月末，NPO法人的认证申请受理总数为51922人，其中通过认证的法人数为50411家①，其认证率竟然高达97.08%，这主要归功于NPO法明确界定了特定非营利活动（公益活动）的概念及其范围。

三　关于禁止慈善组织涉足敏感领域的界定问题

草案第二十条规定："慈善组织不得从事、资助危害国家安全和社会公共利益的活动"，否则将"由有关机关依法查处，情节严重的，由民政部门依法吊销登记证书；构成犯罪的，依法追究刑事责任"。（第一百零九条）关于这项规定，笔者并不反对，因为这契合了我国的现实国情且基本符合国际惯例。然而，我们不禁纳闷的是，到底什么是"危害国家安全和社会公共利益的活动"？

关于"危害国家安全的活动"，我们通过查找其他法律或许能够略知一二，但关于"危害社会公共利益的活动"，估计大多数国民将一脸茫然，不知所云。很显然，导致这个问题的出现，和前述的慈善活动范围界定模糊直接相关。换言之，如果我们无法对社会公共利益作出较为清晰的界定，那么从事草案未明确列举的公益慈善活动的市民或组织，将无法完全规避被官方指责为从事"危害社会公共利益的活动"而遭到处罚或取缔的风险。

那么，针对这个棘手且敏感的问题，日本NPO法是如何有效应对的？根据NPO法第二条、第三条以及第十二条的规定，NPO法人必须以从事特定非营利活动为主要目的，同时其所从事的活动必须满足以下条件：（1）不以"宣传宗教教义、举办宗教仪式以及培养和教化信徒"为主要目的；（2）不以"推进、支持或反对政治上的主义"为主要目的；（3）不以"推荐、支持或反对特定公职的候选人、现任公职人员以及政党"为目的；（4）禁止为特定政党所利用；

---

① 内閣府（2012）.「NPO統計情報」，URL：https：//www.npo-homepage.go.jp/about/toukei-info、2015年11月6日最終アクセス。

(5) 不属于暴力团体（黑社会组织）；(6) 不属于被暴力团体或暴力团体成员所控制的团体。

从中我们不难发现，日本 NPO 法较为明确地界定了 NPO 法人所不能涉足的敏感领域。

不过，即使如此，NPO 法人与政治活动的关系仍存在问题。例如 2015 年 10 月中旬，负责运营“埼玉县市民活动支援中心”的 NPO 法人“埼玉 NPO 中心”被当局撤销“指定管理者”资格。其原因是在埼玉 NPO 中心管辖的埼玉县市民活动支援中心内开展活动的 NPO，有若干团体涉嫌所谓的“政治活动”（如反对安倍政府的安保法案等）。针对这个问题，以日本 NPO 学会为中心的学界随即掀起有关“NPO 与政治的关系”的讨论和研究，试图进一步明晰“政治活动”和“政策倡导”之间的界限。关于这个最新动向，笔者将另撰文述之。

四　关于慈善募捐资格的规制问题

草案第三章以“慈善募捐”为题，将慈善募捐划分为“面向社会公众的公开募捐”和“面向特定对象的非公开募捐”，并对这两种募捐资格的登记程序及管理方法等进行详细规定，同时禁止不具有公开募捐资格的组织和个人进行公开募捐。对此，有专家评价道：“慈善募捐方面，给了慈善组织一个公平获得募捐资格的机会，原来是通过身份认定，现在只要是慈善组织满足条件都可以获得。这对很多组织是天大的喜讯，不需要再挂靠其他组织了。”① 诚然，与现行制度相比较而言，草案有关慈善募捐资格的规定似乎有意放松了规制。然而，这部以“发展慈善事业”为口号的立法，有关慈善募捐资格的规定仍旧涉嫌违宪。为什么呢？在回答这个问题之前，我们先来看看

① 王会贤（2015）.《〈公益慈善法〉还是〈慈善法〉?》，《公益时报》微信号，URL：http://mp.weixin.qq.com/s?__biz=MjM5NTM3MjM5Mg==&mid=400304035&idx=2&sn=cbfccd5ad60524722bc65bfe5788697e&scene=23&srcid=1106wBju6bplXWF2MN5Vd8YT#rd（2015 年 11 月 7 日最终访问）。

日本的相关情况。

首先需要明确的是，共计五章81条（不含附则）的日本NPO法通篇只字未提“募捐”，并未对募捐资格作出任何限制性或禁止性规定。换言之，所有NPO法人都天然地拥有公开募捐资格。其实，在当下日本，不仅是NPO法人，几乎所有的自然人和法人都拥有公开募捐资格，而且不需要行政主管部门的许可或审批①。不过需要注意的是，战后日本社会的公开募捐制度经历了从“严格规制”到“全面开放”的过程。

据笔者查证，战后日本并没有在国家层面颁布与慈善募捐相关的专门法律。囿于此，战后初期日本各地的慈善募捐活动处于完全开放的状态。然而，囿于当时特殊的社会情况，打着“社会募捐”旗号的犯罪活动频频发生，例如诈捐和骗捐行为以及不法团体通过恐吓等方式强行筹集社会资金等犯罪活动。为此，从1948年起，日本不少地方自治体（地方政府）根据《地方自治法》所赋予的自治权限，陆续颁布有关“社会募捐取缔条例”或“有关金钱物品等的社会募捐条例”（统称“社会募捐规制条例”），据此对社会募捐活动进行严格规制。

然而，正如日本宪法学者林喜代美于1983年撰文所指出的：“在现代社会中，国民大众的政治表现行为往往伴随着资金募捐行为。这两者之间存在密不可分且互为一体的关系，因此我们无法在现实中将这两者进行拆分以区别对待。进而言之，在现实中，仅仅追求纯粹金钱目的的公开募捐行为几乎不存在，因为募捐行为必定内含某种思想、价值或主张。甚至我们可以说，国民大众为了表达某种思想或主张，公开募捐行为仅仅是为达成这个目的的一个环节而已。”② 简而言之，林喜代美认为公开募捐与日本宪法所保障的思想自由和表达自由存在密不可分的关系，因此政府对公开募捐进行规制或禁止必定侵犯公民所享有的基本人权（即思想自由权利和表达自由权利）。而有

① 不过，只有极少数的特殊非营利法人在举行公开募捐活动之前需要获得行政主管部门的许可。例如更生保护法人。

② 林喜代美（1983）.「『寄付取締条例』の憲法問題」『法律時報』第55卷第2号。

关公开募捐的犯罪活动完全可以通过刑法等法律加以应对①。另外，随着经济的发展、社会的进步以及市民素质的提高，日本的社会募捐规制条例迅速失去其存在的社会基础。于是，各地方自治体逐渐废止了有关公开募捐的规制条例②。

当然，中日两国在经济、政治以及社会等方面均存在较大差异，我国现阶段全面开放慈善募捐资格似乎也存在一定的风险。然而，从日本的经验来看，政府对慈善募捐资格做出禁止性或限制性规定确实涉嫌违法我国宪法第三十五条和第四十七条所规定的以思想自由为前提和基础的各项自由。鉴于此，我们在对涉及公民权利的慈善募捐行为作出限制或禁止之前，理应让全社会进行充分讨论并取得基本共识。很显然，这次立法并没有做到这一点，结果草案公开后有关慈善募捐资格的问题招致市民的强烈反对和大量吐槽。

五　结语

综上所述，如果这次的慈善法立法无法对“慈善的概念及其范围”和“禁止慈善组织涉足的敏感领域”作出明确界定，以及无法在“慈善募捐资格的规制问题”上取得全社会的基本共识，那么，以“发展慈善事业”为宗旨的慈善法极有可能为行政主管部门创造大量具有模糊性质的行政自由裁量权，进而影响慈善事业的进一步发展。换言之，试图以“权利法”（或“权益法”）之面孔示人的慈善法，在具体的实施过程中有可能将异化为“管理法”　（或“管控法”）。这无疑值得我们高度关注和深刻忧虑。

---

① 林喜代美（1983）.「『寄付取締条例』の憲法問題」『法律時報』第55卷第2号。

② 需要补充说明的是，根据笔者的检索，目前日本仍有11个地方自治体（长野县9个、岛根县1个和石川县1个）在形式上实施社会募捐规制条例。不过，这些条例虽然未被正式废止，但已经死法化，名存实亡。

第二篇　慈善事业立法值得融入更多社会工作元素[①]

2015年10月，我国首部《慈善法（草案）》面世并向社会公开征集意见，这一法律的出台将对我国构建现代慈善事业制度有着划时代性意义。但在该法尚未正式颁布并仍处于顶层设计阶段，有一个议题非常值得我们关注和重视，那就是社会工作与公益慈善的关系及《慈善法》是否需要加入社会工作元素？虽然以往我们很少去关注两者的内在联系，而事实上社会工作是源于慈善事业的，在扶弱济贫等目标上有着高度的重合性，因而在今天慈善事业制度设计过程中不能轻易忽略两者"打断骨头连着筋"的亲缘关系，并很有必要在制度设计中为两者的凝聚与互补提供空间与平台。这一建议的提出并非臆想而来，而是基于两者的历史脉络与价值理念等依据。

首先，社会工作伴生于慈善活动。社会工作在我国发展仍不到三十年，呈现前慢后快之势。2006年后，中央将社会工作作为民生建设的主体性力量，从而步入政策性推动的快速发展跑道。党的十八届三中全会后，社会工作又成为积极参与社会治理的重要力量。在这种不期而遇的机遇与背景下，社会工作教育、组织与服务发展十分迅速。据2015年11月民政部宫蒲光副部长报告，我国已有189个社会工作行业组织和3500家民办社会工作机构，所提供的服务涉及各类弱势群体和大量社会问题。可以说，社会工作作为新兴专业社会力量已在民生服务等领域崭露头角并成绩斐然。然而，在新时期如何更好

① 作者：冯元，台湾东海大学博士生。

地发挥社会工作在社会治理与社会福利领域的重要角色和强劲功能，是值得我们思考和探求的。其中非常值得珍视和挖掘的是社会工作与慈善事业的同源性、亲缘性关系传统。社会工作在西方已发展一百多年，19 世纪末 20 世纪初英国的慈善组织会社运动等为社会工作专业形成提供了肥沃的实践土壤。此后，社会工作与慈善事业看似泾渭分明，但实则两者有着不可分割的紧密联系，两者在服务对象与服务目标及资源传送等方面一直有着许多共通的地方。因而，今天在构建我们自己的现代慈善制度时，不仅要融合中西的传统与现代慈善思想与经验，而且值得吸纳与慈善事业密切关联的社会工作力量。

其次，社会工作价值相通于慈善价值。社会工作在其百年发展历程中始终坚守促进与提升个体与社会福祉使命。2014 年最新的社会工作全球定义明确“推动社会改革和发展、社会凝聚”等为其目标，“社会公义”“集体责任”等为其核心原则，“联系个人和组织去面对人生的挑战和促进人类的福祉”为其使命。足可见其伦理价值上特别强调利他主义和社会关怀，其通过专业服务和社会倡导，帮助弱势群体改善生存与福祉，缩小不平等与促进社会正义，防化个体与社会风险，增进社会凝聚与人类幸福。相形之下，无论是西方基督教等宗教文化主导的西方慈善，还是我国儒释道传统文化主导下的东方慈善，其慈善活动的目标都具有扶弱济穷的价值追求。如儒家孔子的“仁”思想，孟子的“守望相助、出入相支、疾病相持”思想，如佛家的慈悲精神与布施活动，道家老子的“善者吾善之，不善者吾亦善之，德善”思想等都蕴含了丰富的慈善思想。这些传统慈善思想中的精髓不仅应成为我国现代慈善事业发展的重要思想基础，也将滋养中国的现代社会工作使其在我们的文化制度与社会生活中孕育经久不衰的生命力。审视他们的历史脉络与思想传统，我们不难发现社会工作与中西慈善文化都有着相通的利他主义与社会关怀的价值理念。

最后，社会工作服务互动于慈善服务。为什么中国要发展社会工作与慈善事业？其中重要的动因是寄希望于两股力量共同参与中国特色的社会福利事业发展。在西方社会福利体系中，社会工作和慈善力量都是不可或缺的两股力量，社会工作往往以正式社会福利体系内力量出现，而近现代慈善事业往往作为正式社会福利体系外的补充力量出现。西方经历福利国家危机后于20世纪80年代转向探索福利多元模式，强调国家、市场与社会共担福利提供责任。今天，中国经过30多年改革后，有能力构建中国特色的社会福利制度，并通过福利制度建设来应对工业化与城市化过程的社会问题。在我们的福利模式选择上，当前的国情促使我们更可能偏向探索福利多元模式。因而在这种国家不足以全面承担福利责任的情况下，社会工作与慈善事业将成为我国现代社会福利体系建设的缺一不可的重要力量。具体来看，两者在服务输送上有着紧密的互动关系，一是人员方面，一些基金会、慈善总会、红十字会等慈善组织中吸纳了许多专业社会工作人才；二是资源方面，大量社会工作服务项目与机构的资源来源于基金会、慈善总会等慈善组织，而且两者广泛使用志愿服务资源；三是项目方面，慈善组织的一些公益慈善项目从设计、遴选、执行到评鉴不同程度地采用了社会工作专业技术；四是服务方面，在一些公益慈善服务融入了社会工作方法与技巧。可以预见，社会工作与慈善事业将在我国社会福利制度发展中形成更加紧密而频繁的互动关系。

当前，所公布的《慈善法（草案）》中，通篇只有第六章“慈善服务”环节，全文第64条唯一一处提到“社会工作”，这不免忽略了社会工作与慈善事业的亲缘性关系，也忽略了社会工作在现代慈善事业发展中的可能贡献。基于以上分析，《慈善法（草案）》应该积极关注和融入社会工作元素，并在以下几方面有所考量。

一是可否适突出发展部分社会工作性慈善组织的重要性。现代慈善事业的首要目标仍然不能脱离扶弱济穷的目标，而社会工作正是面向弱势群体提供专业服务的力量，能够将福利资源和慈善资源转化为最符合服务对象需要的优质服务。然而，我们的社会工作发展刚刚起步，社会工作人才队伍和专业服务机构阵营建设还任重道远，在当前政府资源释放容量极其有限，而社会工作机构自我筹资能力又尚且不足的情况下，借助慈善组织来整合社会工作自身发展与专业服务所需资源是一条值得创新探索的路径。我们可以看到中社社会工作基金会、香港凯瑟克基金会、联合国儿童基金会、美国福特基金会等慈善组织对我国的社会工作发展及其专业服务提供了巨大的支持。因而，在慈善法中可以考虑因应社会工作发展的这种现实需求，引导成立一定数量的社会工作基金会等，或引导部分慈善组织关注和支持社会工作，是十分值得考虑的。社会工作如果能够积聚和整合慈善，不仅能够促进社会工作的茁壮成长，也能促进慈善服务和慈善组织的专业化水平。

二是可否赋予部分社会工作机构以慈善募捐资格。我们需要提一个问题，就是民办社会工作机构属于城乡社区服务类或公益慈善组织吗？2014 年开始全国普遍性地简化了公益慈善服务类等四类社会组织登记政策，民办社会工作机构也在这一宽松政策下如雨后春笋般成长。但民办社会工作机构并未在制度上确认它的类别归属。这样一来，需要我们讨论《慈善法（草案）》的第 33 条的“城乡社区组织、单位可以在本社区、单位内部开展募捐活动”是否适用于民办社会工作机构？目前我国有 3500 家民办社会工作机构，其数量正在逐年增长。如果慈善法能够明确确认一部分民办社会工作机构属于城乡社区组织，那么这部分民办社会工作机构将获得在其所服务的社区直接募捐的法律资格，这对于提升社会工作自身发展与服务能力有着至关重要的作用。从实践层面来看，多数民办社会工作机构是在区（县）民政部门登记注册面向街道（乡镇）和社区（村）开展直接服务的，如果赋予它们这种募捐资格，将极大地提升它们的筹资能力。也可预想，在慈善立法如果前瞻性地作出这方面的考量，将会激活多少面向街（镇）和居（村）服务的民办社会工作机构。

三是可否引导部分慈善服务融入社会工作元素。《慈善法（草案）》第 57 条规定“慈善服务，是指慈善组织以及其他组织或者个人基于慈善目的，向他人或者社会提供的非营利服务”。从这一界定来看，面向弱势群体的社会工作服务实际上也属于一种专业的慈善服务。相比于其他慈善组织而言，社会工作机构在开展服务时，不仅有着更加严格的专业价值和职业伦理予以规范约束，而且拥有一套完成的从需要评估、项目计划、服务介入到结案评估的专业服务方法和理论。同时，社会工作与志愿服务有着非常密切的联系，放眼望去，我国大陆的社会工作服务基本都不同程度地整合了志愿服务资源。因而，社会工作针对志愿者及志愿服务资源的管理与使用也发展了非常丰富的实践模式和理论方法，如“服务学习”理论就是社会工作所发展出来的志愿服务理论。当前，我国全面推进的“三社联动”的基层社区治理工作，就必然需要依托社会工作与志愿服务力量深度合作。可见，在慈善法制定中，需要充分考虑社会工作服务、志愿服务与慈善服务之间的内在联系，尤其需要将社会工作元素更多地融入慈善服务中。

第三篇　我给慈善法提意见

——志愿精神是慈善的源泉[①]

怀胎十年的《慈善法（草案）》（以下简称慈善法）终于于 2015 年 10 月 31 日面世，公开接受公众意见。中国的公益慈善事业也必将因为慈善法的出台而迎来一个历史性发展阶段。为此，北京惠泽人公益发展中心第一时间成立了“我给慈善法提意见”工作组，开展了系列解读慈善法并征集民间意见的活动。截至 11 月 24 日，共动员了 500 多名社会组织从业人员、志愿者骨干和社区居民参与了“我给慈善法提意见”活动，征集意见 100 多条，意见更多聚焦于慈善与志愿服务的界定、慈善组织与慈善服务、募捐与捐赠、促进措施与监督管理。

惠泽人作为中国志愿服务能力建设的民间公益组织，长期致力于激发公民志愿精神参与公益慈善服务与社会创新运动，我们坚信志愿精神是慈善永不干涸的源泉。在当前中国经济社会转型面对诸多挑战中，公民不应是社会问题的起因，而应是解决社会问题的重要力量。然而作为全球第二大经济体的中国，我们的慈善捐赠（捐钱与捐时间）在全球排名却倒数第六，志愿服务捐赠率仅为 6%！[②] 中国公民并不缺少慈善之心，而是缺少合适的法规保障与制度指引去鼓励人们从善。为此，惠泽人结合二十年志愿服务实务经验与收集到的志愿者声音，提出如下建议。

---

① 作者：翟雁，北京惠泽人公益发展中心理事长。

② World Giving Index 2014，http：//www. cafonline. org/docs/defaclt – source/about – us – publications/caf – wgi2014 – report_ 1555awebfinal. pdf.

一　对慈善法草案的总体意见

我们认为，慈善法不仅是第三部门和慈善事业发展的基础保障，对于社会主义核心价值观与经济建设、社会的可持续发展都至关重要。本草案对于慈善组织的直接登记、募捐、税收优惠，以及志愿者保障与社会优待等方面都进行了确定。

同时，我们看到：慈善法草案对慈善活动的定义是“指自然人、法人或者其他组织以捐赠财产或者提供志愿服务等方式自愿开展的非营利活动”。由此定义可以理解为慈善主要是由捐赠财产和捐赠志愿服务所构成。但是，在115个法条中，涉及志愿者或志愿服务的条款仅11个，占据慈善活动半壁江山的志愿服务仅占慈善法10%权重；而与捐赠财产和钱财有关的条款有66条，占57%权重。在这部与每个人的社会生活息息相关的法律里，我们感受到更多是冰冷的钱财，而那些怀有热情、爱心和令人温暖的志愿者并没有受到慈善法应有的关注。

为此，我们特别对慈善法提出把“志愿服务”与“公益性”两个关键内容纳入慈善组织与慈善服务之中，让慈善法更有温度。

二　对慈善行为的公益性界定

慈善法草案对“慈善服务”的定义“是指慈善组织以及其他组织或者个人基于慈善目的，向他人或者社会提供的非营利服务”。这里的“他人”可以理解为近亲好友，而“非营利服务”也可以包括非公益类服务，比如亲友之间的相互帮助或者营销人员为了维护客户关系，而向消费者提供的非营利服务。

我们在征求社区居民和社会组织对“慈善服务”的理解时，绝大多数人都提到了公益性，即慈善服务应当是对非亲缘的、社会弱势群体或社会大多数人的利他性公益服务。

在慈善法立法的原则上，我们认为应本着：

（1）促进慈善事业发展，保障慈善组织的公益性和规范性；

（2）充分体现慈善的社会主体性，加强社会监督职能，而非官方性；

（3）限制政府在慈善领域的公权力，而非控制性；

（4）明确政府的法律责任，确定与慈善的边界及平等地位；

（5）将志愿者纳入捐赠人的范畴，加强志愿服务保障和促进，鼓励公民捐赠时间和专业技能。

三 加强志愿服务组织的规范

中国有数以百万计的志愿服务组织没有注册登记，但他们依然活跃的城乡社区开展线上或线下的志愿服务。我们建议，能够将这些组织进行行业内（向行业机构或者专项委员会）进行备案，将其纳入慈善组织范畴。

慈善法应明确界定慈善组织的独立性、非政府性（非政治）、非宗教性、公益性与非营利性。由于慈善组织大量使用志愿者，慈善法应明确慈善组织与志愿者的法律关系，加强慈善对志愿服务的治理规范，完善慈善组织的治理结构及理事会责任，建立健全志愿者保障与激励制度及措施，促进慈善组织的专业化建设与公信力。

有关慈善组织的责任边际问题也是许多民间组织所关心的，特别是慈善组织到底应当承担多少志愿服务风险及其损失？特别是遇有重大伤亡和损失远远超出组织承受能力的时候，是否可以由国家专项基金或专项保险进行赔偿？我们建议应当把慈善组织界定为有限责任，以切实保护志愿服务对象、志愿者和慈善组织的利益。

四 加强志愿服务的基础保障

志愿服务的基础保障应当包括志愿服务的定义、定性、政府责任及其价值引导等。志愿服务具有自愿性、公益利他性、付出时间和劳动、非营利性和组织化等特征，它不仅仅是公民个人之间的互助利他，也是公民参与公共服务和社会事务、实施公民权利的有效路径，更是当代慈善事业发展的重要有生力量，志愿精神是慈善最强劲的驱动力和永不干涸的源泉。对此慈善法应更多地加以保护和鼓励。

志愿服务的形式包括随手助人、各类活动、服务和项目等，慈善法对于慈善组织开展慈善服务的活动形式界定也应当更加宽泛和多元，并强调慈善服务的公益利他性。

志愿服务组织开展志愿服务不仅需要支付服务成本和运营管理经费，也需要对志愿者提供基本保障、服务津贴、志愿者激励等投入。目前在我国，政府对志愿服务的基础设施建设和财政投入严重不足。2014 年中国志愿者数量已经达到 1 亿人，共捐赠了 14.82 亿志愿服务小时，为国家贡献国民生产价值535.9 亿元①，而2014 年度中国政府购买社会服务总额 1934 亿元②，其中用于志愿服务的估算占 3%—5%，约为 5 亿元。比较美国对志愿服务的年均投入超过 60 多亿元，其志愿服务价值为6000 多亿元。由此可以看出志愿服务的投入产出比值为1∶100。同时，根据国内外志愿服务相关调查发现，近 80% 的志愿者更愿意为慈善捐赠财产，这一比例远远高出普通公众。在当前中国慈善资源严重匮乏的环境下，政府更应当加大对我国志愿服务的投入和法规保障。

五　志愿服务专项或专章立法建议

惠泽人在开展社区志愿服务调研中发现，有 80% 以上的居民有意愿参与志愿服务，但是只有不足 10% 的人能够成为志愿者，主要原因就是缺乏志愿服务教育、公众不了解志愿服务、慈善组织管理不规范、行政化志愿服务无法满足多样化志愿服务需求等。在“我给慈善法提意见”活动中，超过 80% 志愿者认为有必要为志愿服务专

---

①　杨团主编：《慈善蓝皮书：中国慈善发展报告（2015）》，社会科学文献出版社 2015 年版。

②　中国财政部官网：http：//gks. mof. gov. cn/redianzhuanti/zhengfucaigouguanli/201507/t20150730_ 1387257. html，2015 年 7 月 30 日。

项立法。更好地满足社会治理创新和志愿服务实务发展的巨大需求。

我们对志愿服务专项立法的具体建议：

(1) 限制政府在志愿服务的公权力，加大立法保障、税收优惠和财政支持，而不介入具体服务管理。

(2) 促进公众参与慈善监督，鼓励行业协会与行业自律。扶持平台型慈善组织及第三方独立机构，促进志愿服务社会化与规范化。

(3) 促进各部门跨界、跨领域合作参与志愿服务和社会资源动员。

(4) 规范慈善组织和其他使用志愿者的组织规范志愿者治理体系。

(5) 国家要将民间志愿服务纳入信息统计与认可激励机制中，把志愿者捐赠价值纳入国民生产总值，并对志愿者和志愿服务组织给予切实的社会优待与认可。

(6) 针对互联网信息化时代预留一定的空间与开放度，促进志愿服务的专业化、现代化发展。

(7) 鼓励国内慈善组织参与国际社会事务，促进国际志愿者援助与服务。

希望慈善法草能够对当代慈善的快速发展、互联网信息化时代对人们慈善行为的影响、公民参与新公益的兴起等有更加充分的理解和前瞻性的设计。

第四篇　募捐权的保护与规制(上)

——公民募捐的合法性反思①

一　引言：公法学视角下的募捐保护与规制

募捐权问题一直是近年来慈善理论界和实务界关心的热点，而随着《慈善法》草案的公布，对于募捐权的各种争论已经趋于白热化。而如果对其中的各种争论予以梳理，我们可以发现其实际上可以归纳为两个核心问题。

第一，公民究竟是否有募捐的权力？换言之，公民募捐是否具有合法性？这一问题主要围绕着《慈善法》草案第三十一条展开。

第二，政府应当如何去规制募捐？进一步说，其是否可以通过许可制的方式（这包括了两年的时限要求）对募捐予以规制？这一问题则围绕着《慈善法》草案第二十六条展开。

在笔者看来，以上问题实际上涉及募捐权的保护与规制，换言之，其本质上是公民权利与政府权力的合理界分问题，这属于典型的公法学问题。事实上，《慈善法》在各国本身即属于公法之序列，只是在当下我国仍然缺乏基于公法视角之研究。而本书则将尝试基于公法学之视角和理论，先针对《慈善法》草案第三十一条禁止公民募捐之规定，对募捐权的本质予以反思，阐述公民募捐的合法性基础，并进一步讨论募捐权的合理性规制问题。以此期望为《慈善法》草案的修订提供有益的建议。

---

① 作者：吕鑫，浙江工业大学法学院副教授。

二　乞讨与募捐：基于平等权的思考

从直觉上来说，对募捐权之争非常容易让我们联想到多年前由孙志刚一案所引发的“乞讨权”之辩，在那场看似肯定但却众说纷纭的讨论中，虽然各方都认为公民享有乞讨的自由，但乞讨的合法性基础究竟是什么却观点各异。然而，在此我们并不想再去探讨乞讨的合法性基础究竟是什么，而是想在平等权的前提下，基于类推的方法指出，如果允许公民乞讨那么就应当允许公民募捐，因为乞讨是为自己募捐，而募捐则是为他人乞讨。

为何可以如此类推呢？这是因为在慈善活动中，募捐通常表达了如此的内容：“请帮助穷人吧”，这一语句看似平常，但如果禁止公民募捐，这意味着从不同“身份”的口中表达将有完全不同的结果：如果从一名乞讨者口中说出，由于《流浪人员遣送管理条例》早已废止，乞讨行为已经不再被禁止①，因此可以认为其获得了合法性②。但让人难以理解的是，当一个募捐者陈述相同的内容，如果其本身并不属于一个慈善社会团体，或者公募基金会，那么这种行为就是将会被禁止的违法行为。然而，如果说慈善募捐是在为他人募捐（乞讨），那么乞讨行为是在为自己募捐（乞讨），两者在本质上并无差异③。而如果非要寻求两者差异的话，那么我们只能说乞讨行为表现

---

① 需要注意的是，我们此处所指乞讨行为的是那些“被动的乞讨行为”（Passive Begging），并不包括“侵犯型乞讨”（Aggressive panhandling）和“职业乞讨行为”。对于前者，我国在2005年颁布的《治安管理处罚法》第41条第2款规定“反复纠缠、强行讨要或者以其他滋扰他人的方式乞讨的”可以予以处罚。而对于后者，作者的拙作探讨了其违法性问题，参见吕鑫：《论职业乞讨行为的制裁》，载《浙江社会科学》2011年第1期，第63页。

② 我国法学界曾经提出了各种观点以支持保护乞讨自由，这其中有三种代表性的观点，即乞讨行为的“生存权说”“社会救助权说”和“自由说”。

③ 事实上，美国对乞讨行为也基于言论自由获得了保护，而其中的一条论证路径即是认为“乞讨行为”与“慈善募捐”相似，后者获得保护的同时前者也应当受到保护。See *Young v. New York City Transit Authority*, 729 F. Supp. 344, 356 – 359 (1990); *Blair v. Shanaha*, 775F. Supp. 1315, 1322 (1991); *Loper v. New York City Police Dep't*, 802 F. Supp. 1029, 1042 – 1047 (1992); *Loper v. New York City Police Dep't*, 999 F. 2d 699, 704 (1993).

了利己，而慈善募捐行为则表现了利他精神，后者无疑呈现出了一种高尚的道德品行。在此差异下，如果乞讨行为已经获得了保护，那么公民的慈善募捐行为更应受到合法的保护！

事实上，将慈善募捐与乞讨行为相等同的观点确实在司法实践中存在并被采纳。在 1989 年美国纽约北部地区法院审理的 Young 案①中，法院第一次采纳了“乞讨行为”与“慈善募捐”无差别，因而两者应有相同保护的观点。虽然在上诉至联邦第二巡回上诉法院后，法院并未予以认定这一观点②，但在 1991 年的加州北部地区法院审理的 Blare 案③以及同年纽约南部地区法院的 Loper 案④，法院都采纳了乞讨行为与慈善募捐相似之观点，并因此判定乞讨行为合法。尤其是 Loper 案在 1993 年上诉到第二巡回上诉法院后⑤，法院改变了两年前对 Young 案的态度，认定乞讨行为受言论自由的保护。在此之后，美国越来越多的法院和判例开始依据言论自由对乞讨行为予以保护⑥。而这事实上也为我们探讨募捐的合法性论证提供了可借鉴的进路。

三　募捐权的本质：表达自由保护下的募捐行为

现在我们有必要直面最为重要的问题，那就是：募捐的合法性基础究竟是什么？以此揭示募捐权的本质。对此，我们有必要认识到的

---

① *Young, v. New York city transit authority*, 729 F. Supp. 341.

② Young, 903 F. 2d at 156.

③ *Blair v. Shanaha*, 775F. Supp. 1315. 本判决后因为其他问题被撤销，919 F. Supp. 1361（N. D. Cal. 1996）。

④ Loper 案总共包括五个主要案件：（1）Loper, 135 F. R. D. 81（1991）认定原告为“贫困者”（Needy）；（2）766 F. Supp. 1280（1991）对原被告双方的主张基于证据不足均不予支持；（3）785 F. Supp. 464（1992）原告方提供有关 1207 人依据纽约州刑法 240. 35（1）节被逮捕的报告，被告反驳后法院再次不予支持原告主张；以及下文讨论的（4）802 F. Supp. 1029（1992）；（5）999 F. 2d 699（1993）。

⑤ *Loper v. New York City Police Dep't*, 999 F. 2d 699（1993）.

⑥ *Cross of Christ v. City of Riverside*, 886 F. Supp 721（C. D. Cal. 1995）; *Benefit v. City of Cambridge*, 424 Mass. 918（1997）; *Smith v. City of Fort Lauderdale*, 177 F. 3d 954,（11th Cir. 1999）; *Gresham v. Peterson*, 225 F. 3d 899,（7th Cir. 2000）.

是，合法性的认定不应局限于依据既有的直接法律之规定，还应当在法律体系内审视其上位法，尤其是在公法学的范畴内，当涉及公民自由（行为）之合法性问题时，更应当审视其是否受宪法基本权利之保护。而在笔者看来，公民（包括法人）的募捐行为属于“表达行为”，其表达了以下观点，即这个社会存在着弱势群体，他们需要我们的帮助，这看似简单的表达实质上涉及一项重要的公民基本权利——表达自由。

在宪法学上，表达自由意指公民享有的自由表述观点而不受侵犯之权利①。我国宪法第35条规定：“中华人民共和国公民有言论、出版、集会、结社、游行、示威的自由”，此条即被视为表达自由在我国宪法上的规范表述。需要说明的是，表达自由较之言论自由，其保护的范围更为宽泛，不仅保护“纯粹言论”②（Pure Speech），还保护各种包含有“言论要素”（Element of Speech）的表达行为③，具体来说，第35条所明确列举的“出版”“集会”“结社”“游行”和“示威”都是典型的表达行为。而随着社会的发展，新的表达行为被不断地纳入表达自由的保护范围之中，典型的如对以“广告”为代表的“商业性言论”④（Commercial Speech）之保护即是如此。当然，那些新的、未被明确列举的表达行为能否纳入表达自由的保护范围仍需细致地论证，而这通常涉及三个层次的问题：

第一，行为是否存在表达？

第二，行为存在的表达传递了什么内容？

第三，表达的内容是否符合表达自由所追求的价值？

---

① See Larry Alexander, *Is there a right of Freedom of Expression*? Cambridge University press, 2005, pp. 127 – 146.

② *Carey v. Brown*, 447 U. S. 455, 460 – 461 (1980).

③ 美国宪法学上还有一类“象征性表达”（Symbolic Speech），“燃烧国旗” *Texas v. Johnson*, 491 U. S. 397, 406 (1989)；“在国旗上附上和平标志” *Spence v. Washington*, 418 U. S. 405, 410 (1974)；“戴黑色袖章反对越战” *Tinker v. Des Moines Indep. Community Sch. Dist.*, 393 U. S. 503, 508 (1969)；“在种族隔离的图书馆静坐抗议” *Brown v. Louisiana*, 383 U. S. 131, 141 – 142 (1966)。

④ *Lochner v. New York*, 198 U. S. 45 (1905).

以下我们将遵循这三个层次的问题，论证公民（包括法人）的募捐行为应当纳入宪法表达自由的保护范围之内。

首先，募捐行为属于表达行为，其包含了特定的“言论要素”(The Elements of Speech)。这是因为募捐行为虽然目的在于获得捐赠，但其行为本身必然包含着言语或者文字以表达期望获得捐赠之意，且这种表达一方面必须准确地传递有关慈善的信息，另一方面还需要潜在的捐赠者能够理解并被说服予以捐赠，而这种准确传递和可被理解也正是言论要素的两点基本要求①。事实上，从民法学的视角能够更为清晰地予以说明——合同的成立应当存在要约与承诺，慈善赠与合同的成立同样如此，其中赠与的要约是一种希望获得捐赠的意思表示，而在通过募捐成立赠与合同的情况下，要约是通过募捐行为予以表达的。在此意义上，募捐行为即传递了意思表示，因此显然属于表达行为的范畴。

其次，慈善募捐行为传递的内容反映了社会制度上存在的问题。慈善募捐表述的内容虽然看似广泛而又具体，诸如赈济灾民，扶助贫困，促进教育和卫生事业等，但如若从特殊的表象审视普遍的本质，可以发现慈善募捐都表达了如下的内容：我们的社会存在弱势群体，他们需要我们的帮助。因此，慈善募捐所传递的信息内容虽然直接反映了救助、赈灾、医疗和教育等方面的社会问题，但如若进一步去分析和反思可以发现，这些社会问题的产生往往具有更为深刻的制度性问题，诸如社会保障机制不够健全，社会收入分配体制的不公，乃至政府缺乏足够的关注，这些都能透过慈善募捐所传递的信息直接或者间接地予以反映。因此可以说，慈善募捐所传递的信息远较之其直接表达的更为深刻，其不仅反映了现存的种种社会问题，更重要的是其往往透露出事件背后蕴含着的制度性问题。

最后，慈善募捐行为所表达的内容吻合表达自由所追寻的“民主治理”（Democratic Governance）和“自我实现”（Self - realiza-

---

① 此即宪法学上用以评判表达行为的 Spence 规则，See *Spence v. Washington*, 418 U. S. 405 (1974)。

tion）之价值[①]。先就民主治理来说，其意指在赋予公民表达自由的权力后，通过观点的自由表达能够发挥“启发价值”（Enlightenment value），以促使政府意识到存在的各种社会问题，进而制定出有效的治理措施[②]。慈善募捐作为表达行为，向政府和公众传递了社会所存在的弱势群体以及其背后的种种制度问题，而这些信息不仅能够促进政府反思其相关的政策和具体工作中的问题，还能传递给除政府以外更为广大的社会公众，促使公民们纷纷参与反思这些问题，进而能“启发”更多的公民通过各种直接或者间接的途径发表自身的观点，这无疑将产生连锁效应使更多的观点融入“意见市场”[③]（Marketplace of Ideas），为政府的民主决策提供越来越广泛的思想基础和观点意见，以提出切实可行的方案来解决这些弱势群体所面临的问题。值得注意的是，虽然弱势群体本身皆可以反映自身困苦和社会不公，但弱势群体在阐述其自身问题时往往缺乏相应的话语权，导致了其观点很难得到有效之传播[④]，因而由慈善组织和志愿者通过募捐形式传递即成为重要的途径，而美国最高法院甚至认为募捐往往是传递弱势群体信息的唯一途径，在 1980 年著名的 Schaumburg 案中，它指出：“募捐行为通过对经济、政治或社会事务分析特殊原因或发表独特看法以寻求支持之行为无疑蕴含了信息和说服性的言辞，而没有它，这种信息和倡导将可能绝迹。”[⑤] 正是基于这一独特的启示价值，可以认为募捐所传递的信息符合表达

① 言论自由的三价值说在国外论文和案例中也经常出现的，See Redish，The Value of Free Speech，130 *U. PA. L. Rev.* 591（1982）. 宪法学家艾默生提出了四价值说还包括“在稳定和转变中保护平衡”，See Thomas I. Emerson，Toward A General Theory of The First Amendment，72 *Yale Law Review*，1963，p. 877。

② See Alexander Meiklejohn，The First Amendment is an Absolute，1961 *SUP. CT. RE*，p. 255. See also Alexander Meiklejohn，*Political Freedom：The constitutional powers of the people*，Harper press，1965，p. 24.

③ See *Abrams v. United States*，250 U. S. 630（1919）；*VirginiaState Bd. of Pharmacy v. Virginia Citizens Consumer Council*，425 U. S. 748，762 - 65（1976）.

④ 这一点在美国的判例中也有相似的表述，See *Martin v. City of Struthers*，319 U. S. 141，146（1943）。

⑤ *Schaumburg v. Citizens for a Better Environment*，444 U. S. 620（1980）.

自由所追求的民主治理之价值，而美国最高法院也因此将募捐纳入到言论自由的保护范畴。

再就自我实现而言，其意指“公民通过各种表达活动来形成自身的社会属性，从而发展自己的人格”[①]，通常认为社会属性以及人格发展的关键在于道德观的形成。而如若我们去审视各个时期、各个地区的道德观念，可以发现对他人的“仁慈”（Benevolence）、“同情”（Sympathy）和“怜悯”（Mercy）无疑具有共性，如在传统的儒家伦理思想中，作为核心价值观的“仁”，即要求同情并给予他人帮助之“惠”[②]；在基督教伦理教义之中，也强调人与人之间的关系“应爱人如己”[③]，而基督教理论的集大成者阿奎那（Aquinas）在他的《神学大全》（*Summa Theologica*）中提出“慈善，是所有德性之母”[④]，是一种“普遍的美德”（General Virtue）[⑤]；在伊斯兰教的伦理教义之中，“则卡特”（Zakat）亦即“天课”被认为信徒的五大使命之一，其要求信徒向各种弱势群体施以援手[⑥]；而在资本主义经济发展之后，斯密（Smith）在认识到资本主义经济的利己本质之后，在他的《道德情操论》（*The Theory of Moral Sentiments*）中强调以“利他主义”（Altruism）为核心的道德准则对于维持这一社会的意义，在斯密看来慈善便是这种道德观念的核心表现[⑦]。而在现代的慈善事业之中，募捐不仅是公民参与慈善的重要形式，募捐者还成为了联结捐赠者和受赠者的枢纽，公民通过募捐能够真切地认识并改变社会弱势群体的现状，从而帮助自身反思人生的价值和追求，以此提高公民的道德觉悟，这最终有利

---

① 韩大元、林来梵、郑贤君：《宪法学专题研究》，中国人民大学出版社 2004 年版，第 315 页。

② 《论语·阳货》。

③ 《圣经·旧约》利未记第 19 章 18 节。

④ Aquinas , *Summa Theologica*, 2 - 2. 59. 4.

⑤ Aquinas , *Summa Theologica*, 2 - 2. 58. 6.

⑥ ［土］奥斯曼·努日·拓扑巴希：《伊斯兰文明的光辉——慈善与社会服务》，蒋敬译，甘肃民族出版社 2013 年版。

⑦ See Adam Smith, *The Theory of Moral Sentiments*, Part Ⅱ, Section Ⅱ.

于公民人格的全面与健康发展。事实上，德国宪法学界皆认同慈善募捐对于人格自由发展之积极意义，在1966年的Sammlungsgesetz（募捐法）案[①]中，联邦宪法法院即将公民的募捐行为纳入人格自由发展所需的“一般行为自由”（Allgemeine Handlungsfreiheit）[②]保护之列，同时还认为公民的募捐行为皆受到表达自由之保护[③]，以期通过这些基本权利保护和鼓励公民积极参与慈善募捐。

基于以上论证，我们指出了慈善募捐所传递的信息使得它能够被纳入表达行为的范畴，而这些信息的内容也符合表达自由所追求的民主治理和自我实现之基本价值，在此意义上，基于宪法表达自由之权利，公民的募捐行为具有合法性，而《慈善法》草案相应的有必要删除第三十一条（……组织或个人）“不得采取公开募捐方式开展公开募捐”之语句。

四　《慈善法》需要直接调整公民募捐吗?

当我们阐明了公民开展募捐的合法性基础，并指出有必要删除相应的禁止性规定，那么紧随而来的问题似乎就是：《慈善法》是否应当直接赋予并调整公民的募捐权？对此问题，笔者的回答是否定的，这不仅是因为从直觉上来说，如此规定将使立法内容前后相左；更重要的是因为从理论上说，直接规定公民有权开展募捐并无必要，其原因可以归纳为以下两点。

首先，对于公民募捐所开展的慈善，并不一定属于《慈善法》所调整的“慈善”。从现代慈善法学的角度来说，《慈善法》并不调整所有的慈善活动，而《慈善法》如何界定其所调整的慈善就是一个非常棘手之问题。为此，慈善法学发展出了一整套严格的识别规

① BVerfGE 20, 150.

② BVerfGE 13, 21（26）. 联邦宪法法院将“一般行为自由”解释为“最广义人之行为自由”，BVerfGE 6, 32（36）。有关一般行为自由可参见Eppler法官的列表，BVerfGE 54, 148（154）。这之后还增加了“公布自我决定之自由”，BVerfGE 65, 1（41 f.）。

③ BVerfGE 20, 150（152）.

则，简单来说，慈善的界定在静态上包含了三个基本要素，即慈善的目的、公益性原则和禁止性条款[①]。而在动态上，《慈善法》所调整的慈善要求：慈善的目的（Charitable Purpose）必须合法，且须符合公益性（Public Benefit）原则，并不得违反禁止性条款（Disqualify Rules）。如慈善活动无法达到以上要求，显然其无法被纳入《慈善法》的调整范围之内，也就无法相应获得税收等方面之特权（Privilege）。

在慈善的识别过程中，尤其值得注意的是公益性原则[②]，这一原则强调虽然慈善的目的具有多样性的特点，但所有的目的都必须具有公益性，而这种公益性包括了两个层次的要求，即公共性和利益性，前者强调慈善必须是针对公众群体而非个人，后者则强调慈善活动必须对公众产生积极、可辨识的利益。换言之，《慈善法》并不调整“私人慈善”（Private Charity），而是对被称为“公共慈善”[③]（Public Charity）的活动予以调整，即其所调整的是那些为全体或部分公民所开展之慈善活动，而对个人之慈善活动不予调整，后者典型的如个人之间的捐赠，为自己募捐的乞讨行为等。在此意义上，公民募捐很多即属于私人慈善之范畴，如为特定的个人或少数可确定之人募捐，其并不属于慈善法调整之范围。

其次，即便公民募捐所开展的慈善属于《慈善法》所调整的范

① Matthew Harding, *Charity Law and Liberal State*, Cambridge Press , Chapter 1 (2014) .

② 就《慈善法》草案而言，不知是出于避免再次陷入慈善与公益相混淆之误区，还是与《公益事业捐赠法》相区分，其未将公益性原则明确纳入慈善的概念界定之中。而这种忽视无疑将使得行政机关以及司法部门缺乏对慈善界定的重要标准，难以有效地区分慈善与非慈善。事实上，《慈善法》草案中并非真正忽略公益性原则，在草案第三条对慈善目的的罗列之中，已经包含了“符合社会公共利益的其他活动”这一兜底条款。可以说，其中所指之“符合公共利益”既是对各种慈善目的特性的概括，也是公益性原则之体现。然而以这种暗含的形式予以阐明，不如采取更为明示的方式予以提出，明确规定慈善必须符合公益性原则，并相应作出更为细致之规定，如此才能真正有助于在实践中对慈善予以甄别，并保护那些合法的慈善组织及活动。

③ 值得注意的是，公共慈善的概念虽然历史久远，但随着公益性原则的完善、慈善目的的拓展以及禁止性条款的产生而不再沿用，换言之，现代慈善法对慈善的识别规则越来越复杂，单提公共性不足以识别。而这样的演进似乎也对我国当下慈善界定中出现的所谓“公益慈善说”乃至单独强调非营利性的观点有所启发。

围，立法也没有必要设置公民与法人两套规范，而应当引导公民通过成立慈善组织的方式开展募捐。这是因为，现代慈善法所调整的现代慈善事业具有专业化和效益化的特点，前者强调立法通过引导公民成立各类慈善组织，以此提高慈善活动的专业化水准；而后者则强调《慈善法》应当规定完善的公开义务和检查职权，这不仅有利于监督慈善活动的合法开展，更重要的是其实质上将慈善组织置于一个透明、公开的“慈善市场”（The Market of Charity）之中，这使得慈善组织只能通过不断完善自身的运行水准、提高捐赠的使用效益，才有可能获得更多的慈善捐赠，这反过来又促进了慈善事业的专业化。而在此意义上，公民慈善（或曰私人慈善）往往难以符合现代慈善事业的发展趋势，因而还是有必要引导其成立专业化的慈善组织，或者以各种形式与其合作（为此不需要修改第三十一条的后半句），以此提高慈善事业的发展水平。

有鉴于此，《慈善法》草案虽然在表述上只需要删除相应禁止公民募捐之表述，以此解决可能的合宪性问题。但更重要的是，其有必要真正保护公民的慈善结社自由，改变原有的许可制①，降低慈善组织的成立门槛，以此引导公民通过成立各种慈善组织来参与慈善。事实上，这不仅是解决当下公民慈善合法性困境的有效出路，也是慈善事业发展本身之要求。

五　立法修改建议

第三十一条　不具有公开募捐资格的组织或者个人，不得采取公开募捐方式开展公开募捐，但可以与有公开募捐资格的慈善组织合作开展公开募捐，募得款物由具有公开募捐资格的慈善组织管理。

基于以上慈善法学的理论分析，该条款应当修订为：

第三十一条　不具有公开募捐资格的组织或者个人，可以与有公

① 这实际上涉及《慈善法》草案第二章慈善组织之内容，而根据第十条之规定，政府对慈善组织的成立似乎仍然采取了许可制，在此意义上，要真正保护公民慈善结社的权利，有待对政府审查许可的内容、程序予以明确化，并对许可的权力予以规制。

开募捐资格的慈善组织合作开展公开募捐，募得款物由具有公开募捐资格的慈善组织管理。

与此同时，需要对《慈善法》草案第二章第十条，有关登记之具体审查许可的内容、程序等予以明确化，保护公民的慈善结社自由。

第五篇　募捐权的保护与规制(下)

——慈善募捐的合理性规制①

一　引论：立法可以如何规制募捐?

当我们说明了募捐的合法性基础，指出慈善募捐作为表达行为，其受到宪法表达自由的保护，那么接下来的问题即是：立法可以如何规制募捐?

事实上，募捐权的规制问题也是本次立法草案争论热点之一，其讨论主要围绕着《慈善法》草案第三章慈善募捐的条款展开。该章在第二十五条首先将慈善募捐区分为公开募捐和非公开募捐，继而在第二十六条进一步将慈善组织分为两类，即成立可以开展公开募捐的慈善组织和成立可以开展非公开募捐的慈善组织，针对后者依据该条第二款必须“依法登记满两年、运作规范的慈善组织，可以向原登记的民政部门申请公开募捐资格证书”，而这一款也正是争论的焦点，那么立法如此规制究竟是否合理?

对以上问题，众多慈善实务界人士和理论界专家将矛头对准了该款前半句的“登记满两年”之要求，认为其明显属于不平等。对此，笔者认为虽然这种不平等看似明显，但草案并未说明其予以“分类”(Classification)的合理情形与理由，因而是否属于不合理的差别对待仍是后话。事实上，即便无法充分论证其分类的合理性，立法者只需在形式上将草案中“两年”表述删去，而通过实质上在“申请”许

① 作者：吕鑫，浙江工业大学法学院副教授。

可证书过程中增加诸如要求提供“年度报告”等要求，其实质上所产生之结果是相同的。

因此，基于笔者的学术立场和观点来看，真正的问题正是后半句所提到的“申请公开募捐资格证书”，其构成的许可制将可能会对募捐权造成不合理的限制。而本书则将基于公法学的相关理论，分析慈善募捐许可制的问题，并通过有选择地借鉴其他国家的慈善立法，提出对慈善募捐进行合理规制的立法建议。

二　表达行为的规制理论与模式

慈善募捐作为一种表达行为，其受到表达自由的保护，但正如柏克（Burke）所说：为了拥有自由，必须限制自由[①]。对自由合理的限制就如硬币的两面永远随影相伴而共存于一体——对慈善募捐合理限制的探讨即一直伴随对其保护的发展而持续展开。虽然这种探讨散见于各个判例之中，使得其并不如对其保护确立的过程那样脉络明确，但其讨论的核心则可归纳为两个问题：（1）哪些募捐是违法的，可以予以禁止？这一问题则主要通过判定违法之情形进而为慈善募捐划定合法之范围；（2）对合法的募捐又可进行什么限制？这一问题主要探讨对合法的慈善募捐所进行的规制。而慈善募捐作为一种受表达自由保护的“行为”，即可以将这两个问题切换为哪些“表达”是合法的？对表达的“言论”又可以进行什么限制？其实质上分别与宪法学表达自由理论中对表达的“基于内容限制”（Content - base）和“基于内容中立限制”（Content - neutral base）之分类相对应[②]。

第一，“基于内容限制”意指由于该表达的内容会对政府、社会和个人造成伤害而进行的限制[③]，其种类范围大致包括了“诈骗”

---

① ［英］爱德蒙·柏克：《美洲三书》，缪哲译，商务印书馆2003年版，第195页。

② See Laurence H. Tribe, *AMERICAN CONSTITUTIONAL LAW* (*the 2nd edition*), 1988, pp. 789 - 790，事实上，对慈善募捐限制的讨论客观上发展了这一限制性学说。

③ Geoffrev R. Stone, Louis M. Seidman, Cass R. Sunstein, Mark V. Tushnet, Pamela S. Karlan, *The First Amendment* (*the 3 rd edition*), Aspen Publishers (New York), 2008, p. 19.

(Fraud)、“色情”[①](Obscenity)、“诽谤”[②](Defamation)、“侵犯隐私”(Disclosures of Privacy) 以及“煽动”(Incitement) 等“低价值言论”[③](Lower value speech)。慈善募捐作为“表达行为”在获得言论自由保护的同时其传播的内容也同样应受到限制。

第二,“基于内容中立的限制”意指针对合法的表达行为,政府内容可以基于中立而不涉及内容的立场对表达行为予以规制。这是因为,虽然在“基于内容的限制”通过指出违法的表达行为,但同时也勾勒出了一个合法的范围,而在此范围内的表达行为也并不是绝对自由的,政府基于公共利益等理由仍然可以对其进行必要的规制与监督。

值得注意的是,在宪法学上,基于“内容中立的限制”主要的依据是“时间、地点和方法”(Time, Place and Manner) 理论,这一理论源于 1939 年的 Hague 案[④],并最终在 1941 年的 Cox[⑤] 案中得以确立。该理论的核心可概括为:“表达的‘方式’(Manner) 是否在一个特定‘地点’(Place) 的特定‘时间’(Time) 与其正常的活动相容”[⑥],这就直观地表明了政府可以基于公共利益等理由在这三个方面对言论进行合理的规制。尤其值得注意的是,这一理论的形成与美国政府对慈善募捐的规制有着密切的关联,在美国慈善募捐判例中非常重要的 Schneider 案[⑦],即扮演了这一理论发展承前启后的角

---

① *Miller v. California*, 413 U. S. 15, 23 - 24 (1973).

② *Gertz v. Robert Welch, Inc.*, 418 U. S. 323, 347 - 48 (1974).

③ “低价值言论”源于 1942 年 Chaplinsky 案 [*Chaplinsky v. New Hampshire*, 315 U. S. 568 (1942).] 建立起来了著名的 Chaplinsky 原则,该原则对可限制的言论进行了最早的阐述 (Chaplinsky, 315 U. S. 573)。

④ *Hague v. CIO*, 307 U. S. 496 (1939). 这一观点的提出实际上是反对所谓的“Boston Common decision” (*Davis v. Massachusetts*, 167 U. S. 43),其认为对于街道等公共场所由国家所有,所以国家有权采取其所想采取的手段管制这些场所。

⑤ *Cox v. New Hampshire*, 312 U. S. 569 (1941).

⑥ *Grayned v. City of Rockford*, 408 U. S. 104, 116. (1972).

⑦ 有关美国慈善募捐的保护与规制研究,可参见本人的论文,吕鑫:《慈善募捐的自由与规制》,载《浙江学刊》2011 年第 4 期。

色[①]，时至今日都影响着美国慈善立法对募捐的规制与监督，而这无疑对我们极具启发价值。

三　募捐规制的合法性反思

当我们阐明了表达行为的规制理论与模式之后，现在有必要基于此来分析对慈善募捐的规制。正如表达行为本身那样，慈善募捐在受到保护的同时，其开展应当遵守公共秩序，并尊重捐赠者的意愿和知情权。因此，从权力的角度来说，募捐权的行使应当受到规制；从（政府）权力角度来说，募捐权的行使应当受到监督。而进一步从规制的角度来说，这一问题实际上就是近年来我国学界热衷探讨的慈善募捐"准入"问题[②]，对此问题的讨论不仅是因为募捐规制的重要性，其构成了（从政府监督角度来说）对募捐全程监督机制中的"事先监督"[③]，还因为对其规制存在不同的模式，采取何种模式更具为合理值得商榷，而具体来说，对募捐开展的规制大致可区分为两种模式：

第一，"许可制"，即募捐开展的形式和内容需要获得政府的许可。

第二，"备案制"，即募捐开展的形式和内容需要在政府进行备案。

那么现在的问题是：《慈善法》草案究竟采取了何种模式？事实上，如果对《慈善法》草案第二十六款第二条予以分析，可以发现

---

① Schneider 案主要拓宽并增加了 Hague 案中公共场所在公民言论自由中的地位，Schneider，308 U. S. 165。

② 李政辉：《论募捐的管制模式与选择——兼评"公募权"》，载《法治研究》2013年第10期；褚蓥：《自由权视角下慈善募捐管理体系之重构》，载《四川师范大学学报》（社会科学版）2013年第2期；陈杰：《我国公益募捐准入制度之构建探析》，载《理论导刊》2012年第11期。

③ 慈善募捐的全程监督机制在国内最早出现在2014年《国务院关于促进慈善事业健康发展的指导意见》，而对这一机制的全面探讨可参见本人的论文，吕鑫：《我国慈善募捐监督立法的反思与重构》，载《浙江社会科学》2014年第2期。

其似乎采取了许可制，但这种许可制又不同于国外慈善立法所常见的许可制，即其并非是要求慈善组织在募捐开展前审批许可，而是采取了一次性许可——获得“公开募捐资格证书”的慈善组织此后可自由开展募捐。那么草案所采取的这种募捐许可制模式究竟是否合理？

对此，笔者认为，考虑募捐行为的规制模式究竟是否合理，至少应当包含两个方面的标准：一方面，就公民权利而言，应当保护其募捐的权力；另一方面，就政府权力而言，应当有助于监督募捐的开展，而本书认为，草案所采取的许可制在以上两个方面均存在问题。

首先，许可制存在“事先抑制”（Prior Restraint）问题，将可能会侵犯募捐的权力。所有的许可制都具有一个共同的特征，即其使政府不仅能够事先对申请许可之内容进行实质性审查，还赋予了政府决定行为能否开展的“自由裁量权”（Descretation），因此许可制属于典型的“基于内容的规制”[①]（Content - base Limitation）。而其问题即在于，由于许可制裁定往往并不存在明确的客观标准，因此易受监督者主观判断的影响，进而使个案之间许可或拒绝的理由存在差异，导致许可标准的不确定。甚至可能存在地方政府借此恣意拒绝那些与自身观点不符的许可申请，这最终将使得表达的权利处于一种漂浮不定的状态，所谓的事先审查也就演变成为事先抑制，这无疑将侵犯表达自由。而相应的是，如若采取许可制，作为表达行为的慈善募捐同样会遇到事先抑制问题，当由政府通过许可的形式加以决定募捐行为能否开展时，政府将会依据主观的决断拒绝那些与它定性不同的慈善（募捐）活动，进而侵犯公民（法人）的募捐权力。

其次，就许可制的监督功效而言，草案所采取的募捐许可制并不利于监督开展，这是因为这种模式将使政府既无法预知也无法规制募捐的开展：第一，无法预知募捐的开展，由于未设置备案或许可制度，一方面募捐者可以自由开展募捐而无须主动提供任何信息，另一方面监督者则无法及时获得相应的募捐信息，这不仅导致对募捐开展难以制订轻重

① See Laurence H. Tribe, *American Constitutional Law* (*the 2nd edition*), 1988, pp. 789 - 790.

缓急分明的监督计划，且也难以对募捐使用进一步跟踪监督，可以说使慈善募捐的监督从一开始就陷入了被动境地；第二，无法规制募捐的开展，设置许可或备案的事先监督在实现预知目的的同时还起到了规制募捐开展的目的，这是通过对募捐开展的“时间、地点和方法”等方面进行个案调整（许可制）或立法规制（备案制）得以实现，换言之，缺乏事先监督也就使得对募捐开展无法进行有效规制。而当监督者对募捐的开展既无法预知又无法规制时，我们可以断言其实际上处于监督之外，募捐诈骗等违法行为频发则属于意料之内。论述至此，我们有必要进一步去澄清两种观点。

第一种观点，有读者可能会提出，是否可以退一步通过对募捐开展前设立许可制，以此来解决监督的功效问题？对此，笔者认为即便撇开这种模式，仍然存在对募捐权的潜在侵犯问题，其监督的功效也仍然有限，而这源于许可制本身的问题——事实上，对许可制的错觉在于，虽然许可制可以通过直接拒绝那些有嫌疑的募捐许可申请，这看似更有利于监督募捐的开展，进而预防违法行为的发生。但这仅仅是一种错觉，其显然过高估计了许可制的监督功效，这是因为违法行为多数发生在募捐开展之后，诸如最常见的募捐诈骗和滥用均是如此，而为了能够开展募捐，那些潜在的违法者显然会想尽办法获得许可，其所递交的材料必然会精心准备，这使得仅仅通过审查申请材料将难以有效地预见违法行为的发生，所谓的拒绝反而更容易侵犯公民募捐的权力，借用美国最高法院的话来说，募捐对预防诈骗和维护公共安全的作用非常有限，仅仅具有“边缘性”（Peripheral）的价值①。

事实上，也正是由于许可制存在侵犯募捐权力和无法有效监督双重问题，美国最高法院在1980年的Schaumburg案及随后的两个案件中②（统称为Schaumburg trilogy）判定，政府对慈善募捐采取许可制的方式

① Schaumburg, 444 U.S. 632.

② See *Secretary of State of Maryland v. Joseph H. Munson CO., INC.*, 467 U.S. 947 (1984), *Riley v. National Federation of the Blind of North Carolina*, 487 U.S. 781 (1988).

违宪[①]，而在1986年“全美检察官协会”（NAAG）制定的《慈善募捐模范法》（*A Model Act Concerning the Solicitation of Funds For Charitable Purposes*）中，其第2条有关募捐开展模式即选择了备案制，此后美国各州所制定的慈善募捐均采取了备案制。而2012年的统计显示美国50个州中有41个州的慈善募捐立法设置了备案要求[②]。

第二种观点，有读者可能会指出，英国作为慈善立法历史最为悠久的国家，其同样对募捐采取了许可制。但事实上，这同样属于误解，如果细致分析英国2011年《慈善法》（*Charities Act 2011*），可以发现其实际上也采取了类似备案制的模式。这是因为，根据该法第59条第3款规定政府可从募捐的“时间、地点、方式”三方面予以规制，而第60条第1款则明确规定拒绝许可的理由只能基于以上三方面对公众“造成不便”（undue inconvenience），可以发现其实际上将慈善募捐视为表达行为，并基于内容中立予以规制，并严格限制了政府的自由裁量权。而这样的表述，实现上也预示了在表达自由下，募捐合理性规制的基本模式。

四　慈善募捐的合理性规制

基于以上分析，笔者认为从公法学的基本理论出发，《慈善法》草案不应采取慈善募捐的许可制，这不仅是因为其可能存在侵犯募捐权，更重要的是其监督的效用同样有限，因此，笔者建议对慈善募捐的开展采取备案制，即在每次募捐开展前，向募捐开展地的民政部门提供详细的募捐方案备案，并在依据《慈善法》草案第七十三条建立的网站公示。对采取这种规制，我们同样可以从权力保护和有效监督这两个方面予以说明。

---

① 美国最高法院从1939年的 *Schneider v. State*（308 U. S. 147）即对募捐采取许可制持否定态度，而此后这一观点被不断重复，有关美国的判例发展可参见本人的论文《论慈善募捐的自由与限制》，载《浙江学刊》2011年第4期。

② 根据美国“美国捐赠基金会”（Giving USA Foundation）的统计，全美50个州有41个州设置了备案要求，而其他9个州则未设置事先监督，See www. givingusa. org。

首先，就权力的保护而言，备案制并不存在侵犯募捐权力的问题。这是因为备案制属于一种“基于内容中立的规制”，仅仅要求在募捐开展前依法提交募捐计划，在此政府无权对慈善募捐（表达）的内容进行实质性审查，更没有对募捐能否开展予以决定的自由裁量权，而只能对其提交的材料是否符合法律法规的要求进行形式性审查，这种规制由于不存在事先抑制，因此也就不会产生侵犯募捐权力之问题。

其次，就募捐的监督而言，采取备案制也更为有效。如果说许可制侧重于决定募捐能否开展，那么备案制则更为重视募捐如何开展，为此政府可以通过事先立法的方式，对备案的内容做出详尽的规定，这对募捐者和政府产生了双重效果：就募捐者而言，其必须依据立法规定来制订相应募捐计划，并且其有义务遵照以上计划开展募捐，这起到了规范募捐行为开展之目的；就政府而言，备案制所要求提供的详尽信息，不仅能够由此了解募捐的开展和使用，还能够依轻重缓急有针对性地开展监督，以提高其监督的效率。事实上，《慈善法》草案也已经为建立备案制提供了重要的条件，依据第二十九条之规定，慈善组织在开展募捐前需要制定募捐项目方案，其只需再前进一步即可以建立相应的备案制度，为政府对慈善募捐提供有效的事先监督。

值得注意的是，通过以上分析可以发现，募捐所需备案的内容实际上与能否有效监督有着密切的关联，那么哪些内容应当纳入备案范围？本书认为，由于备案制的内容实际上将对募捐行为的开展起到规制作用，而依据宪法学有关表达自由的规制理论，政府可以对表达行为的“时间、地点和方法”（Time, Place and Manner）[①] 进行合理的规制，换言之，备案制也可以从这三个方面设定募捐者备案的内容，而针对草案第二十九条的募捐（方案）内容，并结合美国、英国和德国等国慈善募捐立法的规定，募捐的备案至少应当包括以下内容。

第一，募捐的方法，这包括募捐参与者、开展形式和账户信息三个方面：（1）募捐参与者，应当要求募捐的参与者提供真实的身份

① *Hague v. CIO*, 307 U. S. 496 (1939).

信息，尤其需要备案说明参与募捐活动的“未成年人”和“职业募捐者”（Professional Fundrasier），前者基于保护未成年人的理由，应当特别予以说明，后者则由于涉及募捐的收入和成本问题，应当详尽地说明其收入分成情况；（2）募捐的具体形式，应当要求对募捐采取何种形式进行说明，包括对象是否特定，采取街头募捐、网络募捐、广播（电视）募捐、义卖义演募捐等何种方式；（3）募捐账户信息，募捐者应当设立特定的募捐账户并备案，便于募捐结束后的公开和监督。

第二，募捐的地点，募捐者对于公开募捐应当说明开展的地点，同时地方政府可以根据地点的性质和使用目的不同，依据实际情况进行分类管理和备案。事实上，在地点方面，宪法学对表达行为的规制也进一步发展出了著名的“公共论坛”（Public Forum）理论①，而据此政府可以将地点区分为三类，并分别予以规制：（1）公用地点，此类地点属于公有性质，其使用目的较为广泛，典型的如广场、公园，鉴于募捐活动在此与其使用目的并不违背，因此在此类地点开展的慈善募捐行为仅需备案即可；（2）专用地点，此类地点虽然也属于公有性质，但其使用目的具有专门性，典型的如机动车道、议会场所等，因此其管理较之第一类公用地点更为严格，募捐者的开展必须说明募捐行为不违背其特殊的用途，还应当要求提供取得具体管理者同意的证明信息；（3）私人地点，此类地点并不属于公有，因此募捐的开展仅需取得所有者的同意。

第三，募捐的时间，具体包括募捐开展、持续时间两个方面：（1）开展时间，立法应当要求募捐者必须在募捐开展前的特定时间备案，如2012年《上海市慈善募捐条例》第11条即规定在募捐开

① “公共论坛”（Public Forum）理论的核心在于，对于表达行为的规制可以根据地点的差异做出不同程度的规制，而这些地点可以分为“传统”（traditional）、“指定”（designated）的公共论坛和“非公共论坛”（Nonpublic Forum）三类，换言之，我们也可以以此引申出通过地点的目的是否与募捐行为相冲突予以相应的划分，*Perry Education Association v. Perry Local Educators Asociation.*，460 U. S. 45（1983）。事实上，美国对慈善募捐的中立性规制即采取了这种理论。

展前十日应当予以备案；（2）持续时间，备案应当备案说明募捐的持续时间，针对需要延长募捐持续时间或者募捐时间超过一年的募捐，应当另行处理，如采取要求募捐者重新备案的方式，并在新的备案中说明此前募捐的具体情况。

值得一提的是，以上备案的内容针对的是募捐开展前的备案，其内容主要涉及募捐如何开展，因此属于事先监督的范畴。而除此之外，政府还可以在募捐结束后要求募捐者予以公开，建立募捐的项目报告制度，并完善政府的检查职权，以此建立相应的事后监督制度，以便与募捐开展前的备案相呼应，实现对募捐从开展到使用的全程监督制度，但鉴于这些更多涉及募捐使用的监督（主要是事后监督），而非募捐开展的规制，笔者在此文中将不再详述。

五　结语

从本质上来说，公民的募捐行为属于表达自由的具体体现，这不仅是因为募捐行为作为表达行为传递了特殊的信息，更重要的是其表达的信息内容符合表达自由所追求的民主治理和自我实现之价值，因此受到宪法表达自由的保护，这也就说明了公民募捐的合法性基础。在此意义上，我们希望即将制定的《慈善法》应当保护公民的募捐权（这正如我们上篇所述，并不需要直接保护，而应当简化慈善结社），以此彻底解决现今公民募捐的合法性困境。

当然，合法的权力也可以予以合理的规制，就募捐行为的规制而言，《慈善法》草案所采取的许可制值得商榷。在笔者看来，选择备案制而非许可制更为合理，这是因为备案制能够更好地在保护公民权利和有效监督之间实现平衡，其并不存在许可制所具有的事先抑制问题，且备案制不仅能起到对募捐进行规范的功效，还能够帮助政府依据备案提供的信息更为有效地开展监督。总之，政府可以对募捐行为采取内容中立的规制（即备案制），但至于募捐究竟传递了何种“善”之内容，还是应当留给公民的良知和手中的选“票”加以评判！

六　立法建议

针对慈善募捐的规制，应当修订第二十六条第二款相应内容，修订后表述为：

“依法登记、运作规范的慈善组织，在开展募捐前，应当在募捐开展地的民政部门备案。”

为此，还需要进一步修订第二十九条相关内容，表述为：

“慈善组织开展公开募捐，应当依法制定募捐方案，并在募捐开展地的民政部门备案。募捐方案应当包括募捐目的、起止时间、地域和方法、活动负责人姓名和办公地址、活动参与人、接受捐赠方式、银行账户、受益人、所募款物用途、募捐成本、剩余财产处理方式等。”并进一步在备案时间、方式以及处罚等方面予以相应完善。

专题六　政府购买服务

近年来，为了加强和创新社会管理，改进政府提供公共服务方式，新一届国务院对进一步转变政府职能、改善公共服务作出重大部署，明确要求在公共服务领域更多利用社会力量，加大政府购买服务力度。然而，不管是在制度建构层面，还是在现实操作层面，政府购买服务仍面临诸多问题。鉴于此，公益慈善学园特推出“政府向社会力量购买服务的理论与实践”专题，以期为我国下一步的政府购买服务工作建言献策。

第一篇　政府购买服务：如何不买错？[①]

当前对政府购买服务如何“买得值”的讨论较多，然而，正如个体购物，就算所购物品的性价比非常高，买得非常值，但若所购非所需，那也是白买和浪费。因此，在讨论如何“买得值”的同时，非常有必要讨论如何“买得对”的问题。

一　买了不该买的?

在当前模式下，政府购买的内容是由各购买主体拟定，报财政部门审批，对预算已经安排资金但尚未明确通过购买方式提供的服务项目，购买主体也可根据实际情况转为通过政府购买服务的方式实施。这即是说，购买主体掌握着购买内容的决定权。那么，购买主体都买了些什么呢？

以 2013—2014 年度上海某区的购买内容为例，该区 38 家单位向社会组织购买了 86 个服务项目，其中 27 项为政府履职所需辅助性服务（主要为评估性项目），其余 59 项属于面向社会提供的公共品，其中包括“区钓鱼大赛”“区门球比赛”等多项并不具有广泛参与性的体育赛事，以及“家政服务女管家课程培训”“进城务工人员随迁子女艺术培训”等多项并不具备公共品属性的服务。买了不该买的服务在该区表现明显。

---

① 作者：周俊，华东师范大学公共管理学院。

事实上，这种现象并不少见，在地方政府购买服务目录中，不难看到“信访代理”“婚姻教育”等令人匪夷所思的服务项目。之所以出现这种现象，从政府方面看，主要是因为当前的政府购买服务是一种“供给主导型”购买，“买什么”通常由购买主体单方决定，缺乏合理的制度安排。从社会方面看，相较于关心项目内容是否为社会所需，社会组织更加关心如何投政府所好，如何拿到项目；而在服务对象看来，政府出钱为“我”买服务，“我”有什么理由挑剔和拒绝呢？在政社双方有意无意地“合谋”下，买错服务自然难以避免。

二　政府能“买什么”？

购买服务本质上是政府花纳税人的钱替纳税人办事，纳税人是委托人，政府是代理人。在委托—代理关系中，代理人权益是由合同约定的，循此逻辑，政府只能在代议制机构授予的职权范围内购买服务。如果法定职能规定明确而具体，购买主体按职能规定购买相应服务，则合法合规。然而，政府的职能规定通常较为宽泛，而购买的服务一般为具体事项，在许多时候购买主体难以直接依规定决定买什么，而是需要对所购内容进行自由裁量。比如，提供公共体育服务是体育部门的职能之一，但对哪些内容属于公共体育服务，体育部门则难以给出毫无争议的回答。

委托—代理关系中普遍存在自由裁量权，这种权力的存在基于委托人对代理人的信任，以代理人能够履行忠实勤勉义务为前提。假设信任存在、义务明确，在自由裁量空间中，购买主体应基于公共品的基本属性对“买什么”做出判断。从理论上看，购买主体可以成功做出此类判断，因为公共品的基本属性——非竞争性和非排他性并不难把握，然而，现实情况却远比理论复杂：政府提供的并非都是公共品，并非所有的公共品政府都能提供，也并非所有的公共品都能通过政府购买的方式提供，即使属于政府可以购买的公共品，在其提供上也有优先次序、规模大少等区分，要对这些情况做出令社会满意的判断，政府显然力有不逮。在这种情况下，最好的选择无疑是让作为委托人的社会来决定“买什么”。

三　社会如何决定“买什么”？

让社会决定“买什么”，从政治的角度讲，是要在政府购买服务中还原委托—代理关系；从管理的角度上讲，则是要在政府购买服务中引入“需求链管理”思维，建立“服务需求管理”体系。所谓“需求链管理”，是指以“了解客户需求”为起点，以“满足客户需求”为终点，将服务供应链上各个节点的主体结成合作体系。所谓“服务需求管理”，则是指对服务需求表达、识别、决策、执行和评估等服务需求满足全过程的管理。在决定政府应买什么的问题上，服务需求管理中的服务需求表达和服务需求反馈发挥关键作用，对这两种机制的讨论，可以初步回答社会如何决定“买什么”的问题。

服务需求表达。投票和媒体是公共品需求表达的两种正式途径。现代社会中的投票主要通过代议机构实现，既包括人民代表大会等政治性代议机构，也包括居民（村民）代表大会、行业性组织等社会性代议机构。政治性代议机构决定政府职能和财政预算，基本圈定了政府购买服务的范围，在其无法决定的空间内，可以发挥社会性代议机构的补充作用，让居民（村民）代表会议、行业性组织等在对辖区内居民和行业利益进行综合的基础上，进行有效的需求表达。

在具体机制上，可以建立“两上两下”的表达通道，即由社会性代议机构进行民意调查，提出购买服务项目，由购买主体在各机构上报的购买服务项目中进行统筹，初步拟定购买项目目录，再将初拟的目录下发给社会性代议机构，由其再议和确认，然后由购买主体公示目录，公开征求社会意见，最后进入正常的行政和立法程序。

媒体在服务需求表达中的作用应引起重视。政府购买服务决策本质上是公共决策，与其他公共决策一样，应以公共政策问题为导向，通过购买解决社会之所需，要实现这样的目标，政府应进行舆情收集和分析，特别要关注那些能够引起共鸣的新闻事件，识别隐藏其后的公共品需求和期待，并将其应用于对购买服务项目的论证之中。

服务需求反馈。服务需求反馈是指利益相关者在服务提供过程中或结束后对服务的各要素做出评价。需求反馈能够帮助供给方发现问题，改善服务质量，以及重新定位产品，因而是服务需求识别的重要途径。在当前的政府购买服务中，购买主体一般通过调查服务对象的满意度来进行项目评估，这种做法虽有必要，但还不足以获取充分的服务需求反馈信息。一是因为服务对象是在免费或低价享受政府安排的公共品，一般不会对服务做出完全真实的评价；二是因为服务对象之外的利益相关者没有被纳入评估体系，无从知晓他们对购买项目的看法。因此，非常有必要在服务对象满意度评价的基础上建立更加全面的服务反馈机制。

在具体实施中，一方面，可以在区县层面上建立政府购买服务的统一信息平台，在平台上公开项目完整信息，供社会查阅和评议，接受社会投诉和举报，并定期对各类信息进行整理和分析，以为服务需求识别和决策提供信息基础。另一方面，可以在项目的第三方评估中增加社会评估的内容，比如在政府购买的社区服务项目中开展社区评估，由服务对象之外的利益相关者对购买项目的必要性、社会效益和发展方向进行评价。

第二篇　莫把项目当服务[①]

项目作为一种资源配置形式，自20世纪90年代末期开始逐渐成为公益慈善活动运行的主要载体。项目旨在通过直接捐赠、募用分离以及购买服务等手段，突破慈善组织资金瓶颈，弥合社会与市场和政府之间的外部分化及内部断裂，搭建起公益慈善事业不同主体的对话与合作机制。以项目制为核心的公益慈善事业运行体制，形成了慈善组织与更广泛的利益相关者之间的复杂交换关系，并对公益慈善事业的发展产生了诸多意外影响。项目的标准化、复用性特征使其迅速成为慈善服务的完全替代品，然而，项目并不等于服务，混淆两者的关系有可能引起社会组织使命漂移、慈善服务碎片化以及慈善体制的系统风险，有必要引起我们的充分警惕和重视。

一　为什么项目不是服务？

项目是为了完成某一具体目标的暂时性努力。项目就好比一个标准化的业务模块，其“即插即用”的性质具有迅速复制和规模化的潜力，针对某一社会问题设计的项目组合规则可以移植、扩散并形成复合联动，为满足组织需求进行重组和复用。项目由目标、执行者、任务、时间点和预算构成，在这五个构成要素中并不包含服务对象和服务本身，公益机构的从业人员，尤其是新进入者在任务的压力下失去对服务的感觉和耐心，而如何筹钱和如何花钱成为整个机构优先关

---

① 作者：李健，中央民族大学基金会研究中心主任，副教授。

注的议题。

服务是完成与组织使命相关的一系列活动的集合，在社会领域，服务不仅深刻体现出慈善组织作用于受益对象的行为属性，更是第三部门区别于第一部门、第二部门的本质特征。从两者的关系上来看，服务既可以是单个组织实施的项目在时间跨度上的组合；也可以是由多个组织运作的不同项目按照一定规则组成的链条。服务的复杂性要求对任务进行分解从而形成项目化的直接诱因，但与此同时也容易造成不同主体行动的无序化。

二　把项目当服务有什么危害?

首先，容易引起社会组织使命漂移。项目驱动容易使慈善组织陷入“只见树木不见森林”的短视化思维，固化了这种思维以后，慈善组织疲于承接各项与宗旨使命不相关的项目以及随后的各种来访、审计和评估，使机构陷入德鲁克所言的“活动陷阱”（activity trap）。在实际工作中我们常常能够听到来自一线实务者的抱怨，我们想做的事往往不是资助方想要资助的，而资助方想要资助的又往往不是我们初衷想做的，结果往往是机构的妥协。更为严重的是，项目复用性的好处与其缺点一样明显，人们过分关注项目的技术环节而忽视了在地的实际需求，在很多社区里我们可以看到大量仅仅简单复制过来的“盆景式”项目，不仅造成了资源的浪费，服务效果也流于表面；另一方面，许多本应结束的项目的生命周期被人为延长，慈善服务异化为与需求相反的服务供给。

其次，容易造成慈善服务碎片化。项目给慈善组织提供了独立获取资源的机会，但这种“独立完成”不仅没能有效地提升机构的服务水平，却给机构之间的合作构筑了较高的壁垒，我们今天更多看到的是资助方之间的联盟，资源需求者的联盟数量少而松散。项目使越来越多的慈善组织放弃了常态化的个案救助和服务，服务就等于在资助方需求边界下对既有项目的反复包装。更为严重的是，由于缺乏慈善服务的整体设计，变相撇脂造成个别环节过度服务非常严重，“木桶效应”明显，很多棘手的服务环节被慈善组织长期选择性忽视，本就十分有限的慈善资源长期在低效中运行。

最后，可能产生慈善体制的系统风险。项目驱动会将慈善组织的精力从原来的社会效益转移到个体竞争和对资源的获取之上，导致其资本化不足，可持续性极低。项目使慈善组织失去了“讨价还价”的勇气，无论对于政府、基金会还是社会服务机构而言，慈善组织的活动都被视为单纯的资源消耗。相比之下，强调服务才能使慈善组织拥有“歧视性定价”的资本和保持嵌入的自主性。作为专业化分工在服务领域的应用，项目可以提高个体工作的熟练程度，但却造成整个行业的职业倦怠相当严重，行业人才流失率居高不下。在长期投入与产出失衡情况下，项目给我们勾勒出一幅慈善事业的蓬勃发展幻象图景，而慈善体制的脆弱性和系统风险却不断放大。

三　如何祛除“项目”之魅?

必须承认，把服务当项目的思维是有深刻根源的，在慈善组织的个体规模和能力相对弱小的情况下，项目制在相当一段时间还是现实选择，这也是当前中国慈善行业缺乏资源的最直接的反映。在这一背景下，我们尤其需要明确和厘清当前已经日益模糊的方向。在经济新常态的背景下，“全面收紧”将是未来经济社会的运行主题，慈善资源实现跨越式增长的可能性甚微，政府购买服务更是一经诞生便遭遇寒冬，在这种情况下慈善资源合理使用的重要性得到凸显，公益慈善项目必须回归服务本位，以免陷入“台风来了猪都会飞”以及“退潮时才发现人人都在裸泳”的尴尬。相应地，这也对慈善服务的规划者、集成者和服务提供者都提出了更高的要求。

一是服务链上游的政府、企业和基金会等慈善资源主体不仅是单纯的资源提供者，更有责任和义务去运用模块化思维对慈善服务进行整体规划，统筹慈善服务链条上的不同环节，合理安排资金的投放和使用。对于政府购买服务而言，其实施模块化的背后逻辑是克服政府各部门的“碎片化”，诚然这种合作并不容易，但必须看到，旨在提供整体服务的努力也为政府实现多元治理带来了契机。政府需要站在更为广阔的高度和整体的视角来看待政府购买服务，而不是陷入精明购买者的机制设计中去。

二是培育和发展更多的枢纽型组织。当服务链上游的模块化面临可以预见的困难时，一个可行的替代方案是在下游发展枢纽型组织，允许枢纽型组织作为慈善服务的集成者、慈善资源的中介者与慈善能力的建设者，同时发挥“集中力量办大事”的优势。不仅行业协会、商会、社会组织总会等可以作为模块设计的主体，在社区层面，社区社会组织互促会、营造社、社区基金会等也可以作为社区服务设计主体，在各个层面实现公益慈善领域的社会共治。

三是慈善组织要尽快建立服务思维，整合慈善服务链条。当枢纽型组织未能充分发挥功能时，慈善组织自身必须未雨绸缪，尽快改变过分依赖项目制的资源消耗，在深入挖掘受益群体多元化需求的基础上提供永续性、组团式的整体服务，着力提升服务的专业质量，放弃机构之间狭隘的竞争思维，运用共享价值的理念打通服务链的各个环节从而创造真正的改变。

做好项目仅仅相当于赢得了一场战斗，但千万不能为了赢得一场战斗而输掉整个战争。

第三篇　福利供给模式改革与政府购买服务的兴起[①]

政府购买服务并不是什么新鲜事。美国政府购买服务的传统可以追溯到殖民地时代。但是政府大规模、制度化地与私人部门尤其是非营利部门合作来提供公共服务，只是20世纪70年代以来的事情。到20世纪90年代末，政府购买服务（Purchase - of - Services，POS）已经成为发达国家最常见的政府工具之一。发达国家企图通过这个工具建立新的福利模式来革除传统福利国家模式的弊端，并把这个新模式称为“第三条道路”或者“第三方政府”。

我国在计划经济时期的福利制度失败以后，采取了市场化的改革思路。在市场化模式遭遇公益性和公平性削弱的情况下，从20世纪90年代中期开始尝试政府购买服务，近年来这一办法已经成为一项国家政策。那么，政府购买服务能够帮助我们建立更加公平合理更加有效的福利供给新模式吗？

一　福利国家的失败与政府购买服务的兴起

发达国家是在非营利部门相当发达、非营利组织制度较为成熟的基础上推广政府购买服务制度的。在长期实践过程中，已经形成了相当成熟的政府购买服务理论、政策与工具。政府购买服务并不仅仅是一项单纯的政策工具，它是萨拉蒙所说的新治理范式所使用的政府工

① 作者：张远凤，中南财经政法大学公共管理学院教授。

具的一个典型代表，被视为用来治疗福利国家危机的一剂特效药，它的普及促进了非营利部门的崛起和政府行政系统的改革。

政府购买服务对西方国家具有意识形态上的吸引力。对于自由主义者来说，政府购买服务意味着政府福利支出的增加，可以扩大公共服务的供给能力和覆盖范围，使更多的人享有更多更好的服务。对于保守主义者来说，由私人部门来提供服务可以避免政府规模的过度膨胀，保持一个小政府。因此，公共选择理论和新公共管理理论等取代传统公共行政理论为非营利组织参与提供公共服务提供了理论依据，市场失灵、政府失灵和志愿失灵理论则为第三方治理理论和公私伙伴关系理论奠定了基础。在新的理论指导下，政府运作方式从传统公共行政范式向新治理范式转变，而非营利部门则由原来独立于政府的地位转变为政府的助手和伙伴。

从政策角度来说，先有政策和法律，然后才有政府购买服务实践。发达国家社会政策的变化左右着政府购买服务制度的发展进程。从政策工具来说，政府购买服务合同管理技术的进步充分体现了西方国家的工具理性主义，工具理性主义者认为是技术而不是“主义”是西方国家理性社会行动的核心。拨款、合同与凭券成为政府购买服务的主要政策工具。绩效合同逐渐取代拨款成为政府购买服务的主要形式，凭券的使用也更为广泛。

政府购买服务投入的资源直接促进了发达国家非营利部门的迅速崛起。据霍普金斯大学非营利部门国际比较研究项目的统计，2010年，发达国家非营利组织的收入约40%来自于政府资助，其主要形式就是政府购买服务。

当然，发达国家的政府购买服务也存在不少问题。首先，政府购买服务意味着政府对非营利组织控制和影响力的加强，非营利部门对政府的依赖性增加、独立性减弱。非营利组织有沦为利益集团的危险。其次是服务不平等，最穷的人得到的服务最少。此外，合同管理方面也存在监管成本过高，合同经费不能覆盖全部成本等问题。

二　我国福利制度改革与政府购买服务的兴起

我国政府购买服务制度是在福利供给体制改革和非营利部门快速发展的情况进行的。在计划经济时期，我国建立了主要覆盖政府机关、事业单位和国有企业职工的各种福利制度。国家兴办的事业单位成为公共服务的主要生产机构。然而，这个福利体制覆盖面窄，城乡之间、地区之间与单位之间都存在显著的服务不平等，同时服务质量不高、供给严重短缺，引起了人们的普遍不满。

改革开放以来，在公共服务市场化改革思路的指导下，社会力量加入到医疗、教育、社会服务等领域的服务供给之中，尤其是 20 世纪 90 年代以来非营利性民办非企业单位成为重要的服务供给主体。目前，民办非营利医院数量已经占到医院总数的 16%，民办高校数量占高校总数的将近 30%，民办幼儿园则占到 67%。

然而，在服务供给快速增加的同时，这些服务的公益性、公平性日益弱化，造成服务价格过高和服务不平等的问题。主要原因是因为政府在公共服务领域投入不足，过度依靠市场机制来供给。而我国政府对公共服务的投入要少得多。以医院为例，根据卫计委 2014 年的统计数据，我国政府对公办医院的资助只占其收入的不到 10%，对民办医院的资助只有其收入的 0. 8%。

在这样的背景下，进入 21 世纪以来，在公共服务回归公益的呼声中，政府加强了提供公共服务的力度，在吸取和借鉴国外经验教训的基础上，政府开始通过购买服务的方式提供公共服务。尽管从中央到地方都出台了一系列政策，很多城市政府购买服务的规模已经达到几十亿元。

除了医疗、教育等公共服务领域市场化改革带来的问题之外，还有很多服务领域存在供给不足的问题，最为典型的是社会服务领域，比如，老年人服务、残疾人服务、儿童服务和家庭服务等。这些领域成为政府购买服务的主要领域。

三　政府购买服务能够撬动我国福利供给模式改革吗?

到目前为止，我们对政府购买服务的认识仍然停留在工具和技术层面。无论是从承接主体来看，还是从购买力度来看，政府购买服务对我国福利供给模式的影响仍然只是边际性的。

政府购买服务的承接主体主要是社会组织。截至 2014 年年底，社会组织数量达到 60.6 万家，从业人员达到 680 万人。不过，130 万家事业单位及其雇用的 4000 万员工仍然是公共服务供给的主力军。事业单位在公共服务领域的地位好比国有企业在市场经济领域的地位，而社会组织则好比改革开放初期的乡镇企业。但很多社会组织本身就是政府或社区创办的，它们在独立性和自主性方面又远逊于乡镇企业。近年来，共青团、妇联和残联等群团组织也参与到政府购买服务之中，并且成为“枢纽组织”，社会组织要通过“枢纽组织”参与政府购买服务。这样看来，目前我国福利供给体系中，社会组织仍然弱小，处于依附和从属的地位，是提供服务的一个次要工具，还称不上是政府的平等合作伙伴。

尽管很多地方政府积极扩大政府购买服务的范围提高购买力度，但绝大多数情况下购买服务资金并没有纳入公共预算，福利彩票公益金成为很多地方政府购买服务的主要资金来源，这一资金来源是很有限的。

福利供给模式改革涉及事业单位体制改革、群团组织改革和现代社会组织制度建设，政府购买服务成为其中将几个部分串联起来的链环，以此为抓手，也许能够撬动整个系统的改变。随着政府购买服务的进一步扩大，势必影响到政府角色和运作方式的改变，影响到非营利部门的发展，进而影响到我国福利供给模式的变化。

第四篇　政府购买公共服务与政府职能转型[①]

政府购买公共服务的兴起是民营化运动的产物，也是民营化的主要方式之一。在新公共管理运动和福利多元主义的影响下，各国政府都积极地尝试将部分公共服务交由非政府组织来生产，民营化成了政府应对财政压力、提升服务效率和改善服务品质的重要政策工具。在 Stubbs 和 Barnett 的经典分类模型（参见表 1）中，民营化可以根据“经费来源”和“服务生产”两个维度划分为三种类型：（1）去国家化（denationalization），即政府将国有企业出售，从相关服务领域全面撤出；（2）商业化（commercialization），即指公共服务的有偿使用，由税收埋单改为消费者付费；（3）政府购买公共服务（contracting out），即将公共服务以外包的形式委托给非政府部门来生产，政府仍然扮演经费提供者的角色。[②]

在三种民营化的类型中，政府购买公共服务具有一定的特殊性和复杂性。其一，政府购买公共服务的民营化程度不像去国家化那么彻底。较之于去国家化将公共服务的生产权和所有权全部让渡给非政府部门，政府购买公共服务仅仅意味着，政府向非政府部门转移了公共服务的生产权，而依旧保留了所有权和监督权。这意味着，在政府购买公共服务中，政府仍然要发挥重要作用，并承担着确保公共服务质量的最终责任。其二，政府购买公共服务的民营化策略也不像商业化

---

① 作者：叶托，华南理工大学公共管理学院讲师。

② J. G. Stubbs, J. R. Barnett. The geographically uneven development of privatisation: towards a theoretical approach [J] . Environment and Planning A, 1992, (8): 1117 - 1135.

那么简单。商业化和政府购买公共服务都采用了“购买者与生产者分离”（purchaser/provider split）的公共服务提供模式，不同之处在于，前者将政府的“购买者”角色转交给了民众，而后者将政府的“生产者”角色委托给了非政府部门。这一不同之处表明，政府购买公共服务所要面对的情况远比商业化要复杂，因为它需要恰当地处理一个颇为棘手的委托代理问题。

表 1　　　　民营化的三种类型

维度	经费来源		
服务生产		政府	非政府部门
	政府		商业化
	非政府部门	政府购买公共服务	去国家化

按照民营化大师萨瓦斯的理解，民营化通常意味着，缩减政府的职能或者增加私人部门的职能。[①] 不过由前文分析，我们却发现，在去国家化和商业化这两种民营化类型中，政府职能确实发生了“缩减”的现象，但是在政府购买公共服务中，政府职能却并没有遭到缩减，反而经历了一个极为重大的转型，即从“服务生产”（delivering services）转变为“契约管理”。通过表 2，我们可以清楚地看到“服务生产”职能和“契约管理”职能之间的五个显著区别：从角色定位上看，前者扮演的是一个生产者，而后者扮演的则是一个购买者；从组织形式上看，前者依靠科层制组织，而后者依赖网络型组织；从核心问题上看，前者关注是服务生产过程中的内部管理问题，而后者重视的是由契约关系带来的委托代理问题；从能力要求上看，前者要求政府在计划、组织、指挥、协调和控制等方面展现良好的管理能力，而后者需要政府具备可以有效克服逆向选择、道德风险等委托代理问题的监控能力；从行为特征上看，前者习惯运用控制—命令

① E. S. Savas. Privatization in the City：Successes，Failures，Lessons. Washington，DC：CQ Press，2005：1.

式的手段来引导组织内部的个人行为，而后者倾向于使用沟通—协作式的方式来协调契约双方的行为。

表 2　　两种政府职能的比较：服务生产与契约管理

政府职能	角色定位	组织形式	核心问题	能力要求	行为特征
服务生产	生产者	科层制	内部管理问题	管理能力	控制—命令式
契约管理	购买者	网络型	委托代理问题	监控能力	沟通—协作式

著名学者莱斯特·萨拉蒙敏锐而深刻地指出，由政府购买公共服务带来的政府职能转型直接挑战了传统的公共行政理论，因为它“带来了一系列严峻的公共管理和政府责任问题，而这些问题都是传统公共行政理论尚未涉及的”。[①] 传统公共行政学一直将公共服务的直接生产视为政府的核心职能，其理论构建和实践设计也都是围绕这一职能而展开的，结果是，传统公共行政学自然而然地继承了进步主义思潮对科学管理的迷信，把研究和实践的重心都放在了政府机构的内部管理之上。然而，在不断兴起的政府购买公共服务中，由于服务生产的职能被政府委托给了非政府组织，因此传统公共行政的关注点和知识均不再适用于新的情况。[②] 为了应对政府购买公共服务所带来的这一挑战，公共行政学亟须加强有关“契约管理”的研究，以帮助政府顺利地完成此次职能转型。

---

① Lester Salamon. Beyond Privatization: The Tools of Government Action, Washington, DC: Urban Institute Press, 1989: 11.

② ［美］莱斯特·M. 萨拉蒙：《新政府治理与公共行为的工具：对中国的启示》，《中国行政管理》2009 年第 11 期。

第五篇　政府购买服务亟须系统化和专业化设计[①]

随着政府购买公共服务实践的不断推进，相关研究方兴未艾，并集中于购买模式、机制、主体间关系、风险管理、绩效评估等方面。近期又有新的研究进展，如从改革层面（王浦劬，2015）和制度层面（徐家良，2016）探讨政府购买公共服务的未来发展方向。作为一种尝试，本书从系统化、专业化两个视角，探索推进政府购买公共服务的可能路径。

一　政府购买公共服务系统化的要求

（一）规范有序的制度设计

从上海、北京、广州等地方探索到全国层面的全面铺开，政府购买公共服务经历从实践操作到制度化的阶段。地方层面，许多省市都制定了相应的政府购买公共服务办法或指导意见，国家层面，2013 年，国务院办公厅发布了《关于政府向社会力量购买服务的指导意见》，明确了政府购买必要性，规定了购买的基本原则、基本内容，是目前法律层次最高的规范性文件。但与此同时，购买制度缺陷和制度真空的问题仍然存在，一方面，政府购买制度安排对于实践行为来说所有时间的“滞后性”和空间的“区域性”，制度设计远未能满足现实操作层面的需要；另一方面，许多制度不够健

① 作者：吴磊，上海工程技术大学副教授，上海交通大学第三部门研究中心博士后。

全，如对于普遍争议的政府购买公共服务的范围至今仍未有规范的划分标准，各个地方存在差异；购买公共服务欠缺风险管理的操作标准等。因此，在今后的政府购买公共服务中，应当重视制度的顶层设计，发挥制度在协调政府购买利益相关主体关系、指导和规范实践行为的作用。

（二）良好的非制度环境

制度经济学家诺斯曾言："（非正式制度）来自社会所传达的信心，是我们称之为文化的遗产的一部分。"目前政府购买服务在推进过程中，面临的一大问题在于，一边是政府与社会力量合力推进政府购买活动的如火如荼，另一边则是民众的知晓率和参与度不高。究其根源在于普通民众早已习惯于对于政府直接提供公共服务的"路径依赖"，公共需求诉求渠道不畅，社会资本严重缺失。以社会信任、社会资本为重要构成的非制度环境的缺失，不利于更好地表达民众诉求和提升公共服务供给的质量。因此，在购买制度设计的同时，要积极提升民众对于政社合作提供公共服务的意识，积极引导民众的公共服务需求表达，在社区层面形成基于互惠、信任和合作的社会资本。

（三）输入与输出的有效衔接

将政府购买公共服务作为一个系统看来，输入的是民众"公共服务需求"，输入的应当是"高质量的公共服务"。输入与输出之间要有一个好的衔接和对应，既要包括数量、质量上的匹配，也要考虑差异化、个性化需求的满足，如失独家庭、留守儿童等群体的需求。与此同时，政府购买作为一种治理工具，其目的也在于，满足民众公共服务需求的基础上，激发社会活力，培育和发展社会组织，真正达到加强和创新社会治理的效果。从政府职能转移的角度来看，从这个角度看输出和输入的关系，政府行政体制、社会组织管理体制的改革与调适应当成为有效的衔接方式。

（四）破解政府购买的“黑箱”

目前对于政府购买普遍反映的问题包括招投标的不透明、预算资金安排不合理、民众需求与供给的不匹配、社会组织承接服务能力有限、服务监督和评价缺失等。这些问题在整个购买公共服务过程中都内隐于“黑箱”（black box）之中。破解“黑箱”机理，找到购买公共服务遇到障碍的症结尤为关键！当下，可以从建构多元协作的主体关系（政府、社会力量和公众）去找寻破解途径：如包括建立政府与社会力量良好的平等契约关系，基于公共服务供需匹配的政府与公众关系、基于利益互惠和风险共担的多方关系等。

二　政府购买公共服务专业化的要求

（一）政府合同管理能力的专业化

政府购买公共服务存在的第一个矛盾是公共服务外包要求与政府合同管理能力的不相匹配。根据委托代理理论的解释，购买公共服务中，政府是委托方，社会力量是代理方，两者共同指向的客体是民众的公共服务诉求。“如何买得好”是检验政府购买公共服务成功与否的重要标志。西方公共服务外包的实践经验表明，公共服务合同管理直接关系和影响到公共服务的质量（Brown & Potoski，2003）。政府应当而且必须要提高合同管理能力，这是因为，“为公众做个好交易不只是取决于是否要签个合同、合同给谁，而是取决于合同从头到尾整个过程的管理”（库珀，2007），政府管理者要成为“一个精明的买家”（凯特尔，1993）。政府合同管理能力专业化的路径应当有二：一是加强政府购买公共服务的学习，把握公共服务的特点与领域以及与货物、工程购买的区别，熟悉公共服务的购买流程和操作技巧；二是政府内部构建起有效的协同创新机制，政府购买覆盖面广，涉及范围大，包括财政、民政等在内的政府职能部门应当形成合力，进行购买实务与技术的共享，群策群力，共同提升政府合同管理能力。

（二）社会力量承接公共服务的专业化

政府购买公共服务存在的另一个矛盾是政府转移的职能与社会力量承接公共服务能力的不相匹配。这就要求，作为公共服务的承接方，包括社会组织、企业等在内的社会力量要积极提升自身能力，实现专业化。尤其是对社会组织而言，更为重要。专业化应当包括两个方面，一是拥有专业化的团队，熟悉政府购买服务的操作流程；二是能够提供专业的公共服务，能够切实有效地满足民众的普遍性或个性化的公共服务需求。

（三）公共服务需求评估的专业化

这从受众方（服务消费者）角度去思考专业化。目前政府购买的公共服务，无论是从数量、质量还是结构上都与民众公共服务需求有很大的差距。一些服务不痛不痒，无关民众的实际需要，甚至出现为了承接而发包的现象。在当前呼吁推进政府购买公共服务绩效评价的同时，有必要尽快建立公共服务需求的评估机制，针对一定区域、特定群体，按照需求的重要性和紧急性，形成公共服务普遍需求和个性化的菜单，有效地开展公共服务外包。除政府之外，包括专家学者、专业机构在内的第三方应当作为公共服务需求评估的重要主体，这种评估应当是通过“自下而上”方式开展，有条件的地区可以形成动态需求清单。

（四）第三方评估的专业化

无论提供公共服务的方式如何变化，政府机构必须对其所授予职能的绩效负责（Wallin，1997）。目前按照评估主体的不同，政府购买服务的评价大致分为了委托方即政府评估、承接组织自评、第三方评估等，其中最为科学有效的是第三方评估，因为其具备了独立性和专业性等特点。但实践中独立的第三方政府购买公共服务机构还处于刚刚起步阶段，非常少，发挥的作用小，难以达到科学评估公共服务供给绩效的目的。从专业化建设的角度分析，应当积极提升第三方评估专业化水平。未来有三个方向：一是增强第三方评估的独立性，建立良好的外部资金支持制度，这是机构专业性和社会公信力的必然要求；二是应当充分利用现代信息技术，建设基于大数据分析的政府购买公众参与度和满意度的常态化信息反馈分析平台；三是借鉴和创新绩效评估工具，有效满足不同类型的政府购买项目绩效评估需求。

第六篇　我国政府向社会组织购买学前教育服务模式创新①

学前教育是国家和社会一种回报率最高的人力资本投资，随着社会的不断发展，父母对优质的学前教育有了更高的需求。但是，就我国目前的情况而言，学前教育服务的供需出现了极大的矛盾，现有的学前教育资源还远远不能满足社会的需要，“入园难”“入园贵”成为重要的社会话题。

不仅如此，在学前教育的投入方面，学前教育占全国教育总投入的比例从2000年到2010年十年间一直维持在1.24%—1.49%之间，直到2010年之后，学前教育的投入才达到3%以上。具体到财政性经费在全国教育经费总投入中所占的比例，学前教育和其他学段相比也是最少的。这些因素都使得我国学前教育远远滞后于其他学段教育的发展。

从其他国家的经验和我国的试点的经验来看，政府向社会组织购买学前教育服务是较为可行的方式。《国务院关于发展当前学前教育的若干意见》明确提出“采取政府购买服务、减免租金、以奖代补、派驻公办教师等方式，引导和支持民办幼儿园提供普惠性服务”，在政策法规层面上保证了政府向社会组织购买学前教育服务的必要性。

就目前的情况来看，购买的客体是教育中介组织和民办幼儿园。（1）民办幼儿园。按照民办幼儿园的资金来源和产权归属，可以将民办幼儿园分为公建配套民办型、民办公助型、民办民有型、股份制

① 作者：涂晓芳，北京航空航天大学公共管理学院副教授。

办园型以及私立型五种类型。就目前来说，参与政府购买学前教育服务的主要是前两种类型的幼儿园。只有达到一定规模的民办幼儿园才能参与政府购买学前教育服务。比如，重庆北辰区规定对达到 6 个、9 个、12 个班级以上规模、办园规范、社会信誉度高的民办园，分别一次性奖励 5 万元、10 万元、15 万元，用于补充办园经费①。民办幼儿园在接受购买服务的过程中，必须履行一定的义务。这些义务包括：降低收费，在接受政府补助之后，民办幼儿园必须按照政府规定的与自身同等级的幼儿园的收费标准进行收费；接受监督，民办幼儿园接受购买服务之后，必须接受政府的监督和核查，主要是在补助资金的使用情况和幼儿园保教质量的提升两方面。（2）教育中介组织。就教育中介组织的性质来划分，承担学前教育服务提供者的教育中介组织可以分为以下几种类型：第一类是民办非企业教育中介组织，这种组织的独立性是最强的。第二类是教育社团组织，例如浦东区学前教育协会。第三类是公办教育事业单位，它们大多数以优质的公立学校为依托。

政府向社会组织购买学前教育服务的方式有三种。（1）生产方补助：生产方补助主要是政府对民办幼儿园的补助，用以改善教育设施和教学环境，主要包括整笔拨款、分类资助和整体资助三种形式。（2）消费方补助：政府对幼儿（及家长）的补助，是政府和家长共同承担幼儿教育成本的一种形式。我国目前对消费方的补助主要是以发放“助学券”的形式实现的。南京政府向符合条件的幼儿发放 2000 元“教育券”的行为是一种典型的消费方补助，其中对在民办幼儿园入园幼儿的补助可归属于政府购买服务。（3）合同制购买：基本做法是购买者与生产方签订服务合同，根据合同约定购买者向生产方支付一笔费用，由生产方承接合同规定的特定服务项目②。政府和民办幼儿园或教育中介组织签订合同，按照合同的规定民办幼儿园提供学位服务或教育中介组织提供教育评估或幼儿园管理服务，政府

① 重庆北辰区政府文件，北辰区对各类型托幼园所的奖励和补贴办法。

② 王浦劬、莱斯特：《政府向社会组织购买公共服务研究——中国与全球经验分析》，北京大学出版社 2010 年版，第 17 页。

根据合同和服务提供的情况进行付费。

综合分析政府购买学前教育服务的模式可以看出，政府向社会组织购买学前教育服务的流程中，包括服务的规划者（政府）、服务生产者（幼儿园和教育中介组织等）以及服务对象（幼儿及幼儿家庭），服务对象表达需求，政府以提供资金、政策和必要的监督等措施向服务的生产者（社会组织）购买服务，服务生产者通过生产、管理资源来提供学前教育服务，满足服务对象的需求。

政府向社会组织购买学前教育服务的创新包括四个方面。

1. 理念创新。“一方面需要区分服务性质，选择适用的服务主体和购买程序；另一方面需要以制度规范各主体的权责边界，建构起多元主体协作网络……只有通过激励、竞争、监管、评估等完善的机制建设，才能明确多元主体职责分工、实现信息对称、推进互动合作、避免运作风险”。[①] 在购买学前教育服务时，首先，必须坚持公平、平等的原则，同等对待每一有资质参与到购买服务中的社会组织。其次，坚持公开透明原则，加强社会监督，实现整个购买过程的机会公平、程序公平、结果公平，从而使政府购买学前教育服务得到公民的认可。最后，坚持绩效原则，提高财政资金使用效率，降低购买成本，公共服务服务质量的提高，从而提升政府购买学前教育服务的经济效益与社会效益。

2. 界面/体制创新。购买的主体、对象、资金来源和购买方式等方面都无法可依。政府与社会组织合作关系得不到制度化保障，而走向策略性和不稳定性的一面。“彼此之间的权力界限却没有相关法律的明确保障，因而政府与社会组织即使在关系形式上有多种创新和发展，其实质依然是脆弱且易变动的，是一种策略性关系，而不是制度化关系。”[②] 需要尽快建立起相关的法律法规，明确规定服务购买方和提供方的权利和义务，使政府购买学前教育服务有章可循、有法可依。

---

① 《政府购买公共服务的机制比较及其优化研究》，《上海行政学院学报》2013 年第 11 期。

② 《公共服务购买中的政府与社会组织互动关系研究》，上海大学，2013 年，第 117 页。

政府购买学前教育服务的有效运行依赖于政府公共财政的投入和提高公共财政的使用率，从而建立起完善的财政保障制度。首先，购买学前教育服务的经费要纳入公共财政的预算系统，建立专项购买资金。其次，要建立起科学便捷的资金管理和拨付流程，简化资金拨付流程，减少资金流失，保证按时拨付。最后，要建立起有效的财政监管体系，专款专用，确保财政资金公开、透明、规范、高效运行。

3. 组织创新。教育中介组织不仅数量少，依赖性也很强。就其来源而言，一些是优质的公办学校催生的，还有一些是从以前的政府部门分离出去的，这些组织虽然名义上脱离了母体，但依赖性还很强。教育中介组织不具有和政府相抗衡的能力，甚至不具有基本的资源筹集能力，因而会影响其独立性、自主性和行动力。“使得购买项目成为政府主导的单向度合作行为，几乎没有谈判空间，相对被动。”① 因此，教育中介组织需要整合资源，加强人才队伍建设，扩大规模，形成规模效应，从而增强自身的竞争力。要积极发展教育中介组织，不仅需要在数量上有一个大的突破，还需要保证其独立，减少依赖性。

4. 技术选择。首先，要建立公开、公正的招标信息发布制度，这样可以保证更多的社会组织参与到投标中来，扩大政府的选择面。其次，要建立严格的投标方资格审查制度，从社会组织的诚信度、专业资质、业绩等方面严格审查，保证购买学前教育服务的质量。最后，则是要建立起监管体系，保证在政府购买学前教育服务的时候公平、公正和公开。监管体系的组成要包含政府购买学前教育服务时涉及的利益方，确保招标的公开、透明和平等。

---

① 吕纳、张佩国：《公共服务购买中政社关系的策略性建构》，《社会科学家》2012年第6期。

专题七　社会工作

社会工作是一项帮助人们通向幸福的事业。随着它在民生建设、福利服务和社会治理等领域的作用和优势的不断凸显，我们的社会越来越熟悉它，需要它，离不开它。然而，在它越来越走进人们的生活，越来越走进政府的政策的前进路上，实际上是无数社工共同努力推动的结果。当前，我们拥有专业社会工作人才总量已超过40万，根据《社会工作专业人才队伍建设中长期规划（2011—2020年）》，到2020年总量将进一步增至145万人。这意味着什么呢？这意味着大批70后、80后、90后青年将加入专业社会工作人才阵营，并将迅速成为中坚和新生专业力量。在这种新形势下，一方面，我们应自信地看到我国社会工作专业教育系统自己培养的专业人才队伍长成；另一方面，我们也应理性地思考这支青年力量应该持有什么样的专业信念、情怀和使命？凝聚才有力量，共享才有智慧！因此，本专题邀请了一批青年学者、社工学人与实务社工在内的青年社工人分享他们的经验、声音、思想与观点，以期引领青年社工朋友们共同构建青年学术与实务共同体，以期更好地肩负使命，扎根事业，拥抱情怀，共同参与倡导和推动社会工作发展。

第一篇　基层社会组织服务平台建设研究[①]

一　社会组织服务平台

社会组织的内涵有广义和狭义之分，广义的社会组织是指除党政机关、企事业单位以外的社会中介性组织，本书阐述的社会组织主要是狭义上的，指在民政部门登记注册的民办非企业、社会团体和基金会。党的十八届三中全会提出激发社会组织活力，强调要积极引导社会组织健康有序发展，充分发挥群众参与社会治理的基础作用。在社会治理的创新的大背景下，社会组织一扫之前的陌生感，被越来越多的人熟知。社会组织服务平台是为社会组织服务的“社会组织”，是综合性的平台，类似于现在各类创业园的孵化器。它的功能由它所服务的社会组织的需求来决定，包括社会组织培育、交流学习、组织培训、项目支持、服务督导等多种功能。[②] 能够整合各类社会资源，引导社会组织有序地参与公共服务以及社会治理，帮助政府运用社会力量解决社会问题。M 街道所努力打造的就是这样一个基层社会组织综合服务平台。

---

① 作者：张伟、薛秋艳，南京工程学院人文与社会科学学院讲师。

② 张亚伦：《关于社会组织在灾害治理中的作用研究》，中央民族大学，2013 年。

二　社会组织服务平台类型

（一）政府参与、政府自培育社会组织模式

政府参与、政府自培育社会组织模式是指政府完全负责社会组织服务平台的设立与运行。政府提供资金场地、负责社会组织的监管、引导社会组织服务、评估社会组织工作等。该模式中，政府能为社会组织提供多种便利。在社会治理层面，政府利用平台更直接地向社会进行政策的宣传，提高政府影响力。但是社会组织的独立性相对来说较弱。且专业性与行政性工作不同，平台的领导者作为政府工作人员专业知识不丰富，不能对社会组织进行有效引导。

（二）政府参与、社会组织自培育社会组织模式

和政府参与、政府自培育社会组织模式不同，该模式中，政府与社会组织作为合作双方，职能划分清晰，工作职责明确。由政府制定培育方向，提出要求并提供场地和资金，由社会组织提供专业人才和专业服务。政府和社会组织能够形成良性循环互动，提高了政府的治理水平和服务能力，又规范了社会组织的服务，加强了对社会组织的监督，提高了服务要求，能以居民需求为导向，专业性也更强。[①] 在资源方面，由于有政府的参与，服务平台也能获得比较丰富的社会资源。

（三）政府不参与、社会组织主导培育社会组织模式

相对于前面两种模式，“政府不参与”体现在政府的控制力和对社会组织要求类型方面。政府对社会组织主动放权，不干涉社会组织培育。由政府引导社会组织发展培育向社会组织主动参与培育转变。

---

① 周红云：《社会管理创新视角下的社会组织发展》，《中共宁波市委党校学报》2011 年第 11 期。

这类服务平台中，恩派（NPI）公益组织发展中心较为典型。[①] 社会组织和服务平台整体的独立性及专业性都相对增强，更少地受到政府行政因素的干扰。社会组织获取的资源也更多。另外，这种模式注重打造公益服务品牌，提高各界对社会组织的支持与信任，从长远角度来看，更专业也更利于社会组织的发展。

（四）政府不参与，社会组织联盟培育模式

和前面几种模式不同，该培育模式的独立性非常强，社会组织完全自发的形成联盟作为“第三方机构”，直接参与建设社会组织服务平台。由于联盟性质的多元主体，进行相互协同，便于形成多元善治的格局。格局丰富明确，且服务更加专业。属于真正落实到基层的社会组织服务平台。但当前整体大环境中社会公益资源分配不均匀，联盟形式难以做大做强。在行政事务处理中，易造成管理混乱，服务与行政工作兼顾极易导致组织精力分散。

上述四种社会组织服务平台建设模式各有利弊，在培育的理论方法方面也有共通点。但在社会组织的独立性、资源调动性、发展前瞻性、角色定位、专业程度等方面，存在较大差别。因此，在社会发展状况多样化和复杂化的情况下，个性化地打造不同功能、符合实际需求的服务平台非常必要。

三　基层社会组织服务平台建设
——以 M 街道为例

M 街道属于典型的政府参与、社会组织自培育社会组织模式，由街道和南京红叶社会工作服务社合作打造的基层社会组织服务平台。

（一）M 街道的基本情况

中心以“汇聚公益力量 · 助力社会治理”为原则，核心功能在

① 张林菁：《公益组织孵化器对实现社会工作专业化的效果研究》，首都经济贸易大学，2012 年。

于培育和发展公益慈善类、社区服务类、行业协会类等与改善民生和社会治理密切相关的社会组织。持续引导社会组织入社区、接地气，实现社会组织服务和居民需求的无缝对接。政府参与体现在政府根据中心功能定位设立了200万元的专项社会组织发展扶持基金，用作购买社会组织公益创投项目，激发社会组织活力，支持和发展志愿服务组织。M街道是南京市街道层面开展公益创投的首个实践者，办公和资金的支持程度都是处于领先地位。

（二）M街道“1+N”运转模式

M街道运转模式为“1+N”模式。“1”指的是承接M街道服务平台建设的社会组织即南京红叶社会工作服务社；“N”指的是平台培育和引进的其他社会组织，包括成熟型社会组织以及待孵化社会组织。

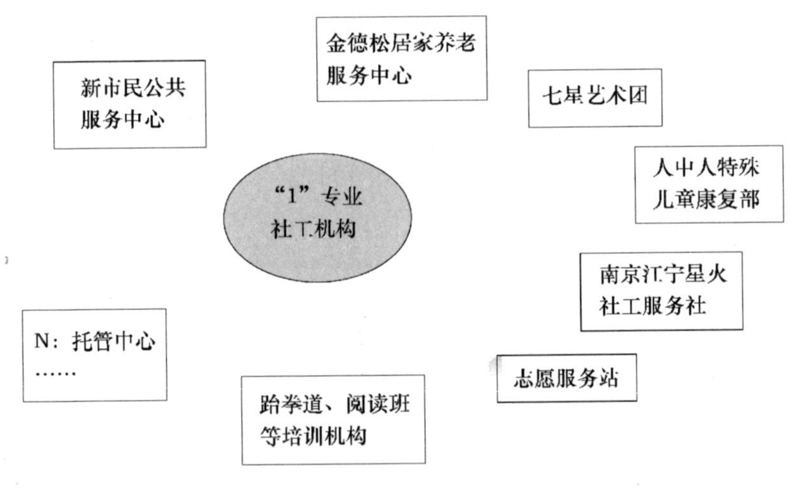

图1　“1+N”结构图

南京红叶社会工作服务社在对街道居民需求调研评估的基础上，引进和孵化相应的社会组织，运作街道公益创投项目，对社会组织的服务做好跟踪与评估。

（三）M 街道建设的基本原则

1. 多方协同合作原则

中心建设由街道社会建设委员会领导、街道民政办牵头、南京红叶社会工作服务社协同完成。将办公总部设在百家湖行政服务中心，将项目活动场地设在周边社区，大力建设社区服务点，构建街道—中心—社区三方联动的社会组织服务平台。

2. 培育公益人才原则

中心整合专家资源，配置了相应的专职工作人员发挥相应作用。注重对社会组织人员进行各方面的专业培训，培养公益人才。

3. 社会组织独立原则

入驻中心的社会组织自主开展服务，独立性强。中心的工作是引导社会组织自身建设和行业自律，保障社会组织的自发展、自运行。

4. 公益资源共享原则

中心整合政府、社会组织、企业、基金会等多方资源，搭建公益资源网络。通过政府采购服务等形式，实现街道、社区、中心和社会组织的互动合作和资源共享。

（四）M 街道的运行机制

1. 孵化机制

入驻 M 街道的社会组织大概分为两类，初创型社会组织和成熟型社会组织。社会组织的选拔影响到为居民服务的效果，所以建立社会组织发展中心的孵化机制十分必要。基本包括以下两个方面。

（1）准入条件

申请主体可以为成熟型社会组织或初创型社会组织；必须拥有较强的社会使命感，具备较好的诚信度和专业能力；申请主体所从事的业务具有非营利性，并为社会所需；入驻社会组织在中心期间应接受服务中心安排，并向中心公开财务报告，接受财务监督。

（2）入驻流程

申请入驻中心的社会组织需提交入驻申请书、法定代表人身份证明、登记证书、组织章程等材料。在双向了解的基础上，中心对社会组织进行审核与评估，综合考察申请社会组织的相关情况，获准入驻后签订入驻合作协议书。根据孵化机制入驻条件，中心在申请入驻的34个社会组织中筛选出25个社会组织入驻中心，其中初创型社会组织6家，成熟型社会组织19家，涉及养老、为小、助残、帮困、传统文化保护等多方面的服务。

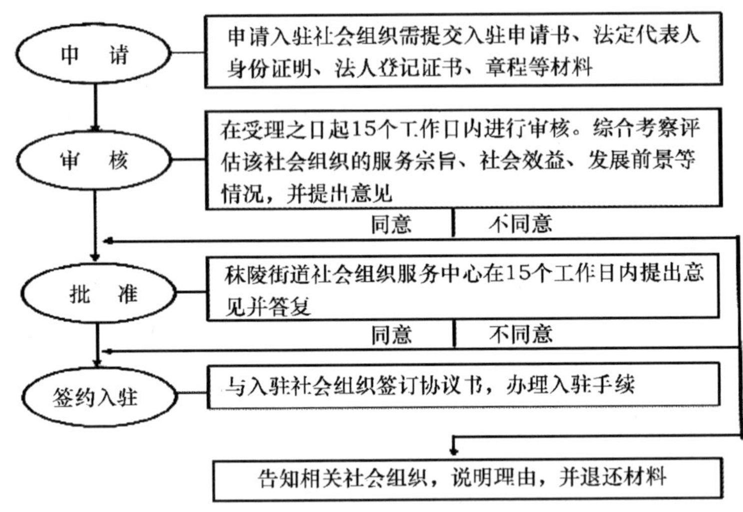

图2　M街道入驻流程图

2. 培育机制

培育机制是指为入驻中心的社会组织提供能力建设服务，解决社会组织面临的能力弱、结构不合理的难题。当社会组织入驻中心之后，中心为其提供办公设备支持、宣传拓展、协助评估、战略规划、街道层级公益创投项目资金支持、人员培训、业务咨询等培育内容。

社会组织入驻中心后，中心协助其对接社区开展社区调研工作，以政府购买服务的形式推动社会组织发展。M街道首批购买社区服务项目有23个，各组织获得4万元至10万元不等的资金支持。

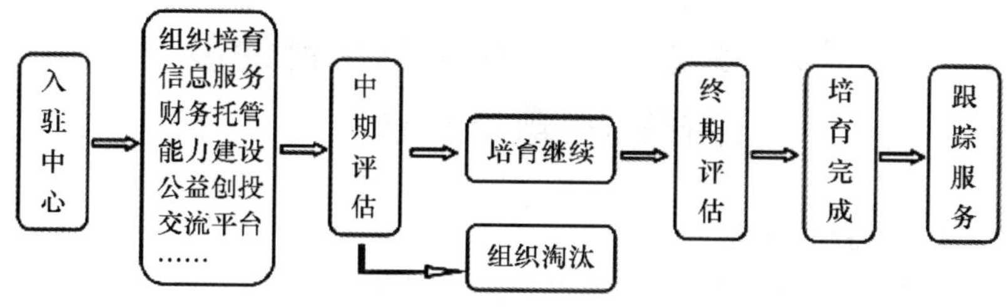

图 3　M 街道培育流程图

3. 评估机制

评估机制包括对入驻中心的社会组织进行评估，还包括对社会组织运作的公益创投项目进行监测评估。

评估有两种形式：一种是过程评估，一种是结果评估。过程评估主要是对服务过程进行全程监控，保证项目是严格按照社会工作服务流程开展，结果评估主要是调查被服务对象对服务成效的满意度，南京红叶社会工作服务社作为第三方进行评估。

表 1　　南京 M 街道评估标准

序号	评估内容		评估单位	所占比例
1	日常管理	查阅机构相关记录和档案；现场考察；随机访问	街道社区	40%
2	日常服务	社区服务测量表		
3	中心活动	中心活动参加情况（培训、沙龙、讨论事）	南京红叶社会工作服务社	30%
4	服务次数	有效服务次数		
5	红叶测评报告	第三方测评报告，包括活动记录、活动计划、活动总结等		
6	宣传报道情况	服务后宣传报道情况，平面媒体和网络媒体皆可		
7	服务对象满意度	接受来自评估组的电话访谈，对所服务的社会工作者及机械做出评价	服务对象	30%

四　基层社会组织服务平台建设存在的问题与反思

（一）存在问题

1. 基层社会组织服务平台与政府的关系问题

目前，国内大部分基层社会组织服务平台都为“政府资助、社会运作、民众受益”的运营模式。导致平台与政府的联系十分紧密，自主性和独立性都受到影响。政府管理得过多，出现社会组织服务平台行政化倾向，在意见出现分歧时，托管方为了维持项目和获取收益，只能唯甲方是从。

2. 基层社会组织服务平台运作单位经验不足

政府工作人员以前在做行政性事务，对社会组织运作模式知之甚少，在运作基层社会组织服务平台时，难免力不从心，这也是政府购买服务平台建设工作的原因之一。其次，承接社会组织服务平台建设的社会组织之前大都是针对某一人群开展服务，对建立综合型服务平台经验较少。社会组织联盟形式是在某个特定环境下产生的，一定环境发生变化，联盟可能面临解体的风险。

3. 基层社会组织服务平台绩效评估标准问题

基层社会组织服务平台的一项核心功能是运用平台来提高社会组织服务的效果。但基层社会组织服务平台对社会组织及对自身的绩效评估标准不清晰，以 M 街道为例，该平台绩效评估标准也在探索建立中。政府花钱向社会组织购买了服务，如果没有完整有效的绩效评估体系，极可能造成“钱花了，没效果，百姓不满意”的情况。因此，相关部门以及社会组织应尽快建立配套的项目考核体系和平台绩效评估体系，让政府的钱落到实处。

（二）反思与改进

1. 建立政府与社会组织的合作伙伴关系

政府向社会组织购买建设社会组织服务平台服务，双方是合作关系。政府应转变观念，在政府和社会组织之间建立起平等、互动的关系，去等级化。在加强发展支持力度的同时，为社会组织营造更大的政策和制度空间，去行政化，建设新型社会治理格局。

2. 以平台为载体加快培育公益人才

建设基层社会组织服务平台并非易事，它要求从业人员具备专业的知识和技能。目前，社会组织普遍存在专业人才短缺、人才结构不合理、业务拓展能力弱等问题。由于地区发展不平衡，社会组织人才流动较大，人才流失率较高。为改变现状，我们可以以社会组织服务平台为载体，加大对公益人才的培育力度，建立高校相关专业实习、实践基地，开放中心职位，接受高校专业人才，通过理论、实务、实践相结合的方式培养建设基层社会组织服务平台的人才。

3. 制定基层社会组织服务平台绩效评估标准

政府购买社会组织基层社会组织服务平台建设服务，应制订完备的工作流程和体系，其中最重要的是制订详细的评估标准，或者委托第三方评估机构对基层社会组织服务平台建设项目进行立项、实施、结项的绩效评估。在招标社会组织运作基层社会组织服务平台时，政府以及招投标专家对招标方案进行综合评估；平台建设过程中，政府与审计机构、督导机构通过抽查工作记录、审计财务、绩效评估等方式进行监督管理。

基层社会组织服务平台建设对于助力基层社会治理具有重要意义。平台运作主体对平台统筹策划、统一管理，负责培育孵化社会组织，提升社会组织业务能力和专业服务能力。基层社会组织服务平台在培育公益人才，共享公益资源方面具有独特优势，有助于社会组织发展。但是我们也要看到基层社会组织服务平台建设中存在的不足，加强基层社会组织服务平台建设研究，借鉴先进经验，创新平台建设工作。

第二篇 “三社联动”的内涵再认识①

“三社联动”成为近两年社区治理创新的核心议题，然而，以往学界有关“三社联动”的内涵界定尚不清晰，“三社联动”的深层动因缺乏探究，以及实践中存在“三社联动”效应尚不凸显的情形。笔者认为，要有效发挥“三社联动”之于基层治理创新的重要意义，就有必要首先对“三社联动”的内涵进行再认识、再建构。

以往研究指出，“三社联动”是指社区、社会组织和社会工作者之间的联动，强调以社区为平台、以社会组织为载体、以社会工作人才为支撑的联动格局。这种定义至少存在以下几个方面的问题：一是“谁在联动”的问题。目前，“三社”的主体不清晰，如果社会组织和社会工作者都是较明确的主体的话，那么，社区代表什么主体呢？仅仅强调社区的平台性是明显不够的。不少人将社区这个平台限定在社区居委会这一组织形式上，因而，形成了看似平衡的“三社”主体。但实际上，这种“三社”的边界限定显然不够充分，基层社会中的主体远远超出上述“三社”的范围。二是“为何联动”的问题。“三社联动”的内外机制不明确，即一方面，“三社联动”的内在机制是什么，才使得“联动”得以可能？另一方面，通过什么外在化机制而使得“三社”得以联动，以促成“三社”有效联动，在现有的学术观点中较少体现。三是“联动为何”的问题。即“三社联动”的目标指向不清晰，如果按照主体视角来谈“三社联动”，那么，通

① 作者：徐选国，华东理工大学社会工作系讲师，上海高校智库“社会工作与社会政策研究院”助理研究员。

过“三社”的“联动”，最终是要实现何种目的？目前的论述尚不清晰。

基于以往研究论点的困境与不少实践中正在探索的“三社联动”经验，笔者认为，“三社联动”是在政社分工与合作体制下，通过政府购买服务等外在化机制，激发社会活力参与社会建设，促进政府与社会力量分工协作、各司其职，以推进基层社会治理和公共服务创新的双重目标过程及其实践逻辑。这个定义包括如下相关关联的核心要素。

其一，社区的“本位”特征。“三社联动”中的“社区”不能仅仅被视为一个平台或治理主体，实际上，社区构成了“三社联动”的核心元素，这需要从三个不同的维度来理解“社区”：一是地域和行政区划意义的社区，在这里，“社区”不仅指的是地域空间，还指涉管辖这一地域空间的主体——街道和社区居委会（当然，还包括社区层面的党组织）。这是在现有“三社联动”内涵中被普遍忽视的方面。只有认识到“社区”的主体性特征，我们才能将社区、社会组织和社会工作者纳入同一维度加以分析。二是平台意义的社区，也即现有学者指出的“以社区为平台”的观点，在这里，他们更多倾向于将社区视为一些活动平台或服务平台，尤其像珠三角地区推广的社区服务中心。在这里，“社区”仅仅被视为一个缩影，一个参与社区建设的平台。从这个意义上理解“社区”显然是不够的。三是共同体意义上的社区，即我们近些年讲的社区建设的目标问题。如果“三社联动”不将最终落脚点放到社区建设上，那么，“三社联动”就可能会迷失了方向。笔者认为，第三个层面的社区意义，指的是通过多元化资源的整合与运用，在政社分工与合作机制下，实现多元主体推动社区建设的合力，以推动社区建设从社区碎片化向社区整合，从地域共同体向生活共同体、精神共同体、情感共同体的转变。因此，“三社联动”的核心在于坚持“社区本位”特征，其根基是“社区”，其最终旨归是迈向一种社区共同体建设。

其二，社会组织的“桥介”属性。“三社联动”中有关社会组织的本质属性已基本达成共识，即强调社会组织的载体作用。但是，以往研究的一个缺憾在于：它们仅仅强调的是法定意义上的社会组织，即具有合法性资质的法人社会组织，强调社会工作者以这些组织为载体，为社区提供各类服务。这种观点忽视了社会组织的多元性问题，除了法定意义上的三类社会组织（社会团体、民办非企业单位、基金会）以外，社区层面的各类社区社会组织（自组织）也应纳入"三社联动"的社会组织范畴。即通过发挥具有法人资质的社会组织在社区内的枢纽和孵化功能，不断促成社区内各类人群的自组织化，形成一个个兴趣爱好类、绿色环保类、公益慈善类、法律维权类等社区社会组织，通过它们将分散于社区的个体进行再组织，为参与社区建设贡献组织化力量的过程。实践表明，仅仅通过现有的法人社会组织来调动社区居民参与社区建设，既缺乏实际又成效甚微。因此，通过社区组织化逻辑，不断培育社区社会组织，通过一些形式多样、内容丰富的活动，将社区内具有相同兴趣爱好、相似行动偏好的居民组织和凝聚起来，共同参与社区公共事务和社区建设，这体现了从单位制时代"国家—单位—个人"，到单位制解体后"国家—社区（缺失状态）—个人"，再到当前社会治理背景下的"国家—社会组织（包括社区社会组织）—个人"的转变逻辑。这就体现了社会组织在国家与个体之间扮演着重要桥梁和媒介功能，成为国家与个人关系的调适器和缓冲剂。因此，从单一狭隘的社会组织范畴，向更广泛的社区社会组织范畴的转变，是"三社联动"内涵的重要构成。

其三，社会工作人才队伍的整合功能。社会工作坚持"以人为本、助人自助"的核心宗旨，强调通过一系列专业价值、专业方法和技术为有需要的个人、家庭、社区提供相关的服务。但是，综观全国社会工作发展的情况，现有社会工作人才在践行"助人自助"理念、参与和谐社会建设方面的成效尚不明显。其中根本原因是什么呢？笔者认为，在很大程度上，现有的社会工作实践过于强调（西方意义上的）社会工作的专业性，进而导致社会工作人才队伍存在"水土不服"的现象，他们在开展服务时，不能"对症下药"。无论是推行岗位购买的实践模式，还是推行项目化购买模式，从根本上讲，社工都需要"接地气"。而现有的社会工作人才队伍主要由两大队伍构成：一是以高校专业毕业生构成的专业社会工作者；二是在全国社会工作职业资格考试推动下产生的一批社区工作者。当前的社会工作实践表明，这两支队伍在现有的社区服务和社区建设中存在“疏离化”现象，即两支队伍并未在服务社区群体、促进社区建设方面得以整合、互动与合作。笔者曾在深圳市花果山社区对其社区治理创新进行过系统研究，发现其通过制度上的创新实现了专业社会工作者（阳光家庭综合服务中心的专业人员）与社区工作者（花果山社区工作站综合协管员转型而来的人员）的结合与优势互补，这就形成了“专业性与本土性”相结合的效应。在这样的实践中，一方面，专业社工通过理念、方法等元素影响着社区工作者，积极改善了原有社区工作者的服务心态和行动实践；另一方面，原有社区工作者则依托于其熟悉社区情况、具有丰富社区工作经验的优势，带领专业社工进社区、上门入户了解社区需求等，形成了一种“互为师生”的关系格局。唯有通过专业力量与本土力量的整合，社会工作才能有效发挥其整合功能。因此，“三社联动”中的社会工作人才队伍，不仅仅应该强调专业社工的重要性，与此同等重要的是，如何有效整合现有存量人才，并提升其能力素质的基础上，实现社会工作人才队伍的壮大，以实现社会工作在和谐社会建设中的重要抓手作用。

总之，“三社联动”是在因应全面深化改革，尤其是社会治理体制机制创新背景下被提出来的。因此，只有重新对“三社联动”的内涵加以厘定和再认识，并在学理上进一步完善其理论基础和实践框架，才能真正发挥“三社联动”在社区治理创新和社区建设中的机制性作用。正是在这个意义上，“三社联动”不仅能够充实其实践性意义，也能通过其理论优化而不断厚实其学术底蕴，以进一步指导现实议题。

第三篇　积极创建社会工作参与社会治理创新长效机制[①]

一　社会工作参与社会治理创新经验成型化

从纵向来看，北京市自2008年以来，在市委、市政府成立社会工委、社会办和社会建设领导小组负责相关事务的领导、统筹与协调工作条件下，各区和区下辖的街道办事处也专门设置相关部门，尤其是在街道层面，大多现已设置了社区服务中心，对所辖各个社区服务站进行业务指导。在基层社区，北京的创新举措在于，一是在社区普遍设置服务站，并通过政府统一招考、录用，引进社会工作专业人才壮大服务力量。二是推进党建和社会工作进驻“楼宇”（主要指商业办公写字楼）。从横向来看，北京市在发动青年志愿者和社区志愿者方面已经取得了不俗的成就，大部分社区和许多大型活动，都能得到志愿者队伍的支持性服务。另外，北京市已经全面推广“网格化管理”方式，即在原有社区范围内，再划分出多个“区域”，形成“网格”，每个“网格”至少有一名工作人员负责，进行人口动态调查与管理机制，并配备服务志愿者、民警进驻提供服务与管理。

深圳市在社会治理创新及发展社会工作方面是走在全国前列的。2007年率先出台多项文件，建立专业性社会工作者队伍，组织社工参与社会治理。具体做法有，一是社会工作者制度先行建设，包括人才教育、岗位设置、人才评价以及薪资待遇等方面。二是促进社会公

① 作者：方舒，中央财经大学社会发展学院副教授、社会学系副主任。

益类民间组织发展，建立“民间组织孵化基地”，创新民间组织注册、登记制度，从2008年起，正式取消民间组织注册、登记需要挂靠业务主管单位的政策。三是进一步完善社会工作参与社会治理的工作体制，采取政府购买方式强化对社会服务的财政支持。四是创新工作方法，推进社会治理“专业化”与“精细化”。五是对社会工作人才如何进驻社会服务岗位有明确规定。在市、区、街道的民政、教育、文化、卫生、劳动、信访、人口计生、公安、司法、监所、禁毒、工会、团委、妇联、残联等部门，设置一定数量的社会工作专业岗位，配备具有社会工作专业或社会工作者职业水平证书的公务员、职员、雇员。每个社区工作站在员额内，配备1名具有社会工作专业或社会工作者职业水平证书的工作人员。同时，针对特定的服务对象，按一定的比例，在社会福利与社会救助机构、学校、医院、社区等设置社工岗位。

各地经验虽有差异，但在国家创新社会治理的战略背景下，社会工作参与社会治理创新的相关机制的大体框架已经成型。

第一，转化存量岗位资源，通过设置岗位将社会工作嵌入现有社会治理与社会服务体系中，这一做法可称为“嵌入式”。具体说来，按照社会服务机构的性质、规模和服务对象的数量、服务内容等，在现有行政事业部门和社会服务机构设置社会工作岗位，将社会工作服务嵌入社会治理和社会服务的实际过程，以改进和提高相关部门及机构的管理服务能力。像上述提及的深圳做法便是如此，政府社会管理相关职能部门、社会公益类与福利服务类事业单位在原有岗位基础上增设新的专业岗位，通过统一考核、招录的形式吸纳和引进社会工作者，进入这些部门的工作人员大多归入公务员或参照公务员管理的事业编制体系中。新进的专业人员与原有工作人员之间是互补的。

第二，拓宽岗位开发渠道，使社会工作人才逐步渗透到与社会工作和服务相关的岗位职务中去，这种做法被称为“渗透式”。与“嵌入式”增添和开发岗位不同，“渗透式”是在保持岗位存量不变的基础上，将新开辟的就业机会专门用来招入专业人员。比如，在北京和深圳等地，基层社区是社会工作者进入社会治理的主要渠道，也都在社区工作站、社区服务站配备社会工作者，但要么通过招考进入空缺岗位，要么通过教育、培训和考核使实际工作人员转化为专业社会工作者，以此提高社会服务质量。

第三，培育民办社会服务机构，建设新型社会服务组织，通过拓宽岗位开发渠道，增加新生岗位实现社会工作人才进入社会治理现实工作领域，这种社会工作参与的模式被称为“新生式”。这一模式中，政府与民间组织相互支持，形成“政府购买社会工作服务”的契约关系，同时，社会工作者也接受来自组织内部、行业协会及专业考评机制的监督与指导。

可见，上述三种模式既是我国社会治理与社会服务人员专业化的三条路径，也是社会工作者职业化的三种方式，更是社会工作介入社会治理的三种机制。

二　社会工作参与社会治理创新的有效模式

总结起来，我国社会工作参与社会治理的有效模式请见图 1。具体来说。首先社会工作专业人员通过“渗透式”“嵌入式”和“新生式”，分别进入社会治理的三大主体即政府、基层社区和民间组织中，虽然基层社区自治与服务组织也属于民间组织范畴，但由于它在基层社会治理现实中扮演极为重要的角色，故在此单独列出。图 1 中的“政府”不仅包括行政部门，还包括了由政府创设的社会公益类与福利服务类事业单位。这里的“基层社区”包括城乡基层群众自治组织与基层党组织和社区服务中心（站、点）。

然而，即使是这三大类主体，现今在我国也需要进行一系列的改革与创新。具体说来，针对政府来说，积极推进行政体制改革和事业单位分类配套改革是必要的，通过精简机构提高管理与服务的效率，增强社会治理的统筹协调和指导监督能力。针对基层社区的组织与服务，应将社区党委、居委会和社区服务站点的事务分开，给予服务站点以更多独立性，从而确保其专业力量在社会治理中尽可能地发挥出来。针对民间组织，应积极开展自身能力建设，主动回应社会需求并根据其宗旨提供高水平的社会服务。如果三类主体能够做好这几个方面的工作，我国新型社会管理在社会工作的强势介入下会更顺利地成型。

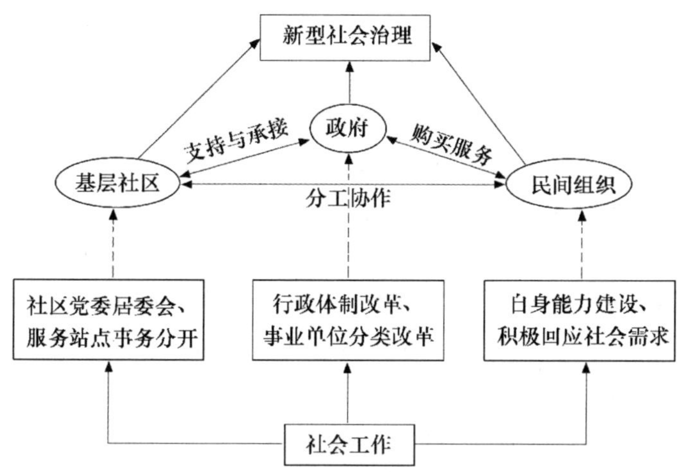

图1　社会工作参与社会治理的有效模式

同时，在新型社会治理体系中，政府与基层社区之间的关系是"支持与承接"的，即政府应加强对基层社区，特别是基层社区服务站点的支持力度，而后者也应积极承接和配合政府创新社会治理。政府与民间组织之间的关系是"购买服务"的契约关系。而作为某一民间机构首先必须在空间上存在于某一社区，因此这二者之间是"分工协作"的关系。

三　分步推进社会工作人才资源开发

社会工作事业发展的核心在于专业人力资源的开发。根据国家人才规划的目标设定，我国到2020年将形成相当规模的社会工作专业人才，所以分步推进主要是从社会工作人才开发的角度来说的。

从国际比较的角度看，专业社会工作者占总人口的比例，美国为

2‰，加拿大为2.2‰，日本已经达到5‰；从我国的情况看，上海为3.2‰，香港地区仅注册的社会工作者就占总人口的2‰。因此，分步推进的第一步是必须扩大社会工作专业人才存量。使其自身的发展与我国经济社会发展的速度相适应，才能更好地满足社会管理实践的需要。

分步推进的第二步是对社会工作人才进行科学规划，合理配置。如果总量增长并不代表社会工作人才就能发挥最大化的功能，还必须进行深入研究，制定长期与短期相结合的合理规划。毕竟有了人才之后，用好人才就成为重中之重了，这方面深圳市已有的相关政策规定值得借鉴。按照深圳市2007年颁布的“1+7”系列文件的规定，社区工作站原则上“一站一社工”。学校、医院原则上按“一校一社工”“一院一社工”配备。社区按服务对象的一定比例设置社工岗位，具体比例为：每70名吸毒人员、70名社会矫正人员、70名问题青少年、5000个家庭、10000名外来务工人员、200名低保对象、500名60岁以上户籍老年人、50名中重度户籍残疾人分别配1名社工。学校、医院、社区社工通过政府购买的方式由社会公益性民间组织派驻。

总之，通过创新参与机制和实施正确策略，我国的社会工作事业才能获得长足的发展，才能有效地深度嵌入社会治理创新实践，发挥其应有的功能与作用。

第四篇　试论社会工作服务机构的图像刻画与论述转向[①]

一　引言

近十年，中国社会工作事业取得了跃进式快速发展，其中一个重要的现象就是社会工作服务机构（以下简称社工机构）的大量涌现。对此现象，政界、学界与实务界反映是冷热参半，政界对推动社工机构的发展是乐此不疲，实务界对社工机构的发展是在煎熬中前行，社工学生在社工行业是低就业率和高流失率[②③]，而学界对社工机构的发展更多的是忧心忡忡，认为社工机构存在独立性缺乏、自主性不够、参与性不足与专业性不彰等问题[④⑤⑥⑦⑧]。在此情况下，社工机

① 作者：贺志峰，台湾大学社会工作系博士研究生。

② 方英：《青年社工流动性的现状、原因及对策分析——以广东为例》，《青年探索》2015 年第 2 期，第 31—38 页。

③ 朱健刚、陈安娜：《社工机构的 NGO 化：专业化的另一种思路》，《华东理工大学学报》（社会科学版）2014 年第 29 期，第 28—37 页。

④ 陈为雷：《政府和非营利组织项目运作机制，策略和逻辑——对政府购买社会工作服务项目的社会学分析》，《公共管理学报》2014 年第 3 期。

⑤ 朱健刚、陈安娜：《社工机构的 NGO 化：专业化的另一种思路》，《华东理工大学学报》（社会科学版）2014 年第 29 期，第 28—37 页。

⑥ 陆士桢、郑玲：《浅论我国民办社工服务机构的发展》，《社会工作》2013 年第 3 期，第 16—23 页。

⑦ 肖小霞、张兴杰：《社工机构的生成路径与运作困境分析》，《江海学刊》2012 年第 5 期，第 117—123 页。

⑧ 彭善民：《上海社会工作机构的生成轨迹与发展困境》，《社会科学》2010 年第 2 期，第 54—61 页。

构要如何发展就成为一个重要议题。有学者提出社工机构的 NGO 化[①]，这一观点的前提就是社工机构还不是 NGO，这引起本书进一步思考，那么社工机构是什么呢？到底该用何种论述途径来看待社工机构这一现象？通过对社工机构相关文献的细致分析发现，大部分学者对社工机构图像的刻画遵循一种静态—客观途径的论述，而缺少动态—建构途径的论述。本书期望透过阐述正在形成中的欧美社会企业之发展经验与研究，来解释动态—建构途径论述的内涵，并讨论其对社工机构研究的意涵。本书接下来将从现有文献中整理出社工机构的图像，接着提出社工机构图像的论述途径要由静态—客观途径向动态—建构途径转变的观点，并以欧美社会企业的图像生成过程来阐述动态—建构途径，紧接着以动态—建构途径来提出社工机构面对的内在张力，在结论部分，讨论社工机构的可能发展方向。

二　社会工作服务机构的图像与论述途径

（一）社工机构的图像刻画

国内对社工机构研究主要集中在以下几个方面：（1）社工机构内涵、类型与特征描述；（2）社工机构产生与发展路径分析；（3）社工机构与政府的关系研究；（4）社工机构发展困境及对策研究。

在社工机构内涵界定上，学者一般借助对专业社会工作本身或其功能阐述来界定社工机构[②][③]，或是通过社工机构特征的描述来确认[④][⑤]，归纳起来具有以下特征：（1）在工作内容上，主要从事社会领域服务，

---

① 朱健刚、陈安娜：《社工机构的 NGO 化：专业化的另一种思路》，《华东理工大学学报》（社会科学版）2014 年第 29 期，第 28—37 页。

② 闻英：《官办社会工作机构的状况及发展策略》，《郑州轻工业学院学报》（社会科学版）2009 年第 5 期，第 59—62 页。

③ 曲玉波：《社会建设的管理与创新——以社会工作机构为例》，《湖南科技大学学报》（社会科学版）2013 年第 6 期，第 101—104 页。

④ 闻英：《官办社会工作机构的状况及发展策略》，《郑州轻工业学院学报》（社会科学版）2009 年第 5 期，第 59—62 页。

⑤ 李太斌：《上海社会工作机构的实践与探索分析》，《中国青年政治学院学报》2006 年第 1 期，第 129—134 页。

尤其针对弱势群体服务；（2）在机构性质上，属于民办非企业单位，具有非营利性质；（3）在价值理念上，强调社会工作专业价值、理念与技巧的运用；（4）具有志愿精神；（5）具有一定的独立性和民间性；（6）在人员构成上，以社会工作科班出身为主。在类型划分上，基本上按照官—民逻辑对社工机构进行列举分类，或者划分三种类①，或者划分四种类型②，其中，具有高校背景的社工机构占据很大比例。

朱健刚、陈安娜（2014）在对 17 家社工机构与相关组织 127 名工作人员的访谈，以独立性与参与感作为分类标准，将社工机构划分为四种类型：（1）“空降型”，其特征是无独立性且无参与感，这类机构因政府购买服务的政策导向而生。（2）“新瓶装旧酒型”，其特征是缺少独立性但有一定的参与感。这些机构是由工、青、妇、残等群团组织或供销社、居委会等群众自治组织成立的，政府购买社工服务成为这些组织转型或发展的契机。（3）“专业主义型”，其特征是强调独立性但参与感较弱，这类社工机构主要由社会工作相关专业的高校教师或毕业生注册成立，是政府和高校为推动社会工作专业化而大力鼓励的一类社工机构。（4）“草根自发型”，其特征是具有独立性与参与感。这类机构前身往往是草根 NGO，在长期实践中能够按照国际 NGO 的参与式发展方法，并结合本地的实际情况开展工作，能够在地方权力网络开拓新的公共空间，易得到地方民众支持，甚至推动新的治理结构的产生。当然，作者是偏爱第四类草根自发型的社工机构。

在社工机构产生及发展路径上，方英（2011）③ 根据广东的实践经验，将政府扶持、海外个人或机构以及大学教师的参与和倡导

---

① 闻英：《官办社会工作机构的状况及发展策略》，《郑州轻工业学院学报》（社会科学版）2009 年第 5 期，第 59—62 页。

② 李太斌：《上海社会工作机构的实践与探索分析》，《中国青年政治学院学报》2006 年第 1 期，第 129—134 页。

③ 方英：《青年社工流动性的现状、原因及对策分析——以广东为例》，《青年探索》2015 年第 2 期，第 31—38 页。

看成是社工机构培育的三支重要力量。彭善民（2010）[①] 根据上海的实践经验，认为社工机构发展显现出“政府直接运作到社会组织孵化、再到政社合作推动”渐进的生成轨迹，具有“政府强力推动，社会自主运作，多方合作促进”的特征[②]。鄢勇兵（2012）[③] 根据全国试点机构实践经验，将社工机构发展路径归纳为三种：嵌入式发展路径，内生性发展路径，合作行动研究发展路径。宏观上来看，大陆社工机构发展呈现出“党委领导，政府推进；社会运作，公众参与；政策支持；物质支持与资助”的特点[④]。

在社工机构与政府关系上，代表性观点有政社合作或伙伴关系、资源依赖和非对称性依赖，相互嵌入，三元互动，分类互动、对抗等。如唐斌（2007）[⑤] 以“嵌入”理论为切入点，通过具体个案分析了社会工作机构在创建与运行过程中与政府呈现出相互嵌入趋势，并且在强度上表现为政府对社工机构的结构性强嵌入及社工机构对政府的制度性与职能性弱嵌入。

大多学者把社工机构面对的困境归结为经费来源单一，专业能力不高，社会认知度低等方面[⑥]，政府全面介入可能导致社工机构在自主

---

① 彭善民：《上海社会工作机构的生成轨迹与发展困境》，《社会科学》2010 年第 2 期，第 54—61 页。

② 谭丽、曹凤云：《上海市社会工作机构发展研究：功能、路径与现状》，《北京工业大学学报》（社会科学版）2012 年第 6 期，第 12—15 页。

③ 鄢勇兵：《机构社会工作发展路径分析——以试点机构为研究对象》，《社会福利》2012 年，第 40—41 页。

④ 曲玉波：《社会建设的管理与创新——以社会工作机构为例》，《湖南科技大学学报》（社会科学版）2013 年第 6 期，第 101—104 页。

⑤ 唐斌：《社会工作机构与政府组织的相互嵌入及其影响》，《社会工作》2010 年第 7 期，第 9—12 页。

⑥ 李太斌：《上海社会工作机构的实践与探索分析》，《中国青年政治学院学报》2006 年第 1 期，第 129—134 页。闻英：《官办社会工作机构的状况及发展策略》，《郑州轻工业学院学报》（社会科学版）2009 年第 5 期，第 59—62 页。方英：《青年社工流动性的现状、原因及对策分析——以广东为例》，《青年探索》2015 年第 2 期，第 31—38 页。易松国：《民办社会工作机构的问题与发展路向》，《社会工作》2013 年第 5 期，第 21—25 页。

性、专业性、认同性三方面的不足[①]。提出要加强政府财政支持，拓展筹资管道，提升机构管理能力，加强专业运作与内涵发展等建议[②]，切实解决民办社工机构的制度化、本土化、专业化与职业化问题[③]。但也有学者在以上列举式研究中进一步归整，将社工机构面临的问题归结为代表性问题、自主性问题、技术性问题，并从政府制度完善、渐进市场运作、追求个性与质量三个维度提出建议[④]。更有学者从伦理学的角度出发，认为社工机构的价值选择在于实现公共责任，它是一个由他律走向由内在伦理精神驱动的自律过程。

（二）论述转向：静态—客观途径 VS 动态—建构途径

从以上对社工机构图像的刻画中，可以发现大多数学者是采取静态—客观描述的途径来勾勒社工机构发展，也就是将社工机构看成是已然成型的一种客观存在的组织形态，并通过对其组织特性与现状（如治理击结构、资金来源与服务产品等）的静态、客观描述来呈现其样貌，尽管如唐斌（2007）运用“嵌入”理论来分析，也只是看到政府对社工机构的强嵌入。在参照坐标选取上，静态—客观途径常以西方相对成型的第三部门（非营利组织）、公民社会、专业社会工作等理念为横截面参照。采取静态—客观途径的论述，就好比是用“成年人”的标准来看待“新生婴儿”该如何成长。在静态—客观论述途径下，勾勒出来的社工机构图像肯定就是独立性缺乏、自主性不够、参与性不足与专

---

① 肖小霞、张兴杰：《社工机构的生成路径与运作困境分析》，《江海学刊》2012 年第 5 期，第 117—123 页。

② 闻英：《官办社会工作机构的状况及发展策略》，《郑州轻工业学院学报》（社会科学版）2009 年第 5 期，第 59—62 页。方英：《青年社工流动性的现状、原因及对策分析——以广东为例》，《青年探索》2015 年第 2 期，第 31—38 页。谭丽、曹凤云：《上海市社会工作机构发展研究：功能、路径与现状》，《北京工业大学学报》（社会科学版）2012 年第 6 期，第 12—15 页。易松国：《民办社会工作机构的问题与发展路向》，《社会工作》2013 年第 5 期，第 21—25 页。

③ 陆士桢、郑玲：《浅论我国民办社工服务机构的发展》，《社会工作》2013 年第 3 期，第 16—23 页。

④ 彭善民：《上海社会工作机构的生成轨迹与发展困境》，《社会科学》2010 年第 2 期，第 54—61 页。

业性不彰等。在负面图像刻画过程中，社工机构对政府的态度是既爱又恨，而政府对社工机构是“恨铁不成钢”，至于其他个人与组织，对社工机构更多是质疑与观望。

在理论上，静态—客观的论述使得社工机构的未来发展步入“死胡同”，因此，有必须作论述途径上的转向。本书以社会企业在欧美的发展经验为基础，提出一种动态—建构途径的论述，以此途径来勾勒社工机构的图像与可能的发展方向。本书之所以要选择社会企业为参照坐标，有两个重要原因，第一，本书认为欧美出现社会企业运动与我国社工机构发展风潮，有着类似的缘由，那就是要响应社会风险，尤其是弱势族群服务的议题，当然两者面临的脉络与政策环境是不同的；第二，社会企业与社工机构的兴起在时间节点上比较接近，有助于近距离观察与对比，尤其能从欧美正在形成与发展的社会企业中寻得一些重要启示。动态—建构途径主张将社会企业与社会工作机构都看成是一种正在形成与发展中的组织现象，虽然它们依据各自的脉络与环境向前发展，但彼此之间可以互相借鉴，不是借鉴具体内容，而是借鉴生成机制与路径。

三　坐标参照：动态—建构中的社会企业图像

（一）美国社会企业的图像生成过程

在美国，社会企业的概念主要意指在非营利部门内的一种动态的、商业化运作，也就是一种 NPO 不断依赖市场来资助自身活动的现象。此外，社会企业的概念也可能与动态的社会企业家精神也有关系，就是试图强调企业生产性活动的社会影响[①]。从广义上看，美国社会企业涉及的范围广、更注重企业的收入创造（revenue generation）。学术界理解的社会企业构成一个组织的连续系统，从营利公司从事社会公益活动（如企业社会责任，CSR），到营利与社会双元

① Nyssens，M.（Ed.）（2006）. Social enterprise：At the crossroads of market，public policies and civil society. Routledge.

目标的公司，再到非营利组织从事支持使命的商业活动（如社会目的组织），而实务界更多的是关注于非营利组织的创收，尤其是依据国税 501 ［c］［3］ 条款登记的免税组织[①]。

私人基金会的支持是美国社会企业发展的加速器，从 20 世纪 80 年代开始有私人基金会支持社会企业的发展，一些关注于信息搜集与网络构建，而一些则直接支持开办社会企业，还有一些个人企业家透过密集的教育项目支持社会企业发展。而地方、州与联邦政府对社会企业的支持是有限的与间接的[②]。

（二）欧洲社会企业的图像生成过程

在欧洲，社会企业更多地被描述成为一种韦伯式的理念类型（ideal－type），其中最具影响的界定由 EMES[③] 提出，他们首先将社会企业界定为这样的组织：由公民团体发起的、具有使社群获益的明确目标，并且限制资本投资者的物质收益。社会企业也更加强调企业的自主性与经济的风险管控，为了彰显社会企业的经济与社会企业精神的面向，EMES 提出了四个辨识标准：（1）一种持续生产与售卖商品或服务的活动；（2）高度的自主性，尤其指组织治理；（3）显著的经济风险；（4）最低限度的有薪工作。同时，为了彰显创新的社会面向，还提出五个指标：（1）使社群受益的明确目标；（2）由一群公民发起；（3）决策权并非基于资本所有权；（4）活动影响到的各个部分都能参与（participation）进来；（5）有限的利益分配[④]。在对欧洲 11 国 160 家社会企业对比分析的基础上，EMES 进一步地将理

---

① Kerlin，J. A.（2006）. Social enterprise in the United States and Europe：Understanding and learning from the differences. *Voluntas：International Journal of Voluntary and Nonprofit Organizations*，17（3），246－262.

② Ibid..

③ EMES 是一个欧洲研究网络，它的网址为：www. emes. net。

④ Defourny，J.（2001）. Introduction：From third sector to social enterprise. In C. Borzaga & J. Defourny（Eds.），The emergence of social enterprise（pp. 1－28）. London，New York：Routledge. Nyssens，M.（Ed.）（2006）. Social enterprise：At the crossroads of market，public policies and civil society. Routledge.

念型社会企业界定为一种“多重目标、多重利益相关者与多重资源的企业”[①]。

作为理念类型的社会企业，其组织形态既不属于公共政府组织，也不属于私人营利组织，它需要在第三部门领域来界定。第三部门存在着各种组织形态，如合作社、非营利组织与社会经济（social economy）等，在欧洲，社会企业被看成是桥接合作社与非营利组织的桥梁，其中欧洲各国极力推动的一类社会企业就是工作整合型社会企业（work integration social enterprises，WISE），它们旨在解决长期处于劳动市场弱势地位的人们的问题。这些 WISE 包括提供职业整合的社会企业，提供永久自助补贴就业给弱势工作者的社会企业，在专业上整合残障人士的社会企业与提供过渡就业或训练的社会企业[②]。WISE 的发展符合欧洲非常注重社会团结的传统，尤其是欧盟极力倡导推动的社会排除与融合的社会政策。

（三）欧美社会企业差异的比较

在欧洲与美国，社会企业显现出一些细微的差异，美国社会企业理念更关注于创收，而欧洲社会企业强调创收要与项目受益者的参与结合在一起。在社会企业的组织形态上，欧洲各国（除英国）的社会企业一般采取社会合作社或社团的形态、以参与的框架来提供就业或特定的社会服务，美国的社会企业一般意味着任何涉入赚取收入活动的非营利组织[③]。正如 Young and Salamon 所言：“在欧洲，社会企业概念更强调一个组织被治理的方式以及它的目的是什么，而非是否

---

① Nyssens, M. (Ed.) (2006). Social enterprise: At the crossroads of market, public policies and civil society. Routledge.

② Hervé Mesure (2008). Social Enterprise: At the Crossroads of Market, Public Policies and Civil Society. Society and Business Review, 2008, 3.2: 173 – 175 (Book Review).

③ Kerlin J. A. (2006). Social enterprise in the United States and Europe: Understanding and learning from the differences. *Voluntas: International Journal of Voluntary and Nonprofit Organizations*, 17 (3), 246 – 262.

严格遵从正式非营利组织之不分配约束（the nondistribution constraint）"[①]。

美社会企业的理念与形态并非横空出世，它们深深地嵌入在当地社会的传统脉络与政策脉络中，并处于一种动态交互发展过程中。美国被看成是自由主义市场经济的典范，同时也具有公民结社的传统；而欧洲具有更强调社会团结与共同体的传统，社会经济（Social Economy）与合作经济（Co - operative Economy）发达，注重发挥社会政策的作用。再加上福利国家在20世纪80年代出现了财政危机与随之而来财政紧缩，使得非营利组织获得政府补助锐减。这些发展传统、脉络与政策都是各国社会企业成长的环境与土壤。

四　社会工作服务机构的内在张力

动态—建构途径承认组织的目标与实践是外在制度环境形塑的产物，包括法律与管制框架等[②]，同时，也认识到作为新生组织也能够对外在制度环境的形塑与发展产生影响，因为组织可以对外在压力与约束采取各种响应策略[③]。诚如 Nyssens（2006：12）[④] 对组织与公共政策的关系的评论，两者的关系不是一面性（one - sided）的，社会企业不只是扮演残补的（residual）角色，在公共管制的控制下来填补市场与或政府留下的"空白"（gaps）。实际上，社会企业也能影响它们的制度环境，推动制度与公共政策的形塑与发展。若采取以上动态—建构途径来勾勒社工机构的图像，既能看到

① Nyssens，M.（Ed.）（2006）. Social enterprise：At the crossroads of market，public policies and civil society. Routledge.

② DiMaggio & Powell（1983）. The iron cage revisited：Collective rationality and institutional isomorphism in organizational fields. American Sociological Review，48（2），147 - 60.

③ Oliver，C.（1991）. Strategic responses to institutional processes. Academy ofmanagement review，16（1），145 - 179.

④ Nyssens，M.（Ed.）（2006）. Social enterprise：At the crossroads of market，public policies and civil society. Routledge.

社工机构的困境，又能找到突破困境的可能出路。

从动态—建构的途径来看，社会企业与社工机构的发展都面临着类似的内在张力。社会企业发展的外在环境就是福利国家由兴盛、危机到转型的结果。在兴盛时期，任何地方的福利国家的扩张都意味着非营利机构的增长，越来越依赖政府资助①。据估计，美国现有大约200万个非营利组织，其中，超过70%的比例在20世纪60年代中期后成立（Holland & Ritvo，2008）。美国的非营利服务组织可分为三种类型：第一类是传统社会服务机构，如MSPCC，天主教慈善会，这类机构成立时间久，服务项目多样，对政府依赖小且理事会规模相对较大（30—40人）。第二类是过去20年内成立的机构，它们是对政府资助的直接响应，用于工作训练、精神健康与其他服务。如为因应一个重点项目，一家大型青年服务机构于1970年在波士顿成立。这类机构的收入几乎都来自政府，它们在接受政府委外之前并不存在，并且其理事会规模相对较小（少于10人）。第三类是因应未满足的邻里或其他社群需要而产生的，它们可能致力于解决地方性社会议题，如无家可归者，挨饿者与出走少年；受暴妇女，发展性残疾个体或AIDS病人。这些机构由志愿者或低薪工作者发起，起始运作资金常常朝不保夕②。而在福利国家危机与转型时期，政府对非营利组织的补助减少，尤其是第二类服务机构面临着巨大的财务压力，由于美国有自由结社、慈善捐赠与创新创业传统，一些福利服务类的非营利组织逐渐开始采取社会企业模式来创收，以维持非营利组织的使命。

社工机构发展的外在环境就是政府职能转移与政府购买服务的兴起，但不存在一个成熟的第三部门或是公民社会。社工机构在一个相对较弱的第三部门或公民社会环境里，受到政府强烈推动的情况下，从无到有产生出来，并被寄予极大的政策期望。如2009年，民政部发布《关于促进民办社会工作机构发展的通知》中讲道“促进民办

① Kramer（1981），Voluntary Agency in the Welfare State，University of California Press.

② Smith & Lipsky（1993），Nonprofits for Hire：the Welfare State in an Age of Contracting，Harvard University Press.

社工机构发展，对于进一步推进社会工作及其人才队伍建设，预防和解决当前社会发展中存在的各种矛盾和问题，推动政府转变职能，创新社会管理和公共服务方式，加强以改善民生为重点的社会建设，促进社会和谐，具有重要意义”。

从社会企业式的非营利组织与社工机构所处的外部环境来看，都面对着“活命与使命”的艰难选择，只是在抉择的压力程度上各不相同。前者面对着福利国家转型，政府社会服务补助费用的减少，而后者面对的是除政府购买服务外，其他资金来源缺乏，例如，一项对珠海 32 家公益慈善组织的调查发现，在资金来源上，将政府购买服务作为组织主要资金来源的占到 76.7%，企业资助占到 40%，基金会申请和会员会费占到 20%，其他资金来源（主要是社会捐赠）占 12.5%，而经营收入仅占 6.7%（贺志峰、崔云，2015）。面对社会目标与经济目标两难困境，社会企业模式成为一种可能的选项，当然，社会企业模式还不止一种次级类型，而是构成一个连续光谱。在美国社会企业脉络中，更看重通过社会企业模式来创造收入来支持使命任务，而在欧洲除了社会与社会目标外，更看重社会企业对公共政策的影响。

五　结论：走向哪里？

透过对欧美社会企业与我国社工机构的图像刻画，本书归纳出两种不同的论述途径，一种是静态—客观途径的论处，另一种是动态—建构途径的论述。前者向我们呈现的社工机构图像多是问题与不足，前途不明，后者使我们看到了社工机构的内在张力，也看到了可能的突破方向，内在张力程度的不同，可能的发展方向也不同。因此，在动态—建构途径论述下，社工机构要走向非营利组织或非政府组织，还是走向社会企业，或是形成自身独特的组织形态都是有可能的。

第五篇　社会工作的专业性认可：定位、逻辑与细节[①]

随着社会工作行业的不断发展，越来越多的社会工作者（以下简称社工）以专业的身份在各个领域开展服务，然而，作为一个新兴的行业，社会的接纳度似乎差强人意，换句话说，社工的专业性、唯一性还没有完全凸显出来，所以还不被服务对象、相关合作方和社会大众所认可，这也是本书所要探究的主题：社会工作的专业性认可问题。

一　社会工作的专业性与社会质疑

1957 年，欧内斯特·格林伍德（Ernest Greenwood）在《专业的属性》一文中，指出社会工作与医学是完全不同的，因此专业属性的标准应有所不同。他从"统一的理论体系、专业权威、社会认可、专业伦理、专业文化"五个方面论证专业的特点[②]，声明按此标准，社会工作早就是一个专业了，只是社会工作在专业等级体系中还需要不断地攀升，这样，它就有可能最大限度地享有职业声望、权威性和专业垄断地位。赵康则从社会学的角度概括提炼出充分成熟专业的六条标准：一个正式的全日制职业；专业组织和伦理法规；知识和教

---

① 作者：肖秀林，厦门市沁心泉社会工作服务中心。

② 欧内斯特·格林伍德：《专业的属性》，张剑、罗晓辉、秦晓峰译，载王思斌主编《中国社会工作研究》第九辑，社会科学文献出版社 2012 年版。

育；服务和社会利益定向；社区的支持和认可；自治。[①] 按照上述前者的标准，社会工作已经具备相对完整的理论体系、专业权威、专业伦理和专业文化，但是在社会认可方面，特别是在中国大陆的社会认可度存在相当大的差距。根据后者的标准，社会工作已经是一个正式的全日制职业，拥有专业组织和伦理法规，形成规范的知识和教育，主要定位于服务和社会利益，实现了专业的自治（如行业协会），同样也是在社区的支持和认可方面还没有达到理想的标准。

总结以上关于社会工作的专业性探讨，笔者认为社会工作的专业性之所以被质疑，最主要的是它还没有获得社区乃至社会的广泛认可，也就是本书所提到的专业性认可还没有达到——理论上是可行的、专业的，但在实际操作中还没有充分体现专业性，所以还不被完全认可和承认。根据笔者的实务经验，总结得出，就目前而言，社会对社会工作的专业性质疑和不认可的原因主要包括以下几个方面：一是原有服务体系的排斥。就以笔者接触过的社区、军休所、救助站等领域的社会工作而言，除了部分主动购买社工服务的单位排斥性相对较小以外，大部分单位原有服务体系对“外来的”“嵌入的”社工服务项目都存在普遍性的排斥，在他们看来，原有的服务体系是正常的、合理的、完整的，用他们的话说就是“没有你们社工服务的时候，我们不也做得好好的”。二是服务成效的延迟性。社会工作服务的产出往往不等于成效——成效需要很长一段时间才体现出来，甚至是隐性的成效，它不像医生做完一台手术就知道好不好，也不像律师打完一场官司就知道厉害不厉害，而人们往往会用结果或者成效去评价专业不专业，很大程度上因为社工服务成效的延迟性导致短时间内难以获得社会的即时认可。三是目前服务缺少不可替代性。专业之所以专业，某种程度上来说，是因为它确立了“专业垄断地位”，但是就社会工作目前展现出来的服务，并不是非社工不可，社工的唯一性、不可替代性没有体现出来。曾接触过一个社区主管，她很坦诚地说：“我们觉得你们社工就是把别人做的整合起来，弄成是自己的，

① 赵康：《专业属性及判断成熟专业的六条标准》，《社会研究》2000 年第 5 期。

这些都不是你们的‘专业服务’，我们不需要你们，购买服务的钱还不如直接给我们社区使用。”

原有服务体系的排斥、服务成效的延迟性以及服务缺少不可替代性都是影响社会工作专业性体现的重要因素，同时他们并不是彼此独立的，而是相互影响。比如，原有服务体系的排斥直接制约了社工服务的正常开展，更不会去关注不明显的服务成效，也不会觉得社工服务具有不可替代性；反过来，服务成效的延迟性和服务缺少不可替代性必然导致原有服务体系更加排斥嵌入式的社工服务。那么，面对社会的不认可与专业质疑，我们能够做什么呢？我们怎么在服务中凸显自身的专业性呢？怎么样才能获得社会的专业性认可呢？笔者结合自身的实务经验，认为可以从以下三方面去凸显我们的专业性：一是厘清定位，二是理顺逻辑，三是做好细节。

二　厘清定位：获得社工服务“身份认可”

社会工作者缺乏明确的专业身份，无法直接运用西方专业化的社会工作服务方式和技巧。① 很多社工在一开始开展服务就会出现“碰壁”情况，导致后续服务开展困难，甚至无法开展服务。原因在于，还没有办理好“通行证”，就急着用专业的身份去开展专业服务，也就是没有厘清自身的定位，更没有取得开展服务的“合法身份”。就像你是一名公司的新职员，还没有办理好入职手续就想要开展工作，这时候往往一名保安就能把你挡在办公大楼之外，更不用说想要大有作为。可见，获得“身份认可”至关重要。

（一）清晰定位，共同发展

“有人说，我们是民间组织，非政府组织，我们跟政府不一样，

① 童敏：《中国本土社会工作专业实践的基本处境及其督导者的基本角色》，《社会》2006 年第 3 期。

确实不一样，类型不一样，但是我们对社会的终极关怀是相同的。”①这是北京大学王思斌教授在2015年广州市政府购买家庭综合服务高峰论坛上的讲话。笔者认为，这样的定位十分吻合社工服务项目与原有服务体系的关系。以救助领域的社会工作服务为例，在救助站原有的服务体系中，嵌入政府购买的社工服务，应该说社工和救助站的终极目标是一致的，都是为了更好地关爱流浪人员，让流浪人员不再流浪，只是在服务理念、方法、技巧上不一样罢了。所以，就目前而言，嵌入救助领域的社工服务的正确定位应该是补充原有的救助服务体系，创新救助服务模式，谋求社工与救助站工作人员优势互补、共同发展。只有清晰社工自身的定位，才能避免陷入所谓的专业与非专业的抗争与消耗，才能让救助站开始接纳社工的进入。

（二）社工的第一服务对象：使用方

社工往往坚持“以服务对象为中心”，认为只要服务好服务对象就够了，认为相关单位也要跟社工一样，甚至为了服务对象不惜和相关方站到对立面。笔者认为，这是一种“专业捆绑”行为，也是一种非理性信念，社工不能站在专业的制高点，去要求别人配合你。还是以救助领域的社会工作为例，不仅流浪人员是社工的服务对象，笔者认为救助站工作人员才是社工的第一服务对象。作为服务的使用方，救助站也有着它们的服务需求（比如安全、稳定、效率等），而如果社工只是一味地考虑流浪儿童的利益，势必会导致社工与救助站出现冲突和矛盾。因此，社工要获得“身份认可”，要从服务的使用方开始。

（三）“1＋1＋N”的知识储备②

社工之所以会面临“碰壁”问题，另一重要原因是只强调社工

---

①　王思斌：《政府购买社会服务的发展性治理》，《广州社工》2015年第11期。转载自北京大学王思斌教授在2015年广州市政府购买家庭综合服务高峰论坛上的讲话。

②　此观点借鉴了深圳市社会工作协会秘书长张卓华女士在全国第六届社会工作（实务）督导培训班的分享。

自身的专业知识，却不了解对方专业知识，更没有大量的相关学科知识储备。笔者认为，要获得对方的“身份认可”，首先社工要做好功课，了解对方，只有让对方感受到被理解、被尊重、被认可，你才能有相同的回馈。以社区社会工作服务为例，“1”是要掌握社会工作自身专业知识；“1”是要掌握对方（使用方）专业知识，包括社区的基本情况、社区居委会的工作内容、社区服务的主要内容及相关政策法规；“N”是要掌握相关学科知识和社会常识，包括心理学、社会学、哲学等知识，以及人际交往与沟通技巧。

可见，社会工作要获得专业性认可，首先要获得社工“身份认可”，要求我们厘清定位，以共同发展为目标，考虑使用方的服务需求，建立“1+1+N”的知识储备。

三　理顺逻辑：构建社工服务“专业架构”

所谓的专业服务与一般依据日常生活经验提供的服务不同，它以科学的依据作为支撑。社会工作专业服务也不例外，也强调与日常生活的区别，注重科学分析和验证。[①] 根据上文所述，社工服务的专业性被质疑的一个重要体现是服务成效的延迟性，实际情况也是如此，但是笔者认为，这不能够成为社工专业性不可体现的解释，因为服务成效具有延迟性，并不是说服务成效不可预见，而服务成效的可预见性表现为专业服务逻辑的合理性。

（一）理顺逻辑，体现专业

你为什么开展这些服务？开展的这些服务体现了哪些专业性？这是社工经常要回答的问题，很多社工会说：“我们运用的是社会工作个案工作、小组工作、社区工作专业工作方法，所以我们是专业的。”但是一被问到，你为什么运用个案工作、小组工作、社区工作

① 童敏：《社会工作专业服务的规划与设计》，社会科学文献出版社2011年版，第223页。

方法时，就回答不出来了，觉得这是理所当然的事情。笔者认为，这是因为社工没有厘清开展专业服务的内在逻辑："问题与需求——目标与愿景——计划与服务——活动与成效。"首先，服务对象的问题和需求是一切服务的立足点，只要找到服务对象真正的问题和需求，才有后续的服务，要不然一切的服务都是不合理的，甚至是有破坏性的。其次，目标与愿景则是服务的导航，立足问题和需求而制定的服务目标和愿景才能指导社工进一步开展服务。再者，制订计划并开展服务是解决服务对象问题、达到目标和愿景的重要策略和步骤，是服务的重要内容。最后，活动与成效是之前这些动作的产出和成果，是社工服务的价值体现。总之，社工服务的专业性，体现为社工要厘清思维，理顺逻辑，也就是要能够回答"为什么""怎么做""能达到什么"这几个问题，而不是开展一些缺少依据、没有内在联系、相脱离的社工服务。

（二）服务成效："1 +1 >2"

之所以要运用逻辑去构建"专业架构"，最终的目的还是为了证明社工服务的成效，正确地说是可预见的服务成效，或者说达到服务成效的可能性。笔者认为，要避免社工服务成效延迟性带来的专业质疑，就要解释清楚服务成效达到的可能性，简单说就是要说清楚为什么"1 +1 >2"。以"三社联动"社区服务模式为例，在理论上都知道，要以社区为依托，以社会组织为载体，以社工为支撑，实现三者之间的优势互补、资源共享和相互促进。但是，这只是一种理想的状态，在实际的操作中，可能出现三者互不沟通、互相抗争、互相消耗。所以社工要回答的，不是"只要三社联动，就能更好地开展社区服务"，而是应该回答怎么依托社区，发挥社区优势（如社区资源、社区号召力），怎样以社会组织为载体（如优化社会组织、发挥本地服务优势），怎么样以社工为支撑（如做好沟通、协调工作，输送专业技能），最后是怎么样把三者串联起来并具体开展社区服务。很多时候，回答"为什么"比回答"做什么"更重要，这就是专业性的内在逻辑架构——让服务更有依据，让成效更可预见。

四　做好细节：实现社工服务“安全着陆”

细节决定成败，这句话同样适用于社工专业服务。笔者认为，之所以社工服务在目前还没有体现出唯一性和不可替代性，关键还是在于没有做好细节，没有实现精细化专业操作。就像一个机械工，他的专业性就是体现在熟悉机械的每个零部件，能够精准地操作机械的每一个功能，同样的，社工也是如此，社工的专业性不应该是广而不精，而应该是有自己精细化专攻。一旦社工的服务能够专注于做好每一个细节，那么社工服务也就能够“安全着陆”了。

第一，社工要做社会问题的专科医生。面对诸多的社会问题，社工不要充当“万金油”，认为自己什么都能做，什么都能解决，要专注于自己的服务领域。以社区社会工作服务为例，居委会的工作和社工的服务最大的区别在于，居委会的工作是全面的、常规的、例行的，而社工的服务是有针对的、有目的的、个别化的。如果社工这个也做、那个也做，那就会显得社工的服务只是停留于表面，并且与居委会的服务出现重叠，也就缺少了针对性，更不用谈专业性。

第二，让专业体现在每一个细节。笔者在社工服务中发现，跟医生一样，医生的专业性在于能够根据病人的某一细微症状找到治疗的方法，社工的专业性在于做好每一个细节，并且能够根据服务当中的某一个细节寻找到解决问题的突破口。以社区居民入户走访为例，笔者曾经跟社区工作者一同入户了解社区居民的情况，结果社区工作者完成入户的时间不到社工入户时间的一半，沟通之后才发现，社区工作者的入户走访就是了解住户人口数量并让其签名，所以速度就快了，而社工的入户在了解住户人口情况的同时，还会了解该住户的工作、生活情况，宣传社工服务等——有更多的互动。最后的成果是，社区工作者统计好了住户人口数量，并完成住户签名，而社工还了解到了这栋楼哪些居民比较积极、居民主要有什么兴趣爱好、居民希望开展哪些服务并招募到了几名志愿者，为后面的居民自治发动提供了可靠的数据支持。

第三，学会在服务细节中寻找社工价值。笔者经常听到社工说开展服务没有价值感，因为看不到服务的成效，这是因为他们忽略了自己服务的细节。笔者认为，社工的专业价值在于，社工让每一个接受服务的对象有一个美好的经历，这个经历可能有短有长，但引人回味。就像服务窗口的工作人员，他们的服务是固定的，但是他们的服务态度是可以不一样的，能否给来访咨询的人一个良好的体验，往往就能够为他们的服务加分，这就是他们服务价值的另一种体现。

五　总结

正如上文提到的，影响社会工作专业性体现的三个方面并不是相互独立，而是相互影响的。从定位、逻辑和细节去体现社会工作的专业性也不应该是相互分离的，而是应该相辅相成、相互促进。首先，只有厘清自身的定位，在现有的服务体系中寻找到自己合适的位置，社工才能正常开展专业服务，通过厘清定位获得身份认可恰恰是为后面专业服务逻辑的呈现、细节的发挥提供了可能性。其次，理顺专业服务逻辑才能让服务有了科学分析，才能让服务相关方看到服务的专业性，服务成效经得起评估与验证，也让细节有了可以依托的框架。最后，只有做好细节，才能让服务更加扎实，也更容易获得身份的认可，并夯实逻辑架构。

综上所述，笔者认为，社会工作的专业性之所以会被质疑，证明它正处于发展的阶段，而且这种质疑也有利于促进社会工作本身不断反思、改善、进步，笔者的思考也是结合自身的实务经验，提出首先社工要厘清定位，获得“身份认可”，其次要理顺逻辑，构建“专业架构”，最后要做好细节，实现社工“安全着陆”，希望对所有奋斗在一线的社工能够提供借鉴，也希望能够为推动社会工作的专业性认可提供参考。

专题八　环保社会组织与管理

生态环境保护是我国社会组织发展中较为活跃的领域之一，受到学术界和实务界的广泛关注。新修订的《环境保护法》，鼓励社会组织开展环境宣传、提起公益诉讼，新近施行的《慈善法》，纳入“防治污染和其他公害，保护和改善生态环境”，建构“大慈善”的概念。那么环境保护类社会组织现状如何？如何参与环境治理？欢迎与本期专题一起讨论。

第一篇　参与还是沉默：社会组织介入环境冲突的策略变化[①]

近十年来，随着环境污染的日益严重，环境冲突层出不穷。有学者从网络动员的视角对 2003—2012 年的环境事件进行了分析，划分了三个阶段：2003—2006 年，以怒江事件为代表，运动领导者是环保组织负责人和媒体人；2007—2009 年，以厦门 PX 事件为代表，领导者是当地知识分子和媒体人；2010—2012 年，以宁波 PX 事件为代表，领导者是微博大 V 和媒体微博（童志锋，2013）。相关报道显示，在厦门 PX 事件酝酿阶段，环保组织厦门绿十字表现积极，但后来当事件逐渐演变为“散步”后，它提出了“不支持、不反对、不组织”的“三不方针”。而在宁波 PX 事件中，该项目早在 2009 年就已经立项，并列入宁波“十二五”规划，2012 年 10 月 27 日即群体性事件发生前一周，当地群众进行了一次群体上访（22 日），并很快在网络上引起关注，但整个过程中都没有社会组织介入。因此，从社会组织的视角来看，在面对环境冲突时，社会组织的策略从怒江事件时的介入，到厦门 PX 事件时的部分介入，再到宁波 PX 事件的完全不介入，社会组织在有意识地与体制外的群众性环境抗争相分离。

这一策略变化显然不同于西方环保运动的发展路径。制度化是西方环保运动的一种客观趋势，它将民众参与纳入国家制度框架中，变成一种体制内的、常规的政治参与方式，使得西方环保运动在总量增加的同时对社会稳定的挑战力显著下降（赵鼎新，2012）。在制度化

---

① 作者：郑琦，中共中央党校党的建设教研部副教授。

的过程中，环保组织发挥了重要的推动作用。在学理上，大众社会理论早就解释了发达的社会中层组织如何降低一个社会发生大规模社会运动和革命的可能（Kornhauser，1959）。实证研究中，Alstyne 梳理了美国环保运动的发展过程，指出其先后经历了草根运动（grassroots movement）、专业化的社会运动组织（professional social movement organizations）和社会组织（NGOs）三个阶段，由于社会组织的非暴力、专业化等特征，美国的环保运动也随组织形式的变化逐渐从反抗的力量变成了一种合作的力量（Alstyne，2013）。对我国台湾地区的研究也符合上述理论，台湾的环保运动最初表现为大规模的群众性抗争活动，之后从中产生的社运组织在运动后转型为社会组织，环保运动也随之演变为制度化的专家咨询模式（王仲、曹曦，2012）。

显然，中国环境冲突的发展实践并不完全符合上述理论。相同的是环保组织确实日渐呈现出制度化的倾向，“以政府所期望的方式起到了政府所期望的作用”（陆建华，2000）。大量关于怒江事件、圆明园防渗膜事件的个案研究显示，在 2006 年之前，环保组织在上述事件中充当着领导者和组织者的角色，通过引发公众关注影响公共政策（童志锋，2009；晋军等，2008；刘小青等，2008）。在此之后，环保组织在环境冲突中更多是通过环境维权和环境公益诉讼的形式参与（张萍，2014）。近年来，大量有关环保组织的文献在集中探讨环境公益诉讼的原告资格、法律保障等问题（王灿发等，2014；范红霞，2014），一些新闻报道则表明，环保组织在积极通过两会提案、政策咨询等方式影响公共政策。

与西方理论不同的是，环保组织并没有在现阶段的环境冲突中充当领导者的角色，尤其是在大规模的群众性环境抗争事件中，环保组织大多选择“集体失声”，媒体及新媒体承担起了组织的作用（曾繁旭，2009；戴佳等，2014）。同时，群众性环境冲突也很少催生新的环保组织（除福建屏南的环境抗争事件、广东番禺的垃圾焚烧厂事件等少数个案）。在环保组织日渐制度化的过程中，群众性环境抗争则日益极端化、暴力化，我国大陆的环保运动并没有因环保组织的存在而呈现出制度化的倾向。

之所以环保组织与群众性环境抗争相分离，既有研究主要从以下两个视角分析原因：一是环保组织所处的制度环境。有学者指出中国社会组织在环境领域的参与是国家主导的，一开始就是与国家合作，而不是为了反对国家的，体现了很强的“非冲突性”（Schwartz, 2004；Ho, 2001；Ho & Edmonds, 2008）。同时，“中国环保组织里的人都知道，这事（环保运动）是不可能让环保组织来干的……中国的环保组织一旦和环境运动沾边，命运就多舛了”（霍伟亚，2010）。根源也许在于社会组织的管理体制背后存在着三种不同的战略：发展型战略、控制型战略和规范型战略，三种力量既相互促进又相互消融（王名、孙伟林，2011），虽然在整体上发展型战略日渐清晰，但在实践中出于路径依赖和危机应对的需要，控制型战略依然强势。因此，“政府的观念和行为限制了环保组织的作用”（任丙强，2013）。二是环保组织的自身因素。组织在参与倡导的过程中没有有效地动员公民（Zhibin Zhang & Chao Guo, 2012），比如环保组织也建立网站，但网站主要是向会员、公众和媒体展示组织做了些什么，而几乎从来没有组织公众参与到环保运动中来（Yang & Taylor, 2010）。此外，环保组织出现了脱离群众的精英性（任丙强，2013；陶传进，2007），它的人员结构、组织资源、社会网络都明显区别于群众驱动的环境参与（任丙强，2014）。

长期以来，环保领域的社会组织一直备受关注。国内学者早就提出“环境NGO是中国NGO中最活跃、影响最大和特征最为鲜明的一个群体”（王名、贾西津，2002）。它的“双重性”特点非常明显：一方面它是当前推进生态文明建设、贯彻落实绿色发展理念不可或缺的辅助力量，因而得到了党和政府的积极支持；另一方面环保组织在政策倡导、公民参与等方面具有深远影响，“环保组织的发展从长远来看会影响到中国政治的走向”（Yang Guobin, 2005），更有学者预测“环保组织最终会成为推动中国治理民主化的重要力量”（Zhan Xueyong & Tang Sui – Yan, 2013），因而又使得党和政府在特定条件下对环保组织的发展相对谨慎。

环保组织的这种双重性特点在既有的制度框架下引发的管理效果

是：环保组织相对于党和政府的消极作用得到了有效的抑制，它们并没有成为党和政府的对立面，煽动公众情绪，组织暴力对抗；但与此同时，化解社会矛盾、协调利益需求、合理表达诉求等积极作用也没有在环境冲突中得到很好的发挥。环保组织有意识地不过多介入环境冲突领域、避免触及政治敏感问题。但环保组织的缺席，并不代表环境冲突的消解，随着公众的环境关注日益增多、参与意愿日益强烈，如何将群众性的环境抗争引向体制内，发展成为合法、有序的多元协商，发挥社会组织在应对环境冲突中的积极作用，仍然是亟待我们思考与探索的一条有效路径。

第二篇　从大学生环保社团到专业环保组织：绿色浙江（2001—2016）[①]

一　概述

从20世纪90年代开始，民间环保组织逐渐在推进我国环保事业中发挥作用。1994年，自然之友在北京成立，成为中国最具影响力的民间环保组织。1999年，浙江工业大学、浙江大学先后建立了学生环保社团浙江工业大学绿色协会、浙江大学学生绿之源环保协会，成为浙江最早的大学生环保社团。2000年，浙江大学绿之源环保协会的两位同学忻皓、黄金海骑自行车环浙江宣传环保，发起"千年环保世纪行"活动，受到了时任浙江大学党委书记张浚生、浙江省环保局局长张鸿铭的关注和大力支持。活动结束之后，在相关成果的基础之上，活动总策划、浙江大学环境与资源学院团委书记阮俊华老师和忻皓等共同发起了浙江历史上第一家民间环保组织，并在2001年年底正式注册为浙江省青年志愿者协会绿色环保志愿者分会，时任团省委书记葛慧君亲自授牌。

绿色浙江成立16年来，其核心团队和影响力不断扩大，其在实践中逐步成长，社会空间也越来越大。绿色浙江整合社会各界资源，建立了绿足迹企业同盟、大学生联盟、根与芽小组等不同群体的专业团队，并用创新的手段和国际化的视野，推进浙江环保事业发展。尤

① 忻皓：绿色浙江秘书长。李薇、申屠俊：绿色浙江副秘书长。

其是近三年来，绿色浙江在一些涉及环保的社会热点事件中，较好地发挥了传声筒、减压阀、缓冲带的作用，推动了浙江五水共治、垃圾分类等工作。

二　组织发展

绿色浙江是专业从事环境服务的公益性、集团化社会组织，由“地球奖”获得者、浙江大学教师阮俊华和他的学生、中国青年志愿服务金奖获得者忻皓于2000年6月创建，主要致力于公众环境监督、生态社区建设、环境教育传播三大领域，是浙江省最早建立、规模最大，也是在中国最具影响力的民间环保组织之一。

其主要特点有：

1. 集团化。绿色浙江旗下拥有浙江省绿色科技文化促进会、杭州市生态文化协会两家社会团体，杭州市下城区优优手工资源再生俱乐部一家社区社会组织，杭州市下城区绿士多环保公益服务中心、杭州市下城区春晖慈善商店、杭州市余杭区绿浙城乡生态社区服务中心三家民办非企业单位，控股杭州绿浙环境服务有限公司、绍兴绿浙企业管理有限公司、舟山市嵊泗酒店管理有限公司三家企业。

2. 规范化。绿色浙江有着健全的12项制度，并且有专人负责监管落实，是中国首家获得社会组织评估5A级的民间环保组织。

3. 组织化。绿色浙江近50位专职人员，另外还建立三个月一轮的实习生计划。其党、团、工会、妇女委员会建制完整。

4. 国际化。绿色浙江是国内参与国际事务较多的环保社团之一。

三　民间组织推动浙江全面治水

（一）为环境监督工作开发协作互动地图

2006年，绿色浙江受公众与环境研究中心委托，担任“中国水污染地图”的技术开发工作。此后，绿色浙江开始追求一种更为完美互动的环境信息平台。2010年，绿色浙江秘书长忻皓和他在美国克拉克大学留学期间的同学共同开发的钱塘江水地图一期问世，2011年，基于 Ushahidi 系统平台为基础的二期地图开发完成，从而可以让市民通过网站或手机应用进行污染实时举报和获取预警信息。2013年，钱塘江水地图改名为环境观察，综合汇集各类环境信息。

该平台通过公众实时的网络和移动通信维护数据，全面推动了环境信息公开，丰富了市民举报污染途径，帮助了执法机构举证和便捷、准确地找寻污染源并查处。通过环境观察平台，一方面形成志愿者监督团队；另一方面项目通过与浙江省环境执法稽查总队和地方环保执法部门合作，对公众所举报的污染源进行查处。这种合作方式的建立，促使该项目不仅仅实现了环境信息的公开，更以解决问题为导向。从 2011 年至今，协会组织巡护 10 万余公里，协助政府查处污染事件数十起。

绿色浙江以“钱塘江护水者”为品牌的十余年环境监督工作，获得了各界的高度关注和支持。2012 年 9 月，绿色浙江参与浙江卫视王牌励志节目《中国梦想秀》，在更大舞台上宣传保护钱塘江。2012 年 10 月，浙江卫视《浙江新闻联播》分三篇播出了以“创造两富新业绩，迎接党的十八大”为主题的“钱塘江护水者”专题报道。

2012 年 5 月，协会水保护项目负责人忻皓还受聘担任了水资源管理国际标准制定委员会委员，成为中国民间科普组织参与国际标准制订的典范。2013 年 5 月，浙江省委书记夏宝龙亲自接见了钱塘江护水者团队代表，省委副书记王辉忠亲自为钱塘江护水者颁奖。

2012 年以来获得的荣誉包括：联合国环境规划署生态和平领导项目“生态城市最佳项目奖”（2012）、中国水环保年度公益人物奖（2011、2013）、“芯世界”公益创新奖技术应用奖（2012）、公益中国奖（2012）、浙江省十大杰出志愿服务集体（2012）、第二届中国公益慈善项目大赛创意类银奖（2013）、中国企业绿色发展论坛年度清馨最佳环保公益案例奖（2013）、杭州市十大杰出青年（2013）、浙江环保民间力量先锋榜（2014）、浙江青年五四奖章（2014）。

2013 年 12 月，绿色浙江拍摄首部微电影《标记》，记录了钱塘江护水者开发环境观察平台的故事。此外，绿色浙江长期作为第三方参与浙江省环境执法稽查总队检查，绿色选择联盟（GCA）审核企业环境表现。忻皓还受聘担任浙江省环境保护厅政风行风监督员、杭州市环保系统行风（效能）建设监督员。绿色浙江还建立代表委员联盟，将相关信息及时通过人大代表、政协委员进行提交。

（二）借势“游泳”推动“五水共治”

2013 年 2 月，浙江温州商人金某因家乡河流污染严重，悬赏环保局长下河游泳，引起悬赏游泳热潮。绿色浙江随即发表声明，提出清洁河道清理不仅是政府的事情，更需要依靠公众的共同参与，依靠公众的意识提升、行为改变。2013 年 4 月起，绿色浙江联合浙江卫视共同策划推出大型新闻行动“寻找可游泳的河”，由绿色浙江的志愿者提供新闻线索，总共播出 136 期系列报道，引起了广泛关注和强烈反响，浙江省省委书记夏宝龙同志在此期间专门写了《给全省县市区委书记的一封信》，要求各地高度重视“寻找可游泳的河”中曝光的和群众反映强烈的环境保护问题，必须举一反三，立即整改，务求实效。夏书记还亲赴报道关注的浦江县调研，推动浦阳江综合治理，从此浙江全面治水的行动开始在省委省政府高层酝酿。之后，绿色浙江先后联合浙江卫视在 8 月推出“横渡钱塘江，畅游母亲河”活动，连续九天特别报道，促成我们钱塘江护水者与浙江省环保厅领导共同横渡母亲河。12 月，又推出全国省级卫视平台、浙江省级电视媒体的首次电视问政节目《治水面对面》，由绿色浙江的百名志愿者和人大代表们，共同向浙江七地领导面对面进行治水问政，在浙江政界引起了很大反响。

（三）“吾水共治”倡导全民参与

今年，为响应省委省政府“五水共治”行动，推动公众参与，绿色浙江以“家园之水是吾水，五水共治是吾责”为主题，联合阿里巴巴公益基金会共同推出绿色浙江“吾水共治”行动。这项行动包括三块内容。

第一，与浙江电视台钱江都市频道《范大姐帮忙》栏目联合录制《吾水共治圆桌会》，绿色浙江在全省 11 个地市各选一条河，分别邀请利益相关方，现场解决治水中的矛盾冲突，共同合力治水。绿色浙江已经录制播放了杭州、台州、金华、温州四站，宁波也将在近期录制。

第二，经过一年半的努力，绿色浙江推动了杭州市正式推出“民间河长”。杭州市河道监管中心在今年要整治的 47 条杭州市区河道中，选拔了 56 个民间河长，其中绿色浙江秘书长忻皓还被选为杭州民间总河长，由市长张鸿铭亲自为他授旗。杭州民间河长还建立了有效机制，政府责任河长需要和民间河长对接共同推进治水。而为推动各地民间河长工作的开展，绿色浙江还专门建立了绿色浙江民间河长委员会。

第三，绿色浙江联系杭州市河道监管中心对 2015 年即将整治的河道中的 7 条河道，面向全社会开展方案征集创意大赛，这给了社会各界参与河道治理的很好机会。

从“悬赏环保局长下河游泳”到推动省委省政府“五水共治”，到设计推动全民参与的绿色浙江“吾水共治”，绿色浙江借着全民关注的势头，一步步引导社会各界力量参与治水。

四　民间组织推动垃圾分类

（一）生态社区项目推动垃圾议题

协会在万通公益基金会的支持下，在杭州市上城区西牌楼社区尝试推广建立生态社区的示范样板。结合社区实际情况，协会建立社区志愿者团队并进行能力建设培训，建立社区居民、社区居委会、专家、企业、社会组织等各利益相关方的合作机制，来推动生态社区的建设。硬件上已经实现了太阳能利用、社区雨水收集、餐厨垃圾变肥料、落叶堆肥等设施，同时社区在协会的指导下建立了环保服务队，开展了涵盖废物利用、旧物置换、家庭种植等环保活动。在西牌楼社区的经验基础上，形成生态知识传播、生态技术植入、参与式社区治理的“三横”和能源、水资源、绿化和种植、废弃物的“四纵”生态社区模式。2013 年，协会受中央财政支持社会组织参与社会服务项目和万通公益基金会资助，在杭州市下城区文晖街道现代城社区开展生态社区项目。2013 年 6 月，生态社区获得 2012 年度杭州年度生活现象总点评最佳活动奖。2014 年 3 月，生态社区项目作为中央财政支持社会组织示范项目的典型，在郑州介绍经验。

（二）科技创新探索社区垃圾解决方案

智慧绿房是绿色浙江在实施生态社区项目中，为解决社区垃圾问题，整合绿足迹企业家资源而形成的成套解决方案。智慧绿房集成了可回收垃圾的智能回收系统，可以让市民通过垃圾回收行为获取碳币用于社区停车及超市消费。同时，太阳能发酵天然有机垃圾处理系统能让厨余垃圾在这里就地处理成有机肥料，通过科技与公众协作共同让垃圾归队。2013 年 9 月，该项目获得第二届中国公益慈善项目大赛创意类金奖。

（三）借势“杭州垃圾焚烧”热点议题推动垃圾分类

今年 5 月，杭州中泰垃圾焚烧项目成为杭城热点议题。绿色浙江通过公众微信及媒体第一时间发声，并呼吁同绿色浙江一起，努力减少碎片化的垃圾知识，会使公民在认识和判断事务中往往不够理性，唯有全面、系统、科学的认知，才可以找到平息这场冲突、解决杭州垃圾问题的根本之路。绿色浙江基于过去在垃圾议题上的工作经验，通过访谈相关专家和公众代表，通过公众微信与大家共同理性探讨解决方案，并为政府积极建言献策。

同时，绿色浙江还联合浙江卫视《新闻深一度》栏目，在杭州市西湖区古荡街道莲花社区秋水苑，开展一场为期一个半月的名为“给垃圾找个家”的垃圾分类尝试。在古荡街道的支持下，拥有 517 户居民的秋水苑作为垃圾分类尝试目标社区，希望通过绿色浙江系列宣传、秋水苑垃圾分类方案、垃圾分类业主委员会、垃圾分类定点督导志愿者等形式，在一个半月时间里，推动社区垃圾分类工作发展，改变居民的行为习惯。

五　民间组织的工作特点

（一）民间组织能够并且擅于整合社会各界的资源

绿色浙江是一家自下而上的民间环保组织，由于其草根性和资源的相对匮乏，使得其无法依赖于政府的特定资源，转而向社会各界寻求资源的整合。

绿色浙江建立 16 年来，分别建立了以大学生、中小学生、企业为群体的会员直属协作平台，以及和新闻媒体的联络平台，动员社会中不同层次的人群加入到环保工作中来。

2002 年，绿色浙江的 15 家高校环保社团的团体会员在“地球奖”获得者、浙江大学阮俊华老师指导下，共同发起建立绿色浙江高校联盟，后先后改名为浙江大学生绿色论坛、绿色浙江大学生联盟。十二年来，绿色浙江大学生联盟共吸引了 70 多家高校社团以单位会员或列席单位会员身份加入，为浙江省青年大学生参与环保事业、服务生态省建设提供了良好的活动平台，先后获得中国青年志愿服务优秀项目、SEE 生态奖、福特汽车环保奖、浙江省志愿服务优秀集体等荣誉。

2004 年，绿色浙江和上海根与芽青少年活动中心合作，面向浙江中、小学校建立环保交流合作平台——浙江根与芽环境文化俱乐部，后更名为浙江根与芽项目组、绿色浙江根与芽项目组，由上海根与芽办公室和绿色浙江共建，定期签约，凡浙江的根与芽小组都由绿色浙江组织和管理。根与芽是国际性的环保项目，它主要的活动形式是开展社区公益活动和环保教育项目。二十多年来，超过 130 个国家和地区，已有近 1.6 万个根与芽小组活跃在世界各地的学校、社区和企业中，根与芽改变了数十万学生的行为和态度，它们通过主动参与诠释了“每个人都能带来变化”。目前，绿色浙江已有 30 多所根与芽成员学校。

2012 年 9 月，绿色浙江联合浙江大学全球浙商研究院、求是强鹰俱乐部和中国杭州低碳科技馆共同倡导，盾安集团、世导集团、浙江迅华科技有限公司、伟基建设集团有限公司、浙江新能量科技有限公司、双枪竹木科技股份有限公司等单位共同发起建立了以“低碳自律、低碳互惠、低碳宣传”为宗旨的绿足迹企业同盟。绿足迹企业同盟下设水环境专业委员会、大气环境专业委员会、固废专业委员会三个专业委员会，现有成员企业 60 家左右。

绿色浙江与电视台、电台、平面媒体和新媒体间都建立了比较广泛的合作关系，与不少媒体有着经典的合作策划。如与浙江卫视先后推出的“寻找可游泳的河”“给垃圾找个家”等，绿色浙江还因此获得 2013 年浙江卫视重大项目新闻协作奖。2014 年与浙江卫视推出“吾水共治”圆桌会，与杭州电视台联合推出“科学 + 钱塘论坛”。绿色浙江还积极争取在主流节目中的报道。2014 年 4 月，绿色浙江参加《中国梦想秀》，由周立波亲自点击开通“环境观察”应用，并筹资 25 万元。

在整合社会资源过程中，绿色浙江还依托于下城区文晖街道等，获得了不少在地资源。如文晖街道向其免费提供了一些办公场地、慈善商店经营场所等。再如格临检测与其合作建设绿色浙江公众环境监测实验室。

（二）成熟的民间组织可以在社会热点事件中，很好地承担传声筒、减压阀、缓冲带的作用

近年来因环境问题引起的社会热点事件增多，既具有大局意识，能够发挥传声筒、减压阀、缓冲带的作用，又能推动社会治理手段提升，是民间科普组织成熟的重要标志。

2011 年起，绿色浙江在杭州千岛湖引水工程所引发的公众舆论中，便扮演了重要的信息传递调解工作。绿色浙江一面及时将意见领袖的主要意见传递到有关部门，另一面及时向可能过激的意见人物传递正能量。

2013 年 12 月发生的杭州自来水异味事件中，绿色浙江通过民间科普组织的声音对自来水异味原因进行解析，并引导公众正确对待突发事件。

2014 年 5 月，针对杭州垃圾焚烧厂建设困局，绿色浙江发表自己的见解，两天时间阅读 5 万余次，转载 2700 多次，有效地传递了社会正能量，推动了事件向科学理性方向的转变。同月，载有四氯乙烷的槽罐车侧翻，危险化学品流入富春江，造成部分水体受到污染后，绿色浙江针对危化运输也提出三问：针对危化品的运输有无违反危化禁行规定、是否会出台更严格的措施、钱塘江流域的产业布局，助力事件的科学理性推进。

近年来，绿色浙江在社会热点事件中，一手抓各部门、各高校、各会员企业的专家，建立第三方独立的专家团队；另一手抓政策倡导出口，组建了有几十位全国和地方的人大代表、政协委员共同参与的绿色浙江代表委员联盟，通过全国和地方两会积极建言献策。绿色浙江已经全面影响了浙江媒体记者在环境领域的采访报道习惯，有力地推动了全民参与。同时，绿色浙江加强与业务主管部门的联系互动，在实践中探索民间环保组织可以承担的传声筒、减压阀、缓冲带作用。

（三）一些民间科普组织具有创新的手段和宽广的国际视野

绿色浙江充分利用创新手段开发项目，其研发的公众协作互动的钱塘江水地图平台，以及生态社区中的社区垃圾综合处理方案“智慧绿房”，废旧衣物回收项目等，近年来获得了联合国、全国性的不少大奖。

此外，绿色浙江多次参与国际性会议和平台。绿色浙江秘书长忻皓还担任水资源管理国际标准制订委员会委员职务。绿色浙江曾接纳过 21 个国家的 60 余名实习生，秘书处核心成员赴海外参加会议交流超过 50 余人次，具有宽广的国际视野。

六　结论

绿色浙江的实践证明，中国民间组织不但能推动环保事业的工作，甚至能助推和改变政府的中心工作。这一方面说明，中国在改变，党和政府正以更加开放的姿态去面对问题、迎接挑战，正在尝试和公民团体良性互动，共同推动社会的变革；另一方面，民间环保组织也可以把握住这个有利时机，在致力于环保事业的同时，进一步扩大其生存空间，推动中国公民社会的发展。

第三篇　中产阶级、新媒体与环境治理倒逼[①]

一　引言

改革开放后，中国的工业化进程骤然加速，工业化在推动中国经济持续高速发展的同时，也带来环境污染问题。虽然在 1983 年第二次全国环保会议上将环境保护确定为基本国策，也在 1988 年将国家环境保护局从城乡建设环境保护部中独立出来，成为国务院直属机构，但在当时重点强调以经济为中心的大环境下，环境保护理念、政策和工作没有完全融入国家的经济社会发展全局，加之有些环境保护职责交叉，环保机构的职能难以得到充分发挥，地方环境保护机构同样存在这样的问题。即使有过若干次全国性和区域性的“环保风暴”，也难以从根本上解决环境污染问题。在地方政府 GDP 锦标赛的情况下，环境污染地方治理更成为次又次之的事情。

对环境污染问题开始重视是从中央政府层面开始的，其标志就是 2008 年十一届全国人大一次会议通过的《国务院机构改革方案》，不再保留国家环境保护总局，组建环境保护部。目的是加强其在协调跨部门、跨地区、跨流域的环境保护事务的职能，加强了环境保护监督检查的职能。而后环境保护纳入地方绩效考核，2012 年党的十八大将生态文明建设写入党章，都表明了政府愈加重视环境保护。在具体的实践中，环境污染的治理措施也越来越严。政府的这种转变既是自

---

① 作者：赵玉峰，中国人民大学社会与人口学院博士生。

身的调整，又是对外部刺激的反应。本书试从社会分层变化和网络社会崛起的角度对此问题加以分析。

二　二十年间的环境污染情况和环境群体性事件

近些年，无论是媒体报道还是民众日常交谈中，都能看出对环境深深的忧虑。其主要原因是雾霾天气的出现，这种直观感受给民众造成很大的心理冲击。2013 年 1 月，4 次雾霾过程笼罩 30 个省（区、市），北京则仅有 5 天不是雾霾天。污染不只是北方特色，在 2013 年年底上海、南京等华中地区也是雾霾最严重的地区，上海多地多次出现 PM2.5 数据超过 500。此外，广东甚至海南地区同样遭遇雾霾侵袭，雾霾已经成为中国环境污染第一词。

雾霾天气就意味着现在的污染越来越严重吗？有学者对京津冀地区的空气质量进行了研究。他利用代表空气质量的主要三个指标如可吸入颗粒物（PM10）、二氧化硫（SO_2）、二氧化氮（NO_2）的年均浓度值做年度的对比①。结果如图 1 所示。

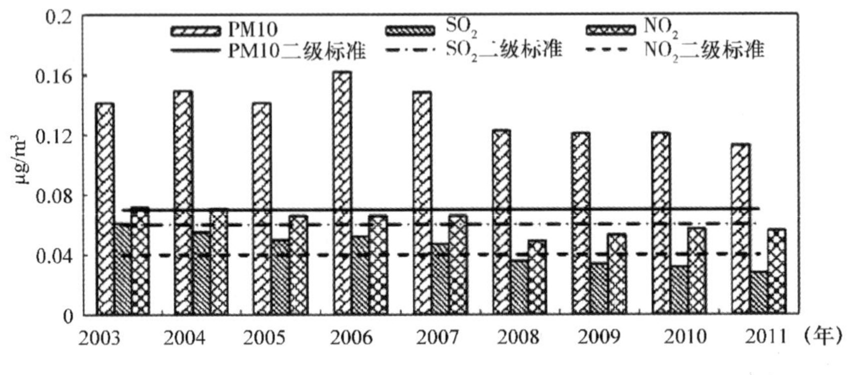

图 1　2003—2011 年北京市大气环境质量

① 梁增强：《京津冀典型城市环境污染特征、变化规律及影响机制对比分析》（Doctoral dissertation，北京工业大学），2014 年。

如图 1 所示：我们可以看出可吸入颗粒物（PM10）基本处在 0. 12 – 0. 16μg/m^3 之间，起伏不大，甚至近些年有降低的趋势，但远远的高于 PM10 二级标准，处于污染状态。二氧化硫（SO_2）基本上低于 SO_2 二级标准、二氧化氮（NO_2）在二级标准起伏。整体来看，事实上从 2003 年到 2011 年间，空气质量一直处于污染的状态，但并不是像民众想象的一直变差，在某些指标上还有变好的趋势。

无独有偶，中国地质大学的学者对突发性环境污染事件进行了研究。所谓的突发性环境污染事件，有别于一般的环境污染，它发生突然迅猛，瞬间污染物排放量大，且没有固定的排放途径，不易控制，对环境影响较大，且对生命与生产安全构成巨大威胁（Wiens et al, 1995）①。突发性环境污染事件能从时点上反映环境污染的情况。他们的研究发现：从全国的时间变化尺度来看，1995—2012 年的突发性环境污染事件的总体变化呈现先动态增长后逐渐下降的趋势(图 2)②。

图 3 中关于空气污染事件在 1995—2012 年间也是呈现起伏略有下降的趋势，这也反映北京地区空气质量变化与空气污染事件呈现一种正相关的关系。

从反映环境污染持续性的北京空气质量研究，到反映时点偶发性的中国突发性环境污染事件研究，都表明了近 20 年间环境污染未像民众想象的那么差。与此相反，却是近些年来环境群体性事件多发。环境群体性事件，泛指由于环境诉求引起的群体性冲突事件。也有学者称之为环境污染群体性突发事件。笔者根据媒体报道和一些学者的研究，将这些环境群体性事件按照时间顺序进行了梳理，如表 1 所示。

---

① Wiens J A, Parker K R. 1995. Analyzing the effects of acciden – tal environmental impacts: approaches and assumptions [J] . Ecological Applications, 5 (4): 1069 – 1083.

② 丁镭、黄亚林、刘云浪、刘超、程胜高：《1995—2012 年中国突发性环境污染事件时空演化特征及影响因素》，《地理科学进展》2015 年第 6 期。

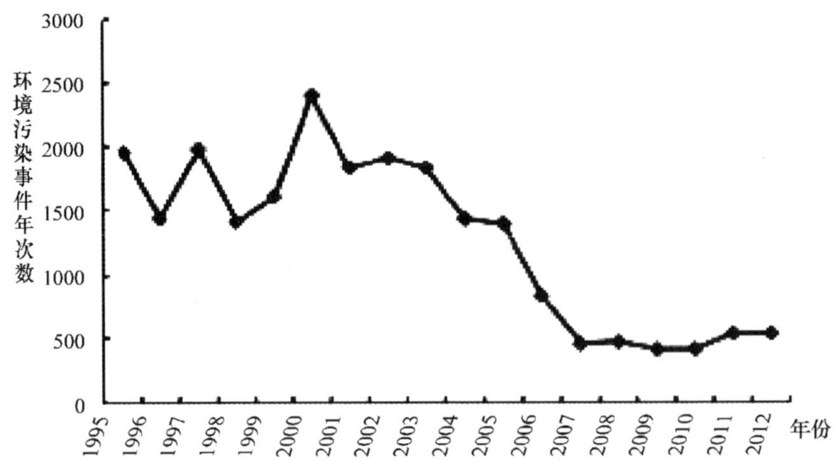

图 2　1995—2012 年中国突发性环境污染事件的年际总频次变化

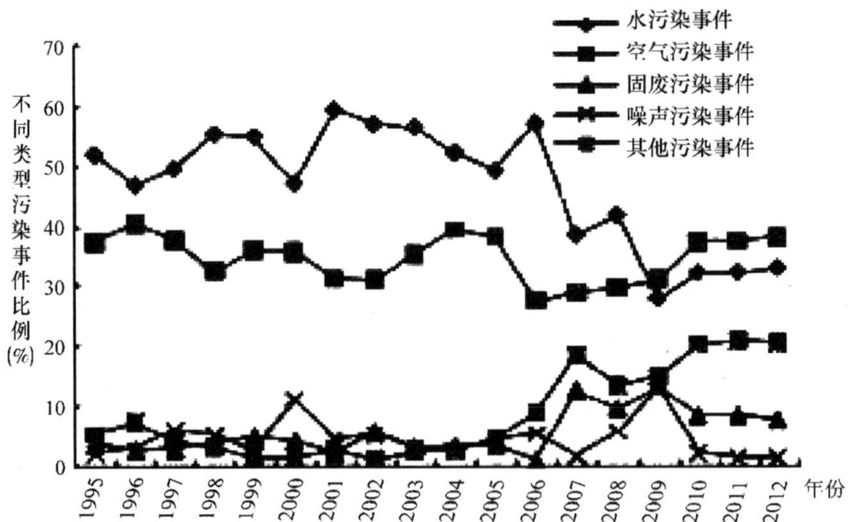

图 3　1995—2012 年中国突发性环境污染事件各类型比重的年际变化

表1　**环境群体性事件时序表**

时间	2007年6月	2009年8月	2009年11月	2011年8月	2011年9月	2011年12月	2012年4月	2012年7月初	2012年7月底	2013年4月
地点	福建厦门	陕西凤翔县	广东番禺	辽宁大连	浙江海宁	福建海门	天津	什邡	启东	河北沧县
事件	PX项目引发“集体散步”事件	儿童“血铅”事件	兴建垃圾焚烧厂引发群众抗议事件	PX项目引发群众抗议事件	丽晶能源公司污染环境引发群众抗议事件	华电项目污染引发群众堵路事件	PC项目污染引发群众集体散步事件	钼铜事件	排污事件	红色地下水事件

从表1可以看出具有全国影响力的环境群体性事件，大多发生在2007年之后：2007年（1次）；2009年（2次）；2011年（3次）；2012年（3次），呈现增多的趋势。为什么2007年前鲜有这种具有全国影响力的环境群体性事件，而全国性的突发性环境污染事件却处在下降的趋势。在客观现实既定的情况下，这背后毫无疑问隐含人为的因素。

三　中产阶级的壮大和借助新媒体发声

在社会分层的研究中，目前学术界对中产阶级的研究较多，一般社会学界关于中产阶级的共识是：中产阶级（或中产阶层）是社会稳定的基石；能否形成以中产阶级为主体的“橄榄形”社会结构，是一个国家或地区能否稳定发展的重要基础。清华大学李强教授对此做了较多的研究，其中他比较了第五次和第六次人口普查数据，发现中国社会结构发生了较大变化：从“倒丁字形社会结构”渐变为“土字形社会结构”，并指出中产阶级呈现扩大的趋势①。第五次人口

① 李强：《我国正在形成“土字型社会结构”》，《北京日报》2015年5月25日。

普查是2000年进行，第六次人口普查是2010年，根据李强教授的实证研究，在2000—2010年短短的十年间，中产阶级规模得到了扩大，并且能够使社会结构从“倒丁字形”渐变为“土字形”。也有学者持同样的观点，认为近些年不论采用哪种中产阶级的概念界定或分类标准，中产阶级在中国社会获得了稳定增长①。从时间上来看，中产阶级在2000—2010年期间逐渐壮大，而政府在2010年左右开始加强环境治理措施，这种切合并不是偶然的，虽然现在这种类型的调查还比较少，缺乏相关数据的支撑，但是我们可以尝试通过个案层面的深入剖析，来在学理上加以论证。

既然中产阶级作为社会结构的稳定器，中产阶级的政治参与便是一个重要的话题。目前这方面的研究呈现两种截然不同的观点，且都有实证研究支持。一方认为，中产阶级具有较强的政治参与动机②。另一方认为，中产阶级群体虽然不倾向于参与政治，但更倾向于参与非政治类公民活动③。综合两种观点，结合国外中产阶级普遍参与政治的情况，我们认为中产阶级是具有较强的政治参与意愿，但是长久以来中国的中产阶级不发达，政治上并没有提供给中产阶级发声的空间，当政治参与受阻时，中产阶级便会参与非政治类活动。但事实上政治类活动与非政治类活动的界限并不是那么明显，出资支持环保可算作是非政治活动，但是走出家门用行动支持环保就可算作是政治活动。无论怎样，随着中产阶级规模的扩大，它总是要维护自身利益并因此有所举动。

中产阶级对环境问题的关注是由其自身地位决定的。相对于其他阶级，中产阶级更加关注自身的身体健康，当空气污染等环境污染影响到他们的身体健康时，相比靠出卖劳动力，甚至牺牲健康去换取金钱的体力劳动者，他们的不满会更加强烈。而中产阶级又无法像少数上层阶级一样，可以通过投资移民等方式移居国外。正因为此，中产

---

① 李春玲：《中国中产阶级的增长及其现状》，《江苏社会科学》2008年第5期。

② 张翼：《当前中国中产阶层的政治态度》，《中国社会科学》2008年第2期。

③ 王新松、张秀兰：《中国中产阶层的公民参与——基于城市社区调查的实证研究》，《经济社会体制比较》2016年第1期。

阶级相较于其他阶级有着更强的民主意识和参与意识，他们对于生活条件和环境的改善更加迫切，而且更有行动力。

此外，很重要的一点是中产阶级普遍具有较高的文化，他们更了解环保知识，也更容易树立环保意识，而且他们喜欢扮演环保主义者，并且在阶层内部形成环保主义的氛围。所以一旦出现环境污染事件，他们就会借助“环保主义者”的专家身份引发支持与共鸣。比如用环保主义者、专家的身份，从科学技术、社会影响等角度对环保问题做出解释与质疑，以揭示当今环境问题的严峻性。中产阶级的专家作为权威标志，充当了舆论领袖的角色，通过曝光某些因地方利益而损害自然环境的做法，用号召性的语句唤起公众的环保意识。

值得注意的是，如果没有新媒体的出现，中产阶级在发挥自身影响力方面还要等上很多年。因为第一，在报纸、杂志等传统媒体中，中产阶级有一定的发言空间，但是这些媒体都要进行严格的内容审查，表达自身利益的发言空间不大。第二，中产阶级是一个新兴阶层，实际上他们还没来得及组织化，尤其是在全国层面，他们没有统一的阶级意识，还处在原子化的状态。第三，中产阶级虽然得到发展，但其相对于底层阶级，其规模仍然较小，他在环保方面的作用主要还是需要发挥底层群众的力量。

曼纽尔·卡斯特（Manuel Castells）在《信息时代三部曲》中颇有洞察力地指出，网络助燃对群体性事件具有推动作用。新媒体的出现为中产阶级发声提供了一个广阔平台，并由此诞生一批意见领袖和公共知识分子，这些人也属于中产阶级的一部分。卡斯特还强调社会认同的概念已经发生了变迁，从身份认同到认同社会，从归属识别到意义建构，从个体认同到群体认同和社会认同。因此，社会认同与社会运动和群体性事件之间存在着不可忽视的联系，在环境群体性事件中有较为明显的表现：中产阶级只是一个意见领袖的角色，参与者更多的是非中产阶级或底层阶级。

四　环境治理倒逼事件的分析

如果从载体或转播介质来看，新媒体可以分为两个阶段：第一个阶段是以微型计算机为介质，也就是我们常说的电脑，其中包括台式机和笔记本。在这个阶段，主要是 BBS 论坛、个人博客、社交网络（如之前的校内网）等。第二个阶段以手机为介质，随着移动互联网的兴起，手机的角色越来越重要，这一阶段主要是微博、微信等社交媒体平台。这两个阶段也可以以 2010 年为一个分界点，因为虽然微博2009 年开始上线，但到2010 年后才得到爆发式增长，据统计2011 年上半年，我国微博用户数量从 6331 万增至 1. 95 亿，半年增幅高达 208. 9% 。而腾讯公司也是在 2011 年 1 月 21 日推出微信。不难发现，利用新媒体引发的环境治理倒逼事件很多，而且事件各有其特殊性，这里仅按照新媒体的两个阶段分别选取个案进行分析。

由于 2010 年之前的案例较少，这里仍然以厦门 PX 项目为例。事实上，对 PX 项目，大多数民众都不是很明白其具体内容，事件的起源便来自于厦门大学的一位教授，以科学家的社会责任告诉民众什么是 PX 项目，并联合其他学者在全国政协会议上提出提案，要求 PX 项目迁址，因为这个项目半径 5 公里内有十多万人口。5 月初，在厦门著名的网络社区小鱼社区、厦门大学的公共 BBS 上，出现了很多有关 PX 项目的帖子，论坛发表的帖子数次出现“保卫厦门”“还我蓝天”这样的字眼，跟帖也相当多，厦门市民为此还建立了“还我厦门的碧水蓝天”的 QQ 群；专栏作家连岳锲而不舍地在其博客上痛陈该项目对厦门的影响及危害，唤醒公众注意。与此同时，一则提醒厦门市民关注 PX 项目建设的手机短信，在厦门手机用户间广为流传。6 月 1 日，厦门市民以“散步”的形式，集体在厦门市政府门前表达反对意见。网易、腾讯等知名网站在显著位置转载了厦门人反对 PX 项目的新闻，传统媒体纷纷跟进报道。随着舆论压力的不断增强，厦门市政府被迫宣布缓建该项目，并组织专家对厦门市全区域进行规划环评。12 月 8 日，厦门市在网站上开通了“环评报告网络公众参与活动”的投票平台，有超过九成的人反对PX项目的建设。12月13日至14日，厦门市政府召开了有106名市民代表参加的座谈会，85%以上的代表反对PX项目继续兴建。12月16日，福建省政府针对厦门PX项目问题召开专项会议，会议决定迁建PX项目，将其迁至漳州的古雷半岛①。

现在关于厦门PX项目事件的研究中，已经较多地关注到新媒体在其中发挥的作用，如在普及PX知识和唤醒民众环保意识方面，网络社区、个人博客发挥了巨大的作用。这里应该指出的是，谁在背后推动“散步”这一进程，从社会分层的视角看，中产阶级在这里发挥了巨大作用。高级知识分子作为中产阶级中的一部分，如厦大的教授群体，他们掌握了专业知识，并且具有社会影响力，他们的提案以及科普讲座为后面的行动奠定了专业基础。专栏作家连岳作为媒体人士，也属于中产阶级，他的观点在严格的内容审查下难以在传统媒体上发表，于是他利用个人博客呼吁人们关注PX项目带来的危害，而且他作为媒体从业人员，掌握较好的宣传方式，为此事件起到了推波助澜的作用。

第二阶段，也就是2010年之后，环境群体性事件增多，如2011年8月辽宁大连PX项目引发群众抗议事件；2011年9月浙江海宁丽晶能源公司污染环境引发群众抗议事件；2011年12月福建海门华电项目污染引发群众堵路事件；2012年4月天津PC项目污染引发群众“集体散步”事件，然后是2012年7月初的什邡事件和7月底的启东事件，背后都有知识分子和新媒体的影子。这里要探讨一个不是在现实中的群体性事件，却在网络上引起了轩然大波。2013年2月16日，一位叫金某的杭州某企业负责人发微博说：自己愿意出20万元请浙江瑞安的环保局长在河里游泳20分钟。原因是，今年春节他回老家瑞安，发现家门口原本清澈的河道，如今污染严重。随即，“请环保局长下河游泳”成为微博最火热的效仿活动，百度进行以“请

① 冯敏：《从厦门PX项目看非传统媒体对公共决策的影响》，《青年科学》2009年第4期。

环保局长下河游泳”的搜索，相关网页达到 13 万之多。而在当年 3 月 17 日，全国人大新一届人大环资委人员组成名单获 850 张反对票，引来现场一片惊叹，反映民众对上一届环资委工作成效的评判。舆论的压力产生了效果，2014 年 2 月 10 日，新闻又出了后续报道[①]，温商金某表示要奖治水功臣，报道照片中治理过的河流和之前的完全是两条河流。

图 4　治理前

① 甘凌峰：《去年请环保局长下河游泳　今年温商金增敏要奖治水功臣》，2014 年 2 月，浙江新闻（http：//zjnews. zjol. com. cn/system/2014/02/10/019848825. shtml）。

图5　治理后

“请环保局长下河游泳”事件之所以发酵，引起舆论关注，并给环保部门以较大的压力，促使他们采取更严格的环境污染治理措施。一方面是因为这些有着较强环保观念的中产阶级，他们甚至愿意拿出足够数量的金钱去支持环保。另一方面是第二代新媒体——微博的作用，微博用户数量的急剧增加和微博手机客户端的使用，极大地方便环保新闻事件的产生。例如“随手拍污染”行动，带给环保部门很大的压力。现在这个已经制作出手机客户端（APP），更方便使用，也更方便民众进行监督。

五　小结与思考

中国目前由中产阶级发动的全民参与环保行动，事实上是“全球绿色运动”的一部分。绿色运动在西方的起源，中产阶级也是发挥了巨大作用。在西方橄榄形的社会结构中，中产阶级占总人口的大多数，并引导了社会主流。在环境污染加重，出现生态危机的时代，由于这个阶层强调生活条件比经济增长更重要、公民自由比秩序更重要、参与决策比受制于人更重要、直接民主比间接民主更重要。因此，在基本生活有保障的前提下，他们比产业工人更关心环境质量问题。换句话说，经济下降对这个阶层造成的影响远小于对产业工人阶层的影响。因此，中产阶级更关心诸如绿色、和平和持续发展等全球性问题。所以，这个阶层成了“绿色运动”的主流结构。

绿色运动在初期实质上是一种自下而上的社会运动，民众通过游行、示威等方式，迫使政府或政府间组织出台相关的法律法规来治理环境污染。但随着绿色运动的开展，也由于中产阶级政治参与的需要。绿色运动不仅成为西方世界生态保护的重要力量，而且成了西方世界政治舞台上一支十分活跃和有着重要影响的政治力量。以前联邦德国为例，绿党在前联邦德国取得全国性胜利的主要标志，是在1983 年 3 月的普选中获得了 5.5% 的选票，从而进入了联邦议会①。近些年，以环境保护为宗旨的绿党在西方政治舞台上的角色越来越重要。绿色运动也越来越政治化，谋求在合理的政治框架下发挥自身力量来推动环境保护。

目前的中国，政府如何应对民众环境保护的诉求成为一个问题。从中国的历史来看，执政者喜欢用运动来应对运动，所以中国历史上总是运动此起彼伏。在环境治理领域，是否要采用自上而下的运动式环境治理，来回应民众尤其是中产阶级对环境治理的诉求是值得思考

① S. Parkin：Greenparties：aninternationalguide. HeretieBooksLtd，1959，London.

的问题。在某些方面运动治理带来一定的效果，的确值得环境治理进行效仿。但是从长远来看，需要环境保护的常态化运转，宏观上制定和完善与环保有关的法律法规，将生态环境作为政府决策的重要考量。

第四篇　环境治理领域的社会创新：环境类社会企业及其生成路径[①]

一　引言

生态环境是人类生存的物质条件，也是经济社会运行的基础。改革开放以来，伴随着经济社会的快速发展，水资源、土地资源、能源等日趋紧缺，空气、水体、土壤以及工业和生活等污染问题亦不断加剧，生态环境愈益脆弱。实现各类主体和要素的充分参与、有机衔接和协同运作，达成政府、市场和公民社会的合作治理，是当前我国环境和生态治理的一项重要课题。作为近年来快速兴起的一类组织形式及社会创新机制，社会企业具有沟通政府、市场与公民社会的独特优势，在国外环境治理实践中扮演着独特角色，是一类崭新的政策工具和治理机制。有鉴于此，本书对环境类社会企业的基本类型及其生成路径进行了初步探讨，意在为我国环境治理领域的社会创新实践提供一定的启发和参考。

二　社会创新意涵

在经济学意义上，创新概念是由熊彼特（Joseph Schumpeter）在20世纪30年代提出的。他认为，创新是由于生产要素和生产条件的

---

① 作者：徐君，首都经济贸易大学城市经济与管理学院教授。

"新组合"引入生产体系而带来超额利润的活动和过程，包括引进新产品、新技术、新市场、新的资源配置、新的组织或制度。"企业家"的职能就是实现"创新"，引进"新组合"。杰夫·摩根（Jeff Morgan）则认为创新是可以实践的新想法。这使得创新区别于"提高"——单纯的增长性变化，也区别于"创造力"和"发明"——这是创新的重要部分，但其忽略了执行过程中的努力和让想法产生作用的模式扩散。[①] 何增科综合熊彼特和杰夫·摩根等人关于创新的定义，对创新作如下界定：创新是将新思想付诸实施的创造性活动，同时也是创造新事物、取代旧事物的过程；创新既是一种过程，又是一种结果。作为一种过程，它包括新思想的提出、实施、传播或扩散等内容；作为一种结果，它又具体表现为新产品、新服务、新组织、新解决方案等。

作为一个明确的概念，"社会创新"相对比较新，系由管理学大师皮特·德鲁克（Peter Drucker）在20世纪80年代率先提出。他侧重从企业组织和管理的社会功能方面来界定社会创新，突出管理作为创新手段在满足和创造社会需求方面的重要作用，把企业的创新和创业拓展到社会领域，并且认为社会创新正在从政府部门转向社会，而且日益成为企业管理者的重要任务。[②] 这一概念从提出到现在已经有三十余年时间，但人们对其内涵和外延的理解还在发生一些变化。国际学术界有两个关于社会创新的定义具有较为广泛的影响。一个是杰夫·摩根的定义，认为社会创新是指为了满足社会需求而进行的，且大多将会在一些社会机构进行模式扩散的创造性行动和服务；而商业创新则主要为更大利润所驱动，并且多在以利润最大化为目标的机构中扩散。当然，也有很多介于两者之间的情况，如远程学习首先在社会机构中产生而后成为一种商业模式；再如营利性组织发明新方式帮

① 杰夫·摩根：《社会硅谷：社会创新的发生和发展》，《经济社会体制比较》2006年第5期。

② 纪光欣、岳琳琳：《外国经济与管理》第34卷第9期。

助残疾人进入工作领域等。这些实例提供了一个很好的研究起点。[①]另一个是美国斯坦福大学社会创新研究中心菲尔斯（James A. Phills）等人的定义，即社会创新是对某个社会问题的新颖的解决办法，这个解决办法比现有的办法更有效、效益更高、更可持续或更加公正，同时它所创造的价值为整个社会带来利益而非仅仅对某些个人有利。社会创新的活动领域主要是社会领域，如教育、医疗、养老、扶贫、助残、环保等。[②]

归纳上述观点可以看出，所谓“社会创新”乃是一定社会主体以解决社会问题（包括环境问题）为导向，具备公益目的和富有成效的创造性实践活动；它虽然主要在社会领域活动，但其肇始和发生则不限于社会领域，商业活动或政府管理活动过程中也可以催生社会创新实践。

三　环境治理领域社会创新与社会企业

市场失灵导致的环境退化已经日益严重地困扰着人类的日常生活，环境治理和生态保护也因此成为社会创新的一重要领域。学者托马斯（Thomas J. Dean）和杰弗瑞（Jeffery S. McMullen）认为，市场失灵所带来的系列环境问题可以为创新和创业带来机会（表1）。环境领域的社会创新者可以来自政府、企业和社会组织，他们基于市场失灵所引发的环境退化问题，评估和探索环境治理的新模式和新方法，以达成环境、经济和社会目标的过程。环境领域的社会创新包括，通过产权制度创设排他性条件（如通过产权制度设计去规范蒙大拿的白鲟捕捞和销售），通过经济制度的建立降低交易成本（如芝加哥气候交易的建立），打破原有企业的市场垄断地位而鼓励新能源领域的创业（如美国能源部《公用事业管制政策法1978》要求公用事业从小的电力生产商那里购买电力），通过政治过程去改变政府补

① 杰夫·摩根：《社会硅谷：社会创新的发生和发展》，《经济社会体制比较》2006年第5期。

② 何增科：《社会创新的十大理论问题》，《马克思主义与现实》2010年第5期。

贴和其他激励的性质（如欧洲的石油税），通过发明更好的环保产品或找到对环保产品感兴趣的顾客，通过提高顾客关于产品的环保质量的信息（如LEED绿色建筑认证项目），如此等等。这其中，环境类社会企业乃是一种地位重要而功能独特的环境治理的社会创新形式。

表1　　市场失灵—环境退化—环境创业的机会

市场失灵的类型	市场壁垒	对环境退化的影响	环境治理创业机会	创业类别
公共物品	资源的非排他性	公地悲剧（如国际渔业枯竭）	通过产权制度创设排他性条件（如通过产权制度设计去规范蒙大拿的白鲟捕捞和销售）	科斯的产权创业
外部性	过高的交易成本	缺乏环境资源的市场交换（如污染物的毒性影响）	通过经济制度的建立，降低交易成本（如芝加哥气候交易）	制度创业
垄断控制	市场控制 A. 法定垄断（政府对竞争的限制） B. 与规模效益相关的垄断	两面性影响：1. 积极方面：减少了污染密集型产业的产出；2. 消极方面：懈怠于有利环境的产品和技术的开发。（如电力公司）	打破原有企业的市场垄断地位 （如美国能源部《公用事业管制政策法1978》要求公用事业从小的电力生产商那里购买电力，鼓励新能源领域的创业）	市场占领创业
不恰当的政府干预	公共政策：补贴和其他的结构性激励	对污染密集型企业的不恰当激励（如对石油抽取或炼制企业的补贴）	通过政治过程去改变政府补贴和其他激励的性质 （如欧洲的石油税）	政治创业

续表

市场失灵的类型	市场壁垒	对环境退化的影响	环境治理创业机会	创业类别
不完善的信息	信息的不对称 A. 生产者关于供给需求的信息不完善 B. 生产者和消费者关于产品属性信息的不对称	A. 没有发现有利于环境的更好的产品或不知道环保产品的市场在哪里 B. 消费者对环境影响信息的缺乏阻止了他们表达偏好	A. 发明更好的环保产品或找到对环保产品感兴趣的顾客 B. 提高顾客关于产品的环保质量的信息 （如 LEED 绿色建筑认证项目）	信息创业 A. 生产者导向的信息创业 B. 消费者导向的信息创业

资料来源：Thomas J. Dean and Jerry S. McMullen（2007）①

本书是从比较宽泛的角度来理解社会企业的，把在环境治理和生态可持续发展领域中，结合市场机制和公民社会机制，通过创新的方式来实现环境、经济和社会三重目标有机平衡的组织，均称之为环境类社会企业（environmentally – motivatedsocial enterprises）。环境类社会企业采取多种措施去保护资源、生态系统和生物多样性以及环境的生命支持和经济功能；环境类社会企业的经济价值在于通过提供环境相关行业的产品和服务（如废物处理和低碳技术或服务），实现货币收入和劳动力就业及地方和地区的生产和消费体系的增长；环境类社会企业的发展还有助于社会维度的可持续发展，包括关系和文化网络的加强，使一些个体、地方和有共同利益的社区能够凝聚在一起；社会企业也能够激发多元形式的社会价值的创造，如个体和社区通过自我价值的实现和成就的取得而变得强大，同时获取更多直接的经济效益。②

① T. J. Dean & J. S. McMullen（2007）. "Toward a theory of sustainable entrepreneurship: Reducing environmental degradation through entrepreneurial action." *Journal of Business Venturing* 22, 50 – 76.

② Bessant, J. & Tidd, J.（2007）*Innovation and Entrepreneurship*, John Wiley, Chichester.

学者贝赞特（Bessant）和蒂德（Tidd）从创新性的视角总结了社会企业对环境治理的贡献：一是绿色（或清洁）产品（greenor cleanerproducts）的研究和开发；二是有效的治理流程（more efficient processes）：垃圾产生的最小化及治理和再利用；三是可替代技术（alternative technologies）的研发和应用，以减少温室气体排放和其他污染，提供可再生能源；四是系统性创新（systems innovation），包括涉及更根本性的社会技术系统的改变及消费模式的变化。①

四　环境类社会企业的生成路径

按照组织动机驱动的“环境使命——组织利润”光谱，图1左右两端分别为传统的非营利组织（Ⅰ）和传统的纯营利企业（Ⅵ），中间混合型组织包括：参与商业创收活动的环境类非营利组织（Ⅱ）、主要依靠商业收入从事环境治理的非营利性组织（Ⅲ）、把解决环境问题作为组织主要目标的企业（Ⅳ）、积极履行环境等社会责任的企业（Ⅴ）。在这里，所谓的混合是指环保使命和营利使命的结合，社会影响力指标和经济指标的平衡，其法人身份可能是传统的非营利组织、营利组织，也可能是一些新型的社会组织，如社区利益公司、合作社、员工所有企业、社会目的公司、共益公司等。环境类社会企业即存在于这些混合型组织之中。

概括起来，环境类社会企业的生成路径主要有三个：

1. 环境NGO的商业化运营：Ⅱ型和Ⅲ型社会企业的形成

参与商业创收活动的环保非营利组织（Ⅱ）在其运转过程中，借鉴一些商业化的方式赚取相对于组织的总体预算和募捐收入而较为少量的利润，赚取利润的活动并不作为一项单独的业务，而是被结合在组织的其他活动中；主要依靠商业收入从事环境治理的非营利性组织（Ⅲ）则是运用创业、创新和市场的方法去创造环境价值和变革，

① Bessant, J. & Tidd, J. (2007) *Innovation and Entrepreneurship*, John Wiley, Chichester.

而所谓市场的方法即是指运用商业的工具，像营利性企业那样去创业、创新，做市场分析、制订战略计划、有纪律和决断力，组织发展的驱动力是解决环境问题，其产权归社会所有，不能对成员进行利润分配。Ⅲ型社会企业可以有不同的营利模式，一是在组织内部设立一个专门的商业运营部门，由商业运作经验丰富的员工进行管理，并成为组织发展和财务收入的支撑；二是干脆设立一个独立的营利企业作为其附属机构，开展与其使命相关或不相关的商业活动，所得利润用来支持母机构的环境治理和生态保护使命，减少母机构对于捐赠的依赖，弥补母机构的项目成本。

混合型组织（环境类社会企业）

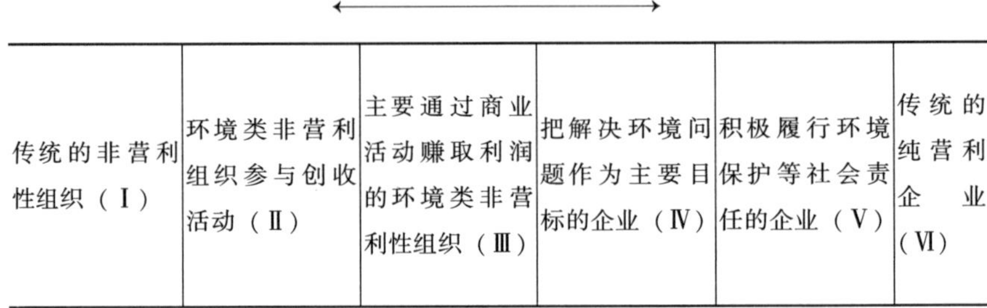

环境使命驱动·　　·利润驱动

利益相关者问责·　　·股东问责

收入再投资于社会项目或运营成本·　　·利润分配给股东

图1　组织动机驱动的“环境使命——组织利润”光谱①

2. 环境治理的商业创业：Ⅳ型社会企业的产生

市场失灵导致环境退化的同时，也为创业家的创业带来了市场机会。由于环境的公共产品性质，各国政府不断制定完善相关的法律法规，调整产业结构，发展有利于保护环境、可持续发展、社会影响力显著的产业。从20世纪70年代以来，包括固体废弃物处理与治理、

① 改编自 Kim Alter（2007）．“Sustainability Equilibrium” *Social EnterpriseTypology*, 17. http：//www. 4lenses. org/setypology/print2016 －3 －1。

大气污染治理、供水与污水处理、土地管理与资源保护、环境健康与安全、绿色产品与服务、能源选择和能源保护等相关产业发展起来，并在社会及经济效益上得到充分体现，这就是环保产业。据统计，全球环保产业的市场规模已从 1992 年的 2500 亿美元增至 2013 年的 6000 亿美元，年均增长率 8%，远远超过全球经济增长率，成为各个国家十分重视的“朝阳产业”。[①] 在环保产业大军中，出现了一批以解决环境问题为首要目标的企业（Ⅳ）。这类企业虽然属于营利性企业，但却常常把环境和社会目标写在公司的使命陈述里，在为其股东谋取利润的同时，也肩负着环境治理的使命。当股东利润和环境公益间产生冲突的时候，这类企业倾向于放弃利润，或者说更愿意持续地为环境和其他公益做出贡献。

3. 商业企业履行环境责任：积极履行环境保护等社会责任的企业（Ⅴ）

积极履行环境保护等社会责任的企业（Ⅴ）主要是受利润驱动去从事环境治理等慈善活动，战略性慈善能帮助公司获得最大化的利润并占领更多的市场。营利性企业从事环境治理等活动，如购买研发环保产品、购买碳排放抵消项目、使用可再生能源、社区环保参与、支持员工做环保志愿者等，并以此改善公司公共形象，让员工满意，提高销售量和顾客忠诚度。例如，通用电气公司（GE）推出的全球“绿色创想”计划，通过增加对节能环保产品及服务的研发投入，降低企业自身的能源使用和温室气体排放，提升了企业在创新与执行方面的声誉；同时，新的节能环保产品及服务在投入市场后又为企业带来了巨大的回报，使企业在社会责任与商业利益的平衡中，既有效地满足了社会需求，又寻找到新的利润增长点。

① 百度百科．http：//baike.baidu.com/link? url = 4aacNjjCc – gYEN5brbwClfJCRfsg9E0c16Z1itJHH1lOz5v4guRMefnBJhoCNrtDz1T2URwY33cNjQN – VSup1a，2016 – 1 – 1。

第五篇　2015：社会组织参与环境公益诉讼[①]

经过十年的艰难探索和推动，2012 年修订的《民事诉讼法》、2014 年修订的《环境保护法》及 2015 年发布的《最高人民法院关于审理环境民事公益诉讼案件适用法律若干问题的解释》等先后对环境公益诉讼制度做了较为详细的规定。基于上述法律规定，2015 年，社会组织以原告、支持起诉方或者资金支持方等角色参与到环境公益诉讼实践中来。

一　2015 年社会组织开展环境公益诉讼整体情况

（一）环境公益诉讼原告及个案立案、结案情况

自然之友联合多家机构正在编写《环境公益诉讼观察 2015》，根据该报告编写组统计，2015 年一年 9 家社会组织提起或加入成为共同原告参与了 37 起个案[②]，其中有 6 起在 2015 年审结。

---

① 作者：葛枫，自然之友法律与政策倡导总监。

② 此为编写组通过直接与社会组织联系索要案件信息、公开媒体报道搜集等渠道获得的资料统计所得的数据，为不完全统计。

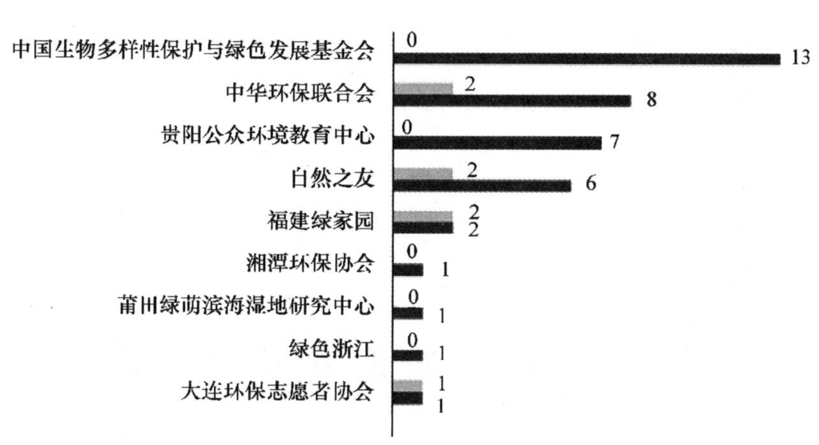

图1　2015年社会组织为原告的环境公益诉讼立案及结案情况①

（二）个案地域分布

据该报告编写组统计，2015年，全国有江苏、贵州、山东、福建、浙江、宁夏、辽宁、湖南、河南、海南、天津、北京、安徽和四川十四个省（自治区、直辖市）的法院受理了社会组织提起的环境公益诉讼。

从统计情况来看，江苏、贵州、山东和福建在立案数量上分别是11起、8起、4起、4起。浙江、宁夏、辽宁、湖南、河南、海南、天津、北京、安徽和四川也实现零的突破，分别有一起环境民事公益诉讼案件被立案受理。综合分析来看，该区域是否有专门的环境司法机构设置、当地政府及司法系统是否对环境司法和社会组织提起公益诉讼持积极开放的态度，是环境公益诉讼制度在当地能否得以有效实施的关键因素。

① 37起个案中3起案件是由两家社会组织作为共同原告，其中，在2015年立案并结案的6起案件中，福建南平采矿毁林生态破坏案是由自然之友和福建绿家园作为共同原告。

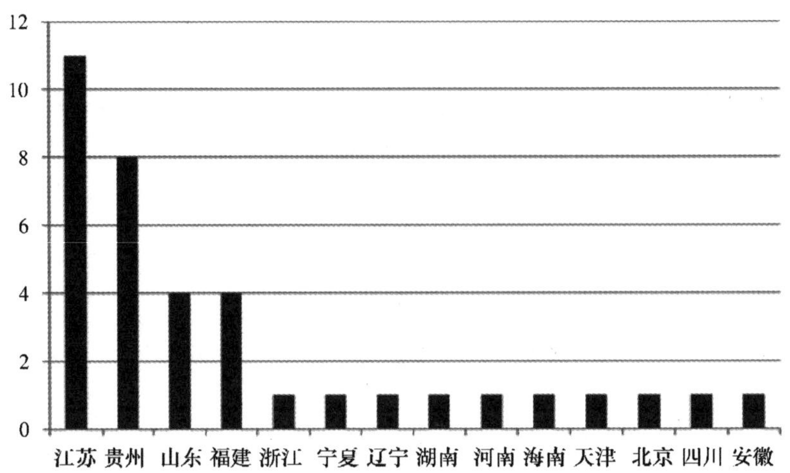

图2 个案地域分布

（三）个案涉及的类型

据报告编写组统计，2015 年法院受理的社会组织为原告的环境公益诉讼个案涉及环境污染（32 起个案，占统计总数的 87%）和生态破坏（5 起个案，占统计总数的 13%）两大类型①，环境污染类案件包括水污染（17 起，占统计总数的 46%），大气污染（3 起，占统计总数的 8%），水、大气混合类污染（5 起，占统计总数的 14%），危险废物非法处置（3 起，占统计总数的 8%）以及海洋污染（1 起，占统计总数的 3%）② 等。可以看出，水污染类的环境公益诉讼占比接近一半。

① 一些污染环境的行为同时也可能是破坏生态的行为。比如在自然之友为原告的北京第一例环境公益诉讼案中，被告向湿地填埋建筑垃圾，既是污染环境的行为，也是破坏生态的行为，但该案中的生态破坏特征更加明显，因此将其归入生态破坏类。

② 这里只是根据实际发生案件的特点进行的简单归类，并没有按照统一的标准来划分。

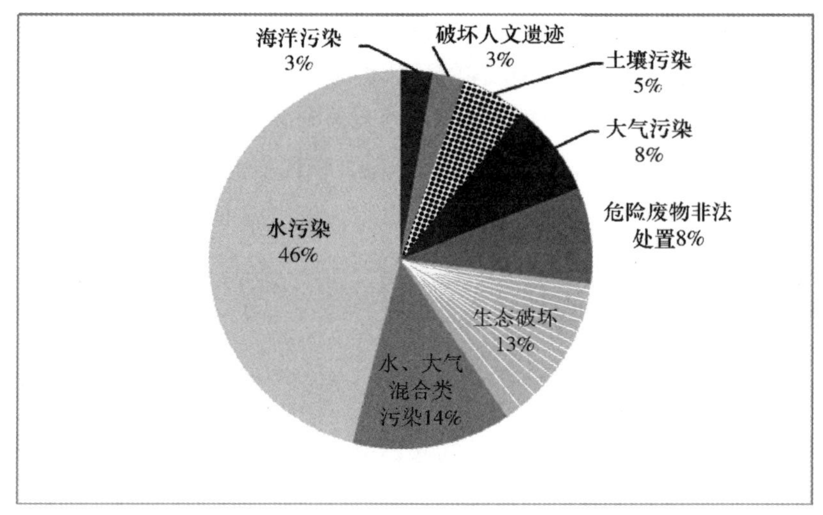

图3　个案类型分布

二　社会组织在环境公益诉讼中的作用

（一）谁在为社会公益代言？

据报道，全国大概有700余个社会组织具备法律和相关解释规定的起诉资格。① 然而，2015年仅有9家社会组织为了维护社会公共利益，成为环境公益诉讼的原告。

自然之友从2014年6月开始搭建环境公益诉讼支持网络，对全国具有环境公益诉讼起诉资格的民间环保组织进行调研，据自然之友不完全统计，目前在各地从事环境保护相关公益活动的民间环保组织中约有三十余家符合环境公益诉讼起诉资格，而其中有意愿提起环境公益诉讼的组织就更少，福建绿家园、大连环保志愿者协会、湘潭环保协会、莆田绿萌滨海湿地研究中心、绿色浙江等是这里面首批勇于实践的环保组织。其中，福建绿家园从2014年12月受自然之友之邀作为福建南平采矿毁林生态破坏案的共同原告开始，到2015年5月

① “最高法：700余家社会组织可提环境公益诉讼”，2015－01－07，来源：《新京报》，作者：邢世伟、金煜。http：//www. bjnews. com. cn/feature/2015/01/07/348915. html。

单独作为原告提起福建长汀县畜禽养殖造成的水污染公益诉讼案件，通过个案实践不仅锻炼了机构的法律倡导能力，法律团队也从无到有组建起来。大连环保志愿者协会通过调查问卷的方式征得大连市民的同意，就大连2010年的“7·16”漏油事件提起了公益诉讼。作为一家专注于红树林保护的民间环保组织，莆田绿萌滨海湿地研究中心为保护国家级红树林自然保护区，第一次运用法律诉讼的手段保护具有丰富生物多样性的红树林生态系统。

（二）支持起诉人制度

目前法律对环境公益诉讼的起诉资格限定得还很严格，大部分社会组织还不符合法律规定的提起公益诉讼的条件，但可以以多种方式支持原告提起公益诉讼，可以以支持起诉人①的身份参与到环境公益诉讼的实践中来。中国政法大学环境资源法研究和服务中心（CLAPV）作为数起自然之友等为原告的环境公益诉讼个案的支持起诉单位，通过为原告提供代理律师、提供法律意见等形式支持原告提起环境公益诉讼。一些当地的社会组织也以支持起诉的方式在环境公益诉讼实践中发挥重要作用。如安徽绿满江淮作为绿发会诉常州永泰丰化工有限公司等环境污染公益诉讼案的支持起诉单位，在前期调查取证、提供代理律师等方面给予了有力支持。

（三）社会组织作为资金支持方

诉讼成本高是社会组织在环境公益诉讼实践中遇到的现实困境。一些基金会成立了专项基金，支持社会组织开展环境公益诉讼。例如，北京自然之友公益基金会在阿里巴巴公益基金会的支持下，于

---

① 《民事诉讼法》第十五条规定：机关、社会团体、企业事业单位对损害国家、集体或者个人民事权益的行为，可以支持受损害的单位或者个人向人民法院起诉。《最高人民法院关于审理环境民事公益诉讼案件适用法律若干问题的解释》第十一条规定：检察机关、负有环境保护监督管理职责的部门及其他机关、社会组织、企业事业单位依据《民事诉讼法》第十五条的规定，可以通过提供法律咨询、提交书面意见、协助调查取证等方式支持社会组织依法提起环境民事公益诉讼。

2015 年 1 月设立了环境公益诉讼支持基金，该专项基金在 2015 年一年共支持了 10 起个案。

三　结语

2015 年被称为环境公益诉讼元年，这一年社会组织提起的多数环境公益诉讼个案依法顺利立案，但是仍有些案件历经波折方立案，有些案件至今尚未进入司法程序；环境公益诉讼的个案数量相较新环保法之前大幅上升，但是相较我国严重的环境现状，这个数量还太少；担当原告的社会组织仍是个位数，社会组织与检察机关在公益诉讼中的角色分工尚需进一步厘清；《环境保护法》与《海洋环境保护法》等老法衔接的问题亟须解决；生态环境修复和损害赔偿费用的使用管理及监督机制需要在实践中不断摸索创新；一些省市地区尚没有环境公益诉讼个案立案。上述问题的解决，需要一步步在实践中摸索经验、鼓励创新，不断完善相关制度，更需要与其他环境制度协同共同推动环境法治的实现。

专题九　社区治理

曾几何时，我们生活在一个大院内，虽然生活条件简单朴素，但是邻里之间互相帮助，亲密无间。

改革开放的经济大发展让我们的物质环境不断优化，人和人之间却逐渐疏远。商品房制度打破了原有的中国社区氛围：隔阂，冷漠，提防，不信任，伤害，事不关己高高挂起，没有契约精神，过度维权，破窗效应，劣币驱逐良币……各种问题随处可见。

我们的社区，该往哪里去？

本期社区治理专题邀请了一批中国社区实务工作者、高校社区研究学者分享他们的实践经验和理论思考：从居民参与到志愿者服务，从社区动员到三社联动，从社区确权到协商民主。

我们希望这些社区治理模式探索和经验分享能够给我们更多的启迪和反思，促进社区中居民间的相信、参与、承担、互助，鼓励我们每个人从家庭中走向社区，承担更多的社会责任。

第一篇　你好社区案例

——一家地产基金会的社区实验[①]

“你好社区”是由正荣公益基金会发起的社区营造公益项目，公共空间项目针对城市普通社区的邻里关系和自然缺失等问题，聚焦城市普通社区，以城市楼盘里的社区空间为载体，如社区书院、社区认知园为载体，引进多种公益资源，为业主提供多元化的公益服务；同时发动业主共同参与社区营造，提升归属感和社区凝聚力，促进社区邻里关系，实现健康、互助、幸福的城市社区新生活。项目包括社区公共空间项目、典型项目资助、社区营造研究三个方向。

一　项目缘起

正荣公益基金会由正荣集团捐资，于 2013 年 3 月成立，是一家以支持公益创新为使命，关注民间公益支持和城市社区营造两大领域的非公募基金会。

2010 年开始，基金会的前身正荣 CSR 便发起支持了包括“桥畔计划”“爱故乡计划”、正荣微公益等项目，几年的时间累计，我们支持了近 200 家的社会组织，这些组织的规模不同，组织的使命不同，可是这些合作伙伴都是基金会宝贵的财富和积累。在项目中我们发现，任何领域性质的项目，最终还是需要有一个落脚到某个群体或者特定空间，这就涉及社区这个概念。同时，在一次次的项目合作

① 作者：周华秋，福建省正荣公益基金会项目专员。

中，我们也逐步取得了主要捐赠方正荣集团的信任（正荣集团是一家地产公司，在19个城市，有大概50多个楼盘）。2014年12月开始，我们决心开始试水城市社区，当我们涉足城市社区的时候，我们也希望可以和资方正荣的社区发生一些互动。

二　从公共空间开始

作为一家基金会，正荣内部知道集团有基金会，却很少人真正了解基金会是如何运作的，也很少人真的懂得公益的逻辑，如何让集团把社区开放给我们？之前和正荣集团的关系处理，更多是从资金方这个角度，如何转变为合作方这个角度？我们必须进行产品的设计，让我们的合作方可以理解和支持我们。同时产品研发部门也主动找到我们一起讨论，最后，我们共同找到了一个视角——公共空间。一方面，我们在支持和资助的案例中、台湾香港的游学中，不断被伙伴告知“社区公共空间特别重要”；另一方面，地产有一些闲置的空间，也有对社区空间进行规划的能力，同时还有运营的资金。地产有需要对社区公共空间进行演绎和解答的需求，不管是地产内很流行的泛会所的概念还是对社区建设和运营的思考都是我们可以合作的基础。

三　让营造可以前置

“你好社区”的项目思路是，在地产商把地块拍下来之后，进行楼盘规划的时候，就将社区的公共空间规划和设计进去，同时把硬件的建设费用和3—5年的软件支持费用预留到公益部门；在楼盘营销阶段就把社区公共空间的两个具体的表达形式——社区书院和社区农园像样板房一样建设出来，在这个过程中不断和客户发生一些互动，这个过程更多以品牌合作为主；在交房阶段，根据入住率的不同开展不同的社区项目，引进不同的社区资源进入社区，并且和社区物业进行互动。目前我们在苏州、长沙、福州等地都有在这个思路之下的项目合作。

通过前置和引导，社区居民能够理解社区书院和社区农园的建设和运营思路，之后开展社区的活动和项目变得至少不会抵触。同时与物业和客服这一条线有了更多的互动（注意：它们的体系比我们更加成熟），彼此借力。

四　我们的社区产品（社区书院+社区农园）

在项目合作过程中，我们必须基于一个具体产品进行合作，而不是只阐述为社区公益或者社区公共空间合作，根据地产的特性以及对基金会对一些社区问题的关注，我们把公共空间的产品定位为——社区书院+社区认知园的模式。一方面我们对于土地（我们最早把CSA带到福州，目前还支持一个多元的农场）和社区教育（最早支持教育类项目，每年都接收到很多和阅读相关的申请）都有自己独特的感情；另一方面，产品有比较鲜明的标签化的体系建立更加有助于品牌推广与合作。这也有助于我们更好被地产项目理解。

标签一：社区农园

社区农园是“你好社区”营造的社区公共空间，定位为科普体验型社区农场。农园分为种植空间与活动空间两个部分，遵循“自然、健康、可持续”的理念，集农业种植展示、自然生态教育、社区特色活动于一体，通过开展农耕体验、种植互助、自然教育等活动，凝聚邻里生活互动圈，形成社区归属感。农园还设置了一米农田，让居民在社区轻松实现当“农场主”的梦想。

有别于一般的城市社区绿地，农园不仅是一道景观，在融入农业元素后，人们通过参与可以变得更加尊重劳动，珍惜粮食，人和人之间的关系通过劳动协作也会变得更加融洽。农园还创造了亲子和自然教育的空间，让儿童充分接触自然，从认识蔬菜、昆虫中培养观察能力，从浇水、除草中培养劳动能力，从收获过程中培养分享精神。

社区农园有如下四大功能。

1. 社区绿色食品的提供者

以有机农场的种植标准进行蔬菜种植，不用化肥，不用农药，对周围环境无污染，也带给社区居民更多的营养和健康。

2. 社区农趣活动的组织者

根据季节和时令组织丰富的农趣活动，活络社区邻里关系，拓宽居民的兴趣爱好，提升居民的生活品质。

3. 创造亲子和自然教育的空间

让儿童充分接触自然，从认识蔬菜、昆虫中培养观察能力，从浇水、除草中培养劳动能力，从收获过程中培养分享精神。

4. 消耗家庭厨余，践行低碳环保生活

设置堆肥桶，消化部分社区生活垃圾，同时为农园提供有机肥和液肥储备，达到环保生活的目的。

标签二：社区书院

社区书院是“你好社区”营造的社区公共空间。依托社区书院，我们将引入多方公益资源，创造涵盖亲子、阅读、手作、自然教育等不同主题的空间，为居民提供多元化的公益服务；同时引导居民参与管理和运营空间，培养兴趣爱好，增强邻里互动。

社区书院还将与社区农园形成配套互动，让居民在社区中即可体验“晴耕雨读”的生活智慧，在耕读中学习分享和互助，收获健康和快乐。

社区书院有如下三大主题空间。

1. 社区教育空间

阅读是社区书院的核心功能，书院设有阅读区和图书墙，这里的图书主要将来自社区居民以及企业的捐赠。我们将建立有效的机制，鼓励社区居民分享、借阅和管理图书。以此为载体，推广社区阅读，组织相关社区教育活动。

2. 亲子阅读空间

书院设有儿童空间和亲子阅读室，这里可以作为“四点半课堂”，供放学后的孩子们来读书、写作业、游戏、涂鸦；在这里，儿童可以自由阅读和玩耍，家长可以陪伴孩子读绘本、讲故事、玩游戏，社区妈妈们可以分享交流、建立信任、互助育儿。

3. 手作分享空间

书院设有活动空间和手作空间，开放给社区居民开展读书会、电影沙龙、旅行分享、微型讲座等不同活动，分享生活的更多可能性；同时让居民接触和学习更多的生活手工，如插花、烘焙、木工、制作酵素、手工皂等，在动手制作的过程中加强亲子联系、邻里互动，倡导环保、绿色的生活理念。

五　去往何处

社区公共空间在社区落成了，如何进行运营呢？我们的思路是两条线：在空间运营的初期阶段，通过引入专业的社会组织开展社区活动与项目，让社区居民能够参与并且理解社区书院的运营思路和理念，并且鼓励居民参与社区公共空间运作；让社区居民自己组织活动和开展公益项目，不断赋能，让社区居民对本社区更有归属感，让居民尤其是社区自组织成为社区公共空间的主人。

最终，项目将会产出一套如何与地产商进行社区合作的一个方法论项目，这也是我们对这个行业的价值所在。基金会将会把这样的一个知识性产出给到任何想要做“前置型社区营造”并且想和地产商玩的任何个体和组织。我们在探索的路上。

第二篇　民众参与之道：邻里自主抑或政府推动[①]

党的十八届五中全会明确提出：加强和创新社会治理，推进社会治理精细化，构建全民共建共享的社会治理格局。社会组织作为社会治理的基本载体，在民众和政府之间起着桥梁和纽带的作用。建立何种类型的社会组织，既能充分调动民众参与的积极性又能够与政府很好地衔接起来，实现政府和居民之间的良性互动，是当前我国政府和学界比较关注的问题。

事实上，民众参与已经引起了国外学者的广泛关注，美国学者 Mark A. Glaser 在十年前发表的《Involving Citizens In the Decisions Of Government And Community：Neighborhood - Based vs. Government - Based Citizen Engagement》一文，从民众参与意愿的角度来比较美国城市社区推动民众参与的两种组织形式，并对推动民众参与以及政府和居民沟通的有效性进行分析，富有启发意义。

一　推动美国民众参与的两种组织：CPOs vs. NBOs

作者介绍了推动美国民众参与的两种组织及其不同的方式：一是基于政府推动的民众参与；二是基于邻里推动的民众参与。与之对应，有两种组织形式来推动民众参与：一是基于政府推动的 CPOs

① 作者：袁方成教授、黄沁助理研究员，华中师范大学城市社区建设研究中心。

(Citizen Participation Organizations)。CPOs 作为政府机构的延伸，是政府机构的“腿”。在 CPOs 推动民众参与的过程中，政府起主动引导的作用，并要求地方政府领导者有专业知识以及迅速做出决策的能力。二是基于邻里推动的 NBOs（Neighborhood based organizations）。NBOs 即邻里组织，是独立于政府运转的机构。邻里组织强调依靠邻里街坊来集体找到解决社区相关问题的办法，在这个过程中民众处于主动参与状态。

CPOs 和 NBOs 的区别主要有两点：一是 CPOs 和 NBOs 的职责不同。CPOs 注重加强民众和政府之间沟通，NBOs 则以协同为目标来促进民众参与。CPOs 是政府机构的延伸而不是社区的独立代理。二是 CPOs 和 NBOs 在地理划分上也有很大的区别。CPOs 的地理划分是人为的，是由于政府促进民众参与的需要而形成。与 CPOs 相反，NBOs 是在邻里街坊的共同价值观、关注点以及一致行动的承诺的基础上形成，受天然的社会网络关系的影响。

作者采用系统随机抽样方法，分别在六个不同的议会选区选出 5970 名登记选民。

二　两种组织的有效性比较分析

作者对推动民众参与的两种组织的有效性进行评估，主要体现在两方面：一是民众通过 CPOs 或者 NBOs 来与当地政府沟通的倾向；二是民众对 CPOs 或者 NBOs 沟通自身与政府的有效性的评价。

从民众对 CPOs 或者 NBOs 的选择倾向来看，约 6% 的受访者表明他们愿意通过 CPOs 代表来给政府传达民意，只有极少数的民众经常选择通过 CPOs 代表来传达民意给政府。愿意参加 CPO 组织的人认为 CPOs 提供了一个畅通的民意沟通渠道。不愿意参加 CPOs 的人则认为，传达到政府的信息代表的是 CPOs 代表的意见，而没有准确地反映社区居民的意见和看法。他们还认为，由于受到利己主义的影响，CPOs 会议的出勤率往往较低，呈现小众化的特点，除非需要商讨重大的社区事务。

从民众对 CPOs 或者 NBOs 关于沟通政府与民众的有效性的评价来看，超过 70% 的受访民众认为邻里组织（NBOs）是促进民众与政府沟通的一个有效的方法。相比之下，只有不到 50% 的受访者认为 CPOs 也同样有效。同时，只有不到 30% 的受访者表示同意 CPOs 考虑到他们的邻里街坊的切身利益。超过三分之二的受访民众认为 CPOs 不清楚他们的邻里间的利益关注点。因此，在更好地传达民意来优化政府决策方面，受访者认为 NBOs 是优于 CBOs 的。此外，在 NBOs 比 CPOs 使政府和民众之间的沟通更有效方面，有超过三分之一的受访者同意，不到 12% 不同意。超过一半的受访者表示，他们对其中一种或两种组织没有足够的了解，因此也不能对这两种组织进行有效对比。不到 39% 的受访民众表示通过 CPOs 与政府沟通以及推动邻里街坊积极参与方面是有效的，与之相反，将近三分之二的受访民众表明 NBOs 是有效的。因此，NBOs 是民众的选择。

三　亚种群的不同属性比较分析

作者将选定社区的亚种群的属性（比如年龄、家庭收入、教育、种族）与民众参与的有效性联系起来，对 CPOs 和 NBOs 进行比较分析。

从年龄角度来看，65 岁以上的民众更有可能比年轻的民众倾向于认为两种组织形式都有利于促进政府和民众之间的有效沟通，但是他们更加支持 CPOs。从指数来看，老年人比年轻人对 CPOs 和 NBOs 的整体效能抱有更积极的看法，但相对来说对 NBOs 更为看好，显然是因为退休老人有更多的时间参与社区草根组织活动。

从家庭收入和教育角度来看，民众参与的有效性也与家庭收入和教育有关，但家庭收入和教育种类之间的有效性差异并不像年龄那样大。CPOs 的整体有效性似乎与收入和教育呈负相关。

从种族角度来看，种族的差异可能会影响少数民族聚居的社区发展。NBO 指数表明不论哪个种族，民众都强烈支持 NBOs，部分非裔美国人的支持尤其强烈。

总的来看，无论亚种群的属性如何，人们更倾向于选择 NBOs。

四　其他影响因素的比较分析

从调动民众来集体处理社区事务方面来看，NBOs 具有绝对的优势。超过四分之三的受访者相信 NBOs 能够把邻里街坊集体调动起来，只有不到 50% 的人对 CPOs 持有同样的看法。由于 NBOs 的形成主要基于邻里间的社会网络，与 CPOs 相比，NBOs 在促进民众积极参与方面具有更大的潜力。

在 CPOs 或者 NBOs 来推动民众参与的有效性与民众对这两种组织的了解程度的关系来看，Don't Know 这一项的统计数据更能说明问题，也就是受访者表示缺乏了解。超过 53% 的受访者表示他们对 CPOs 缺乏了解。而关于 NBOs 则不到 24% 。因此，与 CPOs 相比，社区与 NBOs 组织有更加密切的联系。

在民众建立 NBOs 组织的意愿方面，近四分之一（23.3%）的受访者表示，他们的邻居没有一个 NBO 组织，但是希望建立一个。与之相反，不到 7% 的受访者表示，他们的邻里街区没有一个 NBO 组织，也并不希望建立一个。

此外，民众参与 CPOs 不一定与民众认为社区是一个居住的好地方相联系。那些经常参加 CPO 会议的人和认为参加 CPO 会议是浪费时间的人相比，并不显著地认为他们的社区是一个居住的好地方。参加 NBO 组织和认为社区是一个居住的好地方的有关系，虽然联系并不是特别强。

从民众的社区归属感角度来看，民众参与 CPOs 和社区归属感的关联不太大。不过那些认为参与 CPOs 是浪费时间的人不太选择把社区利益置于个人利益之上。相比之下，民众参与 NBOs 和社区归属感之间似乎有更强的的联系。一些受访者表明，至少有一位家庭成员参加 NBO 会议，或者在他们的邻里社区没有 NBO 组织但希望可以建立一个的人，更有可能把社区利益置于个人利益之上。

从民众对当地政府满意度和愿意支付增加税收之间的联系来看，

那些认为参与 NBO 组织是浪费时间的人对政府提供的服务的满意度最低。民众对政府服务满意是一回事，但是愿意支付增加税收来支持服务又是另一回事。民众参与 NBO 组织与为社区警务支付增加的税收的意愿之间存在弱联系，不愿意参与 NBOs 组织的民众则不那么愿意支付增加的税收。

可以看出，民众与 NBOs 的联系更加密切，受 NBOs 的影响也更大。

五　结论

在作者看来，民众更加倾向于通过参与邻里组织即 NBOs 来促进民众和政府之间的沟通。在这里研究所涵指的参与包含两个层次：一是横向层面上，民众与邻里街坊互信合作，共同处理社区事务；二是纵向层面上，畅通政府与民众的沟通渠道，切实维护民众的利益，使民众能够更好地表达意愿，从而充分调动民众参与的积极性。

他山之石，可以攻玉。借鉴美国邻里组织（NBOs）的发展模式，我国社会组织的发展要同时兼顾民众参与的积极性和政府与民众的有效沟通，在创新民众参与模式的同时推动社会组织形式创新，协调好政府与民众之间的关系，充分发挥社会组织的桥梁和纽带作用。

第三篇　乡村社区治理的“缙绅自治”迷思①

2016 年春节，朋友圈的一大现象是，一批从农村走出的知识精英，带着对家乡不准确的记忆与杂糅了自身无意识精英想象的情绪，撰写了诸多带有浓郁怀旧色彩的“回乡记”，对现代化冲击之下的农村社会之“衰败”一步三叹。在这些回乡记的笔触下，中国乡村社区处于“礼崩乐坏”的悲惨境地，环境恶化、人情冷漠、社会失序。哀叹之余，知识精英又多用温情脉脉的文字回顾了传统乡村社区在“乡贤”主导下井然有序的格局，借用费孝通先生的差序格局概念，呼吁乡绅的复归，用“乡贤”与传统礼仪文化“拯救”当前的乡村治理。

问题的关键在于，中国传统乡村社会“缙绅自治”到底存不存在？其本质是什么？当代中国乡村社区治理的“乡贤”模式有无可能？如果这两个问题得不到认真考察，所谓的“乡贤”模式就成了无本之木、无源之水。

一　“缙绅自治”抑或“代理统治”？

“自治”这一具有强烈现代性的概念是否是传统中国乡村社会的特征？换句话说，中国传统乡村社区是否存在真正意义上的“小共同体自治”？对这一问题，中外学者有着激烈的争论。在西方汉学语

① 作者：游祥斌，北京师范大学社会管理研究院副教授。

境下，缙绅自治的提出源于欧洲当代汉学的奠基人之一马克斯·韦伯。韦伯认为，由于传统中国国家政权无力向广袤的乡村社会提供安全保护，乡村聚落不得不自己联合起来，以填补这种空白。在中国乡村，提供这种公共产品的机构就是村庙，其作为乡村中国的一种公共权威象征和机制，具有广泛的社会与法律裁判作用。村庙的管理职务一般由若干宗族的族长和缙绅（韦伯所谓的读书人和氏族的长老）组成一个头领班子担任，并实行轮流负责制。由于中国行政当局不认可社团或社团代理的合法性，只承认这些缙绅作为村落的代表者。因此，缙绅事实上“掌握”了乡村的治理权。

“缙绅自治”的性质是什么？如果对中国帝制时代的政权建设进行详细考察不难发现，事实上，国家政权并非不想把其权力的触角伸向乡村基层，而是出于统治成本的考虑。在传统专制主义政权当局的财政汲取能力不能够支持其庞大的官僚组织系统情况下，统治者放弃其对基层社会的直接控制，并以此来换取地方乡绅对中央政权的财政支援是一种理性的选择。国家政权组织主要通过意识形态的统一以及设计巧妙的一套取士制度来维系其在乡村社会的统治权。在这个意义上而言，所谓的“缙绅自治”无非是一种“代理统治”而已，绝非真正意义上的乡村共同体自治。

二　“缙绅自治”的土壤已是明日黄花

缙绅自治的经济社会基础是传统中国乡村社会的静态化、封闭化社会形态。在静态、封闭的地理与社会空间中，乡村社区成员获取资源的途径及对外界的认知依赖于社区共同体中的精英人物，不管这个精英人物是宗族式大家长还是致仕返乡的官僚精英，这是传统中国乡村治理权威的社会基础。另一方面，这种权威是通过严密的宗法体系才能够得以维系的。正如杜赞奇所说，这种宗法体系实际上是一整套具有高度文化象征意义的“网络系统”，它使得传统中国的乡村治理结构呈现高度的网络化特征，使乡村公共权威的合法性镶嵌于以宗教、家族、各种商业组织、市场以及诸如庇护者与被庇护者、亲朋关系等共同构成的“权力文化网络”之中，乡村精英通过取得为其成员认可的象征性资源（如荣誉、财富、地位、知识等），来获取乡村治理的合法权威。

因此，传统缙绅“自治”本质上反映的是人身依附关系。梁漱溟先生曾指出，这种以严明的等级划分为基础，以封建宗法制度即所谓“礼法”为支撑的传统中国乡村秩序具有鲜明的“伦理共同体”特征。这也是费孝通先生提出的“差序格局”概念所强调的传统中国社会秩序与人际关系的特征。所以，当前一些知识精英实际上是误用了差序格局的概念，用自己想象的温情脉脉置换了差序格局下人与人之间在人身及权利上的严格等级划分。

近代以来，随着现代性在中国的展开，传统中国乡村“缙绅自治”的经济社会基础逐步被打破。一方面，科举制的废除中止了传统中国乡村精英与统治阶层之间制度化的双向流动；另一方面，革命后的政权通过重塑一个新的精英阶层以取代旧的乡绅，来贯彻国家意志，实现对基层社区的控制与资源汲取，斩断了其与乡土社会之间基于血缘与地域的联系，用理性化的官僚体系取代非正式的人情关系网络。与此同时，城市化的发展推动了乡村人口快速地流动，打破了传统中国乡村静态固化的权力、资源格局，乡绅治理权威的“权力文化网络”被摧毁，乡村社区权威由高度统一向政治、经济、文化多元分化演进。更重要的是，宗法关系与附属其上的所谓“礼仪”意识也随着革命化话语体系的冲击及权利意识的启蒙而逐步瓦解。这一现代化的进程尽管曲折，在特定的历史时期也陷入了所谓的“内卷化”困境，但总体而言，随着中国由帝制向民族国家建构的完成，乡村社区治理秩序由传统向现代的转型已经成为不可逆的趋势。

当前中国乡村社区治理的失序并不是因为所谓传统礼仪宗法制度的崩坏而导致的，恰恰相反，以人身依附为核心特征的礼仪宗法秩序是束缚中国乡村社区建立以平等及个体权利为基础的现代自治制度的最大障碍。这在中国乡村民主政治的实践中已经得到了证实。

三　乡村社区治理路在何方？

中国乡村社区治理显然不可能通过所谓的恢复“乡贤”或礼仪传统而得以重建。那么，中国乡村治理向何处去？这显然是一个值得探讨的问题。笔者以为，乡村社区治理结构与治理能力的建构，不能脱离现代化的语境，更不能脱离当前中国乡村社区基本社会结构。基于此，本书以为，未来乡村治理秩序仍然是通过对村民自治制度的再省思、完善，但须着重关切以下两个方面的工作。

一是通过培育乡村自治组织促进村级治理主体的多元化。20世纪70年代中后期以来，我国乡村社会最重大的变化可能要算乡村自组织社团的出现了。但在现阶段我国村民自治制度构建过程中，群众自组织社团的作用被有意或无意地忽视了，致使这种乡村治理重建演化为乡镇政权主导下的权力调整，而未能使其步入良性循环的制度化轨道。竞争性的自由选举实质上应该是社会中不同团体的利益和价值竞逐的过程，通过这种竞争性的自由选举，社会中不同的利益群体得以建立政治上表达的管道，依靠本群体的动员能力和支持率取得政治上的影响力。功能性团体是汇集与表达社会利益的最佳管道。强大的各种功能性团体的存在，使得以选举制度为中心内容的民主不是被赐予的“民主”，而是国家机器无法轻易操纵摆布的民主。

二是社区嵌入为村级治理提供文化支持。“嵌入”是一个社会学术语，其原意是特定区域中的社会结构和社会关系内在地根基于现实的政治经济条件。在此，笔者借用过来，用以指涉中国乡村基层治理结构的重建应当“扎根”于乡村社会民情之中，充分汲取乡村社会的本土资源。当然，这种本土资源的汲取绝非是用传统的“礼仪”或“乡贤”，而是要用现代民主政治理念和制度，对中国乡村社区本土资源进行“创造性转换”。

第四篇　给霍普金斯大学“造”个好邻居

——非营利组织主导的社区再造①

2013 年秋季学期，我在霍普金斯大学莱斯特·萨拉蒙领导的公民社会研究中心（Center for Civil Society Studies）做访问学者，也是该中心慈善领域国际研究员（International Fellow in Philanthropy）。借这个机会，我参观了巴尔的摩和华盛顿地区的一些非营利机构并访谈了这些机构的 CEO。这些机构大多数都是人类服务机构，东巴尔的摩公司（Eastern Baltimore Development Inc.，EBDI）是其中很特别的一个，它是专门为改造东巴尔的摩社区而成立的一个非营利机构。我在事先阅读 EBDI 网站资料和其他资料的基础上于 2013 年 12 月对 EBDI 的 CEO 克里斯多夫·肖（Christopher Shea）进行了两次访谈，每次大约两个小时。访谈主要集中于以下几个问题：霍普金斯大学为什么会与一个这么糟糕的社区做邻居？为什么由一个非营利机构而不是由地方政府来主导这个社区的改造？非营利机构如何改造这个社区？

一　霍普金斯大学的“癣疥之患”：东巴尔的摩社区

霍普金斯大学和霍普金斯医院是巴尔的摩人引以为荣的机构，也

---

① 作者：张远凤，中南财经政法大学公共管理学院教授。

是该市最重要的雇主之一。巴尔的摩市位于切萨皮克湾尾端，人口67万，三分之二是黑人，现任市长布莱克（Stephanie Rawlings - Blake）是一位年轻的女士。巴尔的摩市离华盛顿60多公里，两个城市之间有通勤火车，只需40—50分钟。

东巴尔的摩是巴尔的摩市280个邻里社区（neighborhood）之一，坐落在霍普金斯大学医院和医学院西边，是一个衰败的社区。2000年这个社区有4139户居民，其中黑人占96.5%。2010年人口下降到3034户（其中包括20名亚裔），黑人占96.4%。

这个地方令我印象深刻。在中国，大学校园周边往往密布着各种商店、餐馆和各种服务业，街道可能又脏又乱，但是却熙熙攘攘挤满了人，一派繁荣景象。东巴尔的摩紧邻霍普金斯大学和医院，但是这里却是一幅凋敝颓败的景象，即便在大白天也是冷冷清清，见不到一个人影。与霍普金斯大学校园的美丽繁荣相比，真是一路之隔，两个世界。

这个问题自20世纪60年代以来就开始出现了。霍普金斯大学医学院校区大约建于19世纪50年代，那时这里还是空地和沼泽地。到19世纪80年代末90年代初，一些欧洲来的波西米亚（Bohemia）和捷克Czech移民开始在这里建立社区。他们建立的酿造厂后来成为很大的啤酒厂。切萨皮克湾的深水良港使得巴尔的摩海运十分便利，运输业和钢铁业应运而生。到20世纪30年代至60年代，这个社区的居民逐渐以黑人为主，大多是钢铁工人和码头工人。到20世纪六七十年代，钢铁业和船运业都开始衰落，这些工人的后代也陆续离开这里，很多屋子被弃置。20世纪70—90年代，空房子越来越多，成为吸毒和犯罪分子寄居的乐园。到20世纪90年代，只有大约20%的房子还有人居住。

和很多著名学府一样，霍普金斯大学起初也相当傲慢，并不肯屈尊降贵去操心邻居的问题，采取了划清界限、独善其身的态度，逐渐把什么都搬到校园里面去了，与邻居隔绝开来，并且增加安保措施，维护校园治安。到2000年左右，霍普金斯大学已经认识到“癣疥之患”时间长了也很麻烦，良好的校园周边环境也是吸引优秀学生和教师的重要因素，糟糕的周边环境已经开始影响到霍普金斯大学的竞争力。霍普金斯大学的一些竞争对手如哥伦比亚大学和宾夕法尼亚大学，也坐落在市区中心，但它们的周边环境要好得多，已经成为这些学校的一个竞争优势。霍普金斯大学终于坐不住了，向马里兰州政府和巴尔的摩市政府提议要求解决这个问题。

二　美国人的“绝招”：公私伙伴关系

巴尔的摩市政府很重视霍普金斯大学的提议，但是它没有钱，也没有能力解决这个问题。美国政府遇到这种自己解决不了的问题，只有问计于民间，召集群贤来商量。最后使出的绝招是建立公私伙伴关系（public - private partnership，PPP），通过官民协力来解决问题。PPP 需要一个组织平台，2003 年成立的 EBDI 就是这么一个载体，它的任务就是整合所有伙伴的力量，改造东巴尔的摩社区，项目预计总支出为 18 亿美元。

（一）EBDI 的角色

EBDI 本身是一个独立的民间非营利组织，最初的发起人包括马里兰州政府、巴尔的摩市政府、市议会以及霍普金斯大学等。成立后不久，安妮·凯西基金会、哈里和珍妮特温伯格基金会（Harry and Jeanette Weinberg Foundation）、大西洋慈善基金会（Atlantic Philanthropies）等慈善机构也参与进来，尤其是凯西基金会在其中扮演了重要角色。

EBDI 的治理机制体现了公私伙伴关系的特色。2013 年，EBDI 的董事会有 18 位成员，这些成员来自社区居民、州和市政府、霍普金斯大学、安妮·凯西基金会和其他合作伙伴。其中 6 名董事是官员，他们是董事会的当然成员，包括州长、巴尔的摩市副市长、两名市议员以及住房和社区发展部的专员。这 18 人的董事会并不采取投票决策机制，而是所有决策都遵循一致同意原则。

Christopher 是 EBDI 的现任 CEO。他让我们叫他 Chris，美国人凡事讲效率、求简便，称呼也是这样。Chris 的办公室在一座十分简朴的灰白色两层小楼里。这幢楼20世纪60年代曾经是一个学校，废弃多年，EBDI修缮之后用作办公室。办公室对面是EBDI修葺过的几栋住宅，我在告别的时候和他在其中一座住宅前合影。

Chris原来是匹兹堡一个非营利机构的CEO，2004年被巴尔的摩市政府引进人才到住房和社区发展部担任副专员，2007年元月开始担任EBDI的临时CEO（interim CEO），2009年9月起正式担任CEO。Chris并不是董事会的成员，他给董事会提供建议，并且负责执行董事会的决策。Chris最重要的职责就是使EBDI，这个PPP的组织平台正常运转。这个项目有很多合作伙伴，但是每一方都有自己的利益，尽管它们的利益有一些交集，但仍然有很多利益冲突和矛盾竞争。比如，社区与霍普金斯大学就存在很大的利益冲突，霍普金斯大学想要这些社区居民全部迁走，但很多社区居民不愿意离开。政府和基金会又关注另外的利益。因此，董事会决策过程非常具有政治性，又受到各位董事个人偏好的影响。政治、经济、个性因素都在里面。

Chris的工作就协调管理这些冲突和竞争，负责日常运作。这是一个很困难的工作，Chris周旋于各方之间，非常繁忙，我约了好久才得到面谈机会。PPP本来就不是一个有效率的制度，它的成功离不开所有各方的支持，但矛盾和冲突使事情有时陷入僵局，有时甚至走两步退一步。

（二）政府的角色

巴尔的摩市政府扮演什么角色呢？尽管它没有资金和能力来承担这个任务，但是它仍然承担不可替代的重要角色：那就是赋予EBDI所有决策和行动的合法性，并且给予EBDI力所能及的政治支持。

社区改造涉及城市规划、经费筹措、居民拆迁、市政设施建设、公共服务等一系列事情，其中每个方面都涉及政府职能和法律规定，本书下面会具体谈到。Chris说，我们所做一切都必须合法，合法性来自市政府。或者说，我们做所有的实际工作，市政府确保我们工作的合法性。比如说，我们作为非营利机构没有要求居民拆迁的权利，但是政府出于公共利益的目的可以这么做。政府必须要有非常清晰具体的目的，遵守所有的法律程序。这个过程非常耗时而且费力。

通常，这些法律性事务都应该是政府机构来做的，但是政府把这些事情全部以合同形式外包给 EBDI。EBDI 做好所有工作，市长只需最后在法律文书上签字就可以了。EBDI 在好几年的时间里都有 20 多个员工在市政府办公。为什么不是市政府雇员直接来做呢？Chris 说，如果让市政府的员工来做的话，他们的工作千头万绪，不可能专注于这个项目，很有可能一拖再拖，最后遥遥无期，不了了之。市政府并不能授权给我们做，如果授权的话，我们就获得了同样的权力。我们只是市政府的合同承包商，凡事都需要政府批准，我们无权做任何法律上必须政府才有权作的决定。不过，好在政府非常信任我们，也相信我们的判断。

这个项目开始以来，已经经历了 3 位市长，这个项目恐怕要做十几二十年。不过，不管谁做市长他们都必须继续支持这个项目。

（三）重要支持者——凯西基金会

安妮·凯西基金会（Casey foundation）是最有实力、最有影响的基金会之一，是邮递服务公司 UPS 的创始人凯西（Jim Casey）为纪念他母亲而创办的，总部现在坐落于巴尔的摩市。凯西基金会在这个项目的参与度很高。

凯西基金会做了四件事：

其一，它们提供了直接领导，凯西的总裁作为董事会成员参与了 EBDI 的决策和日常运作。

其二，它们承诺给 EBDI 提供 2000 万美元的营运费用。一般来说，一个城市如果要做一个大项目，市长会把所有的商界和基金会的领导人叫过来，说，这是我的下一个项目，希望得到你们的支持。绝大多数情况下，这些人会说，好吧，我出 5 万美元，然后就走人了。只有当他们真的对某个项目感兴趣时，他们才会参与进来。2000 万美元的承诺是一笔非常大的投资。

其三，凯西基金会提供了慷慨的资金支持。这个社区的很多项目都是通过在华尔街发行税收增额融资债券（TIF bonds）来筹款的。

TIF 债券是用这个社区未来物业税的增加额为抵押进行融资的，税收是政府权力范围，首先要得到政府的批准。EBDI 一共发行了三次 TIF 债券，第一次在华尔街销售成功，但第二次和第三次正好遇到金融危机，没人买 EBDI 的债券，凯西基金会买下了。凯西基金会不仅买了 EBDI 的债券，还为其 1700 万美元的银行贷款提供了担保。

其四，凯西基金会给社区家庭服务设立了价值标准，并且购买了这项服务。凯西基金会关注家庭，希望 EBDI 善待这些拆迁家庭，并且愿意为我们对这些家庭提供的服务付钱。

总的来看，凯西基金会的支持力度超乎 EBDI 的期望值。他们在这个社区卷入太深，已经骑虎难下了。不过，现在凯西的领导层大换血，原来支持 EBDI 的那帮人都退休了，这些新领导人也许希望减少在 EBDI 的投资来做自己的项目。这也是 Chris 所说影响项目的个人因素之一。

三　再造一个新社区

东巴尔的摩社区改造规划在很大程度上遂了霍普金斯大学的心愿，那就是迁出所有居民，彻底改造社区。尽管这看起来是一个多方博弈的游戏，遵循民主决策的规则，但社区居民的力量实在是太弱了，几乎没有谈判的筹码，也没有谈判的能力。

根据规划，这里一部分要为霍普金斯大学盖实验楼和学生宿舍楼，剩下部分要建居民小区以及配套设施，包括学校、公园和商业设施等。原来的老居民将全部迁出，社区的新居民将不会再是穷人，而是中产阶级居民，如霍普金斯大学和医院的职员，包括行政人员、护士、技术员、实验员等。教授和医生们也不是目标客户，他们属于高收入阶层，一般住在高档社区。

社区重建的建筑工作都外包给一个开发商——克利夫兰的森林之城公司（Forest City）。尽管 EBDI 和主承包商之间签订了主合同（master contract），但是所有的分包合同 EBDI 都会参与，分包合同也必须得到 EBDI 的批准。

（一）老居民拆迁

不破不立。建新社区的第一步是老居民拆迁。居民拆迁在美国也是一个大难题。在所有民主决策和法律程序完成之后，EBDI 来具体实施拆迁工作。

在美国，拆迁一般的做法是：政府享有区划权（zoning），可以出于公益目的提出拆迁议案，得到议会通过之后，给居民一个日程安排，给他们提供一些住房供其挑选，再付给他们拆迁补偿款，要求他们在一定时间内搬出去。

可是在这个社区 EBDI 没法这么干。因为这里的居民非常贫穷，而且大多是老年人，其中很多人一辈子都住在这里，他们没有能力去找新的住房，在新的地方开始生活。所以，EBDI 专门成立拆迁服务部门，在拆迁开始之前 2 年，就聘请专人为他们服务。凯西基金会非常关注这个问题，他们设立了服务标准，并且提供资金。EBDI 花了大量时间和精力来了解每个居民的就业、教育和健康状况，并帮他们想改善之策，以便他们搬走之后能够生活得更好一些。拆迁服务后来延长到 5 年，直至每个居民都比较满意地在新家安顿下来。

EBDI 了解到很多居民没有工作或者从事低收入工作，于是又开办了就业培训服务。Chris 说，所有事情我们都得亲自张罗，因为这个社区以前没有人做这些事情。我们做了一段时间之后，才有一些机构介入，我们赶快把这些事情移交给他们。我盼望着这些事情能够早日有人接手，这样我能够专注做我们应该做的事情。很多机构都是我们四处去联系请来的。

与这些服务工作相比，拆迁过程本身并不复杂。Chris 说，州政府有每个人的房产登记信息，我们找到州政府，他们给我们提供所有信息。我们根据这些信息找到每户房东，跟他们说，这是法律文书，我们要接管你们的物业，并付给你们 1.3 万美元作为补偿。如果你不接受，可以去找法院。如果你接受，明天就会收到支票。绝大多数人都接受了支票，少数人想留着他们的房子，因为他们看到正在开发，想占个便宜。但法律规定他们只能得到当初交易时的价格，打官司他们也必输无疑。就这样，我们重新安置 586 户家庭，拆了 1600 座空房子。

（二）新社区建设

为了吸引新居民，EBDI 在建住房之前花了两年时间先建学校。这是一个特许学校（charter school），也是一个社区学校，建成后大约可以容纳 1—8 年级共 580 学生和 175 名学前儿童。建学校的目的是利用学校吸引人们搬到这里。EBDI 并不想拥有这所学校，但是需要它来吸引家庭入住。幸运的是，霍普金斯大学的教育学院同意管理它，允许学校用霍普金斯大学的名字命名（类似于附属学校），由霍普金斯大学的教育学院负责运作。这所学校已经办了两年，不能说很好，但越来越好。

整个社区建设过程进展十分缓慢。Chris 说，这个社区没有什么服务机构，却有非常强势的政治组织，正是这些政治组织把服务机构都排挤走了，以至于这里的情况越来越糟。服务机构来了以后，我们给他们提供很多帮助让他们立足下来，慢慢地政治组织的气焰也慢慢矮下去了。但是，我们在建设过程中还要继续与他们打交道。我被迫雇用他们的人。因为从政治上讲，我必须首先选择本地企业和本地工人。可以，他们承包了我们的建设项目之后，在 1 年半到 2 年的时间里，没有取得任何进展。现在我终于有充分的理由可以摆脱他们了，并且我们还可以在政治上羞辱他们的支持者。

（三）资产管理

EBDI 负责这个社区的所有建设项目，但是却并不拥有，也不负责管理建成后的资产。实验楼和学生宿舍算是霍普金斯大学和医院的资产，住宅最终会卖出去，市政设施归政府所有。但是，学校、公园、培训机构等资产并不归政府所有，也不归霍普金斯大学或凯西基金会所有，尽管它们都在其中有某种贡献和权利，而是会由 EBDI 移交给另外的非营利组织。此外，住宅也需要另有机构负责销售和管理。这是非常有趣的一个事情。

美国人的做法是成立一个基金会——东巴尔的摩开发基金会（EBDF）来暂时拥有和管理这些资产直到它们被清算或被移交。Chris也是这个基金会的总裁。建设项目完成后，EBDI就会终止，员工也会被解散。但EBDF则可能会继续存在。比如说，EBDI建了一个公园，但它并不想拥有和管理这座公园，也不想把它交给市政府，而市政府也不想要这个麻烦。EBDF就是一个临时所有者，暂时拥有和管理这个公园，直到找到永久的所有者把它移交出去。正因为EBDI的工作任务是动态变化的，其组织结构非常灵活，规模变化很大。EBDI在2012年还有95个员工，2013年年底就只有12个，因为有些项目建好之后，连人带事一起交给别的机构了。

四　结论与感想

对于这个案例，我有三点感悟。

一是美国非营利部门之发达，美国人运用非营利组织这个工具之灵活之巧妙，令人赞叹。美国非营利部门不仅渗透到社会生活的方方面面，而且能够搭建跨部门合作的平台，成为众多机构协作的载体，成为网络社会的重要结点。EBDI与公共部门合作可以深入到政府机构内部，与政府一起办公，政府可以当甩手掌柜；与市场合作可以利用华尔街发行债券融资；与非营利部门内部合作，基金会可以提供如此强有力的支持。EBDI与EBDF的分工之细致，设计之巧妙也是令人叫绝。

二是社区自治能力之悬殊，政府和非营利组织合作过程之复杂之麻烦，令人感叹。美国人对社区自治引以为傲，但是却也存在不少诸如东巴尔的摩这样破落凋敝、无可救治的社区。如果不是与霍普金斯为邻，它还会继续破落下去。公私伙伴关系听起来很美妙，但是它不是为效率设计的。其合作过程复杂繁难超乎想象，一个社区改造项目要耗时20年之久，真的是很考验耐心和毅力。

三是一个城市如果政府太软弱，非营利部门的作用也会受到限制，令人深思。我们一直以为政府与非营利组织是互补的关系，甚至可以相互替代。从这个案例来看，两种是高度相互依赖的关系，政府软弱的地方，非营利部门的本领也难以充分施展。Chris 多次说到，他以前在匹兹堡工作的时候，匹兹堡有一个非常有力的政府和强大的非营利部门，做起事情来比在巴尔的摩要顺利得多。政府足够强大才有能力推动各种项目，为非营利部门设定明确的角色，并且为其提供政治上的支持。要是在匹兹堡，这样的社区改造项目应该是市政府来牵头负责。就业培训这类公共服务也会由政府提供。但是在巴尔的摩，政府太弱了，我们不得不做所有这些工作，合作伙伴太多，使得协调管理非常复杂。

第五篇　小卫街社区营造的思考与经验浅谈[①]

小卫街社区营造是一种自上而下的社区治理模式创新的探索，它最初由玄武区民政局提出基本的构想，主要是为了探索和解决政府在推动社区体制改革过程中，如何引导在地的居民和社区组织更好地治理政府所让渡出来的社区治理空间，从而逐步实现社区的自治。玄武区民政局则全权委托华益具体负责社区营造的策划与推进工作，华益深入小卫街社区与社区居委会共同探索社区营造的路径及模式，玄武区民政局主要通过一系列的政策及资金支持，引导整个社区营造的方向及过程，而不参与社区营造的具体过程。在此过程中，华益不断试探性地拓展社区居委会在社区治理方面的自主空间，而这一自下而上的过程也更加有效地激发了社区居委会和社区居民在这一过程中的主动性和积极性。小卫街社区营造的几点经验与感想如下。

第一，逐步转变社区居委会行政化管理模式，激发社区居委会自主开展社区治理的积极性。由于长期在各个政府行政条块下工作，小卫街社区工作人员的思维和工作模式行政化色彩较浓，且被政府的行政体制吸纳，具体表现为社区工作人员的日常工作主要是各个条块交办的行政工作，而除此之外，社区工作人员再无精力及意愿主动地承担更多的社区自治及社区服务等方面的工作。为了更好地调动社区工作人员自主开展社区服务和社区自治的积极性。华益针对小卫街社区的实际情况协助小卫街社区居委会向区民政局及省内的一家基金会申

---

① 作者：黄燚，江苏华益社会组织评估中心副主任。

请了几个公益项目，使得小卫街社区居委会拥有了一笔可以自主支配的资金，同时在开展社区服务和动员社区居民等工作上有了较强的自主性。小卫街社区居委会的工作也开始由仅仅完成自上而下交办的行政事务之外，逐步转变为主动地为社区居民开展一些针对性的服务工作和发动工作。通过项目的实施，也使得小卫街社区居委会形成了项目化运作理念，并且逐渐意识到通过项目的实施来争取更多的社会资源和力量来开展社区治理和社区服务。因此，在外部专业社会组织的推动和协助下，小卫街社区居委会正在从传统的行政化管理向服务自治型转变，社区居委会在推动社区公共事务的解决和社区治理方面的自主性和积极性得到了明显的提高。

第二，培育和搭建社区居民参与社区治理的平台，对社区居民进行组织化再造。社区居民是社区治理和自治过程中的主体，但是由于社区居委会长期在社区行政化的一元管理，使得社区居民很难参与到社区公共事务中来。社区居委会对社区居民的发动和组织也主要是以各类活动的形式，而缺乏一个有效的平台和机构来有效地使社区居民更好地组织化，从而更加有序地参与社区的公共事务中来。为此，华鉌与小卫街社区居委会协助社区居民骨干在民政局正式注册成立了小卫街社区治理发展协会。小卫街社区治理发展协会为社区居民参与社区公共事务提供了一个有效的平台，同时也作为一个独立的法人将社区居民有效地组织起来，成为小卫街社区治理过程中一个重要的主体。

第三，通过公共社区活动，再造社区与居民的关系，凝聚社区人心。在小卫街社区过去的一元行政管理格局中，社区居委会与居民之间的关系是国家与社会关系在社区场域中的具体体现。社区居委会作为政府在社区的行政末梢主导社区中的各项事务，而社区居民更多的是扮演着被服务者和被管理者的角色。这种角色定位使得社区居民参与社区公共事务意识和热情不足；此外，由于缺乏公共的社区活动及社区空间，使得社区居民之间关系疏远，对于社区的认同感和归属感也较为淡薄。社区与居民关系的再造过程，就是为了改变居民与社区之间的对立关系和居民之间疏远的邻里关系。把社区居民拉回到社区公共空间中来，通过社区公共活动的开展和公共空间的营造来强化居民与社区、居民与居民之间的联系，从而构建居民与社区之间协同共治的良性互动关系。

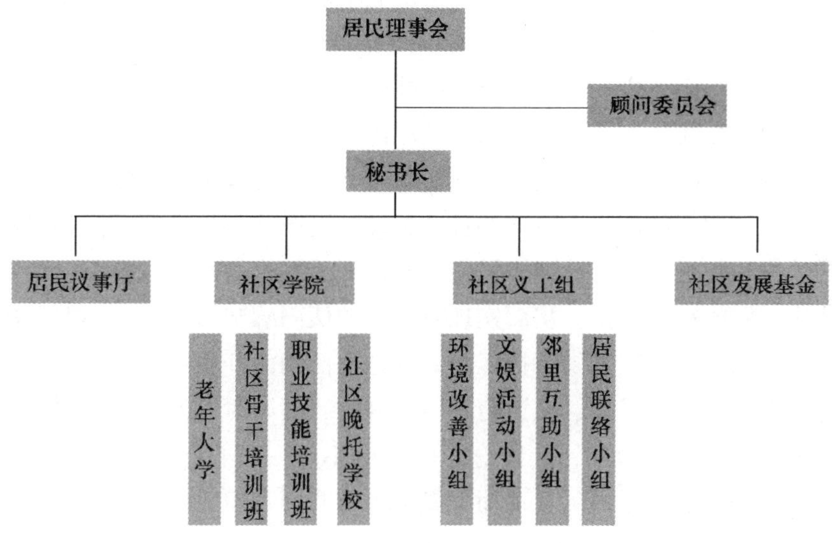

图1　小卫街社区治理发展协会组织架构

公共活动的开展和公共空间的营造是小卫街社区再造社区居民关系的有效途径和策略。在再造社区居民关系过程中，小卫街社区通过开展一系列的社区公共文化活动（社区老年大学、健步走金陵、社区环境日、敲门大姐等活动）来动员和引导社区居民参与社区公共事务，并且通过参与公共活动的互动，增强社区与居民之间的互相了解与信任，逐步增强社区居民的凝聚力。

第四，围绕社区的公共问题，组织发起社区公共行动，再造居民的社区意识，提升社区居民参与公共事务热情。社区意识是指共同生活在某一特定区域范围内的人们，经过社会互动而形成的相近价值观念和认同意识。滕尼斯在提出社区这一概念时，所主要强调的是社区中人与人之间那种密切的、充满道德和情感的社会关系，以及所共同的记忆与价值认同。社区意识是社区构成的核心要素，是凝聚社区人心，营造社区归属感的重要基础。小卫街社区是一个物业失管的老旧社区，社区面临着一系列的环境方面的问题，社区居民对社区公共问题都较为关心，但由于缺乏有效的解决途径和方法，居民主要是通过投诉、向居委会抱怨以及负面情绪发泄来表达对这些问题的关注。然而，社区居民对于公共问题的关注，为小卫街社区意识再造提供了很好的机会。小卫街社区把解决这些社区公共问题作为小卫街社区意识再造的重要途径。依托社区治理发展协会义工小组上门征集居民关于社区公共问题的意见和建议，并且通过召开居民议事会、楼栋户主会议，制订相应的解决方案，并且动员社区居民共同参与社区公共问题的解决和处理，使得社区居民在参与社区治理这一互动过程中，逐步形成共同的社区意识，从而实现对社区的认同感和归属感。小卫街社区意识的再造过程是围绕社区公共议题或活动而开展的一系列互动过程，在社区居民互动、交流与碰撞过程中，逐渐对社区形成共同的理解和价值认同。因此，社区意识的再造不是一种自上而下的意识灌输，而是基于社区内部互动而自发产生的共同意识。

第六篇　社区多元、多环节治理关系网络与系统性治理[①]

一　引言

如今，在社区中应该依靠多元主体进行“共治”，已经基本成为研究界的共识，很多地方也在探索以“区域化党建”等方式，通过发挥党组织的统筹协调作用，来吸纳社区治理中的多元参与。不过，对多元参与治理的实践叙述和理论设想往往受制于贫乏的“民主”想象，把多元参与设定为各方参与者平面化地、“平等地”协商和社会性地（即比拟于人与人之间有来有往地互助）协作，最多是在平等各方之上放一个“协调各方”的区域党组织。然而，社区治理的各参与方在大社会的分化性系统中往往有自己特定的位置、职权和利益：一方面，这些参与方在社区共治中不可能不带入自身的职权和利益，因而完全平等的协作只能是一种假象；另一方面，若设计安排得当，有不同的系统位置、职权和利益的参与方可以耦合为远比简单的平等参与协助更有力量和效率的社区治理结构和机制。

一般而言，参与社区治理的主体有四大类：政府机构与党的组织、市场主体、社会性组织、社区自治组织。大类内部往往又分不同的小类和不同的层级，如党的组织有街道党（工）委和社区党委（总支），市场主体分便民商业服务企业与物业服务企业以及驻区企业（即物理位置在社区、但功能范围主要不在社区）等。不同类别

① 作者：刘阳，北京社科院社会学所助理研究员、博士后。

和层级的主体之间，有性质差异很大的功能性关系，如政府机构与市场主体之间主要是规划引导、执法监管的关系，权益自治组织与物业服务企业之间以雇佣为基本关系。限于篇幅，本书仅以笔者对某经济开发区居住区社区治理中的两个突出问题分析及治理机制设计为例，探讨如何将这些不同的功能性关系纳入社区多元共治的框架。

二　案例及分析：复杂的治理关系网络

（一）案例1　规范物业服务

在社区治理中，居民对物业纠纷反映最集中。纠纷多发的原因包括两方面，一方面是企业经营管理存在不规范、不完善，比如在环境卫生和安全保护上投入不到位、公共设施修理维护不及时等，政府对作为市场力量的物业服务企业监管不到位；另一方面部分居民，尤其是老旧小区居民，形成了多年来以较低支出购买物业服务的习惯，对随物业管理成本增高而逐步增加的物业费存在一定的接受困难，导致物业费收缴慢、收缴率低。物业公司服务不到位导致居民拒缴物业费，物业费收缴率低使物业公司进一步不作为，部分小区出现业主搬出、环境脏乱差等恶性循环。

提高物业服务质量、化解物业纠纷不能仅仅从末端的执法监管和监督评估出发，物业服务首先是一种市场行为，应该把前端的完善市场机制、引导市场行为作为改进治理的着力点和基础环节。具体而言：

1. **成立开发区物业管理协会，形成服务与价格标准。**主要以政府购买协会服务的方式使协会维持运转，购买服务的内容包括，根据不同类型住宅小区实际情况和人力资源成本构成等定期发布物业服务内容、服务标准和服务价格等信息，供业委会与物业服务企业协商价格时参考。

2. **推动相关信息规范公开，建立相关信用体系。**应在住宅小区醒目位置主动公示合同约定的物业服务内容和收费标准，以公开促进业主监督；同时建立入区物业企业及项目经理的经营信用档案，将相关检查、评议、查实的投诉和纠纷处理情况及时录入，并供公开查询。

3. **搭建联合监管平台，引入第三方评估，破除监管信息不对称。** 探索搭建一个物业管理联合治理平台：一是建立各方共同参与的物业服务联合治理会议；二是聘请专业第三方对全街道物业项目进行全面检查或者抽查，形成报告；三是由联合治理会议在第三方报告基础上对物业项目进行评议，评议结果公开。

4. **形成科学的奖惩机制，约束引导企业逐利行为。** 对联合治理会议评议结果好的物业企业进行奖励，并通过在小区和社区公示拒缴物业费业主的形式帮助其收缴物业费；对于存在明显问题的企业，会议可以决定公开披露报告的相关内容，并记入企业和物业经理的诚信档案。

相关治理关系，见图 1。

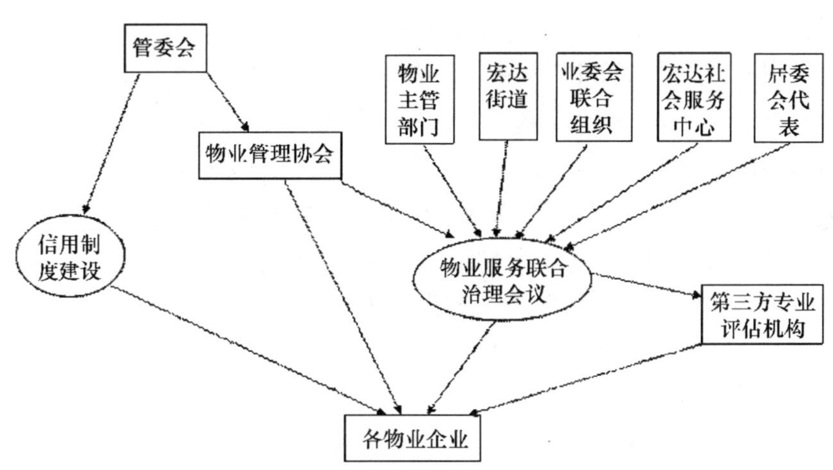

图 1　深度规范物业服务治理关系示意图

在图 1 所示复杂的治理关系网络中，治理的对象是市场主体物业企业，治理方式是多元的，包括政府提供的市场基础制度（信用制度），行业自治组织的治理（制定服务标准、价格），社区性的多元联合治理

（物业服务联合治理会议的沟通与评价）、社会中组织的评估等。同时，治理机制是多层级、多环节的，形成类似产业链的治理链，比如，行业自治组织是治理链中间的一环，其上游是政府，至少其运作早期需要靠政府的购买服务来良性运转（目前多数物管理协会一方面没有与行政主管部门脱钩，另一方面大部分经费来源依靠向企业收会费，两头缺乏公信力，正常职能也得不到支撑）；其下游，不仅直接与物业企业发生治理关系，而且通过参与联合治理会议、参与聘请第三方评估而间接地、但可能更有力地进行参与治理。

（二）案例2　解决群租问题

开发区相比于综合城市功能区，低租金的老房子缺失，群租问题尤其集中和突出，成为居民反映最强烈的社区治理问题。群租问题的直接原因，是租房行为严重失序：大量业主将房屋通过房屋中介出租给“二房东”“三房东”，后者违规进行群租经营。由于现行法规和执法手段不健全，这种群租行为在执法监管上难度很大。

房屋租赁活动对邻居和小区其他居民带来很大的外部性影响，在这个领域中的市场力量不应该完全不受引导和制约，应从房屋出租前端的市场结构入手进行引导布局，而不是局限于末端执法监管。

1. **改变“小”“散”模式，通过集中经营实现规范化。**探索引入专业的房屋租赁公司，对社区内的投资性房源进行长期租赁，按照合理的居住密度出租给服务业人群。管委会相关部门和街道办依托外引的房屋租赁管理企业，以政策补贴、政府购买服务等方式委托企业承担人群管理服务等公共性工作。

2. **开展政、社、企合作，实现服务业人群人性化住宿。**在管委会层面，建立城管、工商、质检、卫生防病、公安、消防、劳保等部门共同参加的服务业监管联席会制度，对各类服务业企业进行全面的联合监管；依托服务业监管联席会对服务业企业的协调动员能力，推动成立服务业各主要行业的行业协会；通过监管联席会、行业协会与房屋租赁管理企业的协作，帮助引导用工多的企业以较为人性化的条件和合理成本解决员工住宿问题。

3. 以服务业各行业协会为枢纽促进多方合作，推动社区融入。以政府购买服务的方式，由各服务行业协会一方面联系、协调各企业合理安排工时、鼓励员工业余时间参与社区和街道中的文娱、公益活动（需求面协调）；另一方面加强与志愿者协会、各类社区社会组织对接协作，通过志愿服务、政府购买服务或者公益创投项目的支持引导，以服务业人群权益保障、生活服务、社区融入、职业技能提升等为重点，开发有针对性的活动类型和项目，促进服务业人群的能力提升和社区融入（供给面协调）。通过这种购买服务，也反过来在经费上和作用发挥上保障行业协会的健康发展。

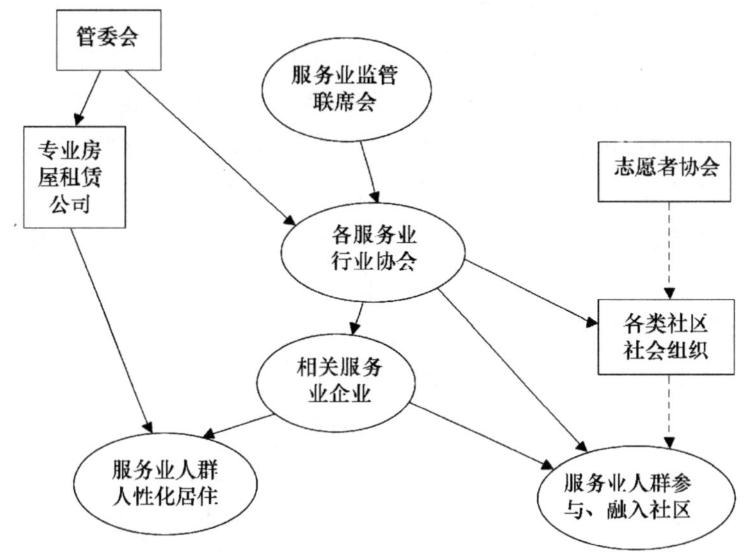

图 2　解决群租问题、促进劳动人口本地融合治理关系示意图

图 2 展示的也是一个复杂的治理关系网络。治理对象是服务业人群的居住和融入问题（为了清晰地展示，把居住和融入分开了，实际是一体的）。与图 1 针对物业企业的治理相似，这里针对人群的服务（治理）也是多元的：有房屋租赁企业的租赁关系，雇主企业的雇佣关系、企业行业组织的协调管理、社区社会组织的动员服务等。

同时也形成了多环节的治理链，如服务业行业协会就是一个中间环节，从上游看，其成立与运转，要依赖服务业监管联席会由监管执法而对企业产生的威信，也要靠政府的购买服务获得经费与作用发挥渠道；从下游看，其作用发挥，主要还是通过对企业和社会组织进行社区活动供需两面的协调。

（三）一个初步的理论性探讨

以上两个案例，虽然来自一个经济开发区社区，有其特殊性，同时我们的分析也不全来自经验现实，而更多地从治理构架的政策建议出发，但它们反映出来的理论性问题无疑具有普遍性。

1. 社会性治理与系统性治理

当代几位主要的社会理论家，如洛克伍德、吉登斯、哈贝马斯和卢曼，都承认现代社会的整合分为社会整合与系统整合两个层面（尽管他们的具体表述方式和理论立场各不相同）。简单地理解，社会整合就是基于共同价值规范的互惠、协商等人际性互动形成的整合力量，系统整合就是基于非人际的，一般而言是市场的或法理（包括行政和大型组织）的、表现为功能性分化的整合力量。

在社区层面，人际性的、社会性的整合要高于其他层面，但非人际的、系统性的整合要素并非不存在，相反，仍然是社区治理中的基础性要素。比如物业服务企业和社区商业，在更大的社会体系中，它们都属于市场力量，主要依靠市场的自发调节，但社区的空间范围小，这些市场力量的外部性效应远比在社会中来得大，它们对整个社区中的资源分配、治理机制都产生举足轻重的影响。这些本质上属于系统性的力量，必须首先用系统性的方式（即政府和行业的监管和规划引导）来治理。

2. 打破边界才能有更优的系统性治理

当然，强调系统性的治理，并不是简单的政府的归政府、市场的归市场、社会的归社会。从以上案例不难看出，寻求一个更优的治理构架，需要适当打破政府、市场和社会三者的界限。比如针对群租问题，政府就可以主动引入集中化的房屋租赁公司，提高社区房屋租赁市场的集中度，通过规模效应降低成本、提高租赁供给质量，同时方便政府监管，且可以通过政府购买服务的方式加强对租房人群的服务管理。这在一定程度上就打破了政府与企业的边界，政府主动创造出与之协作的市场主体。

再比如针对物业纠纷问题的治理中，政府一方面通过购买服务创造出物业管理协会这样的行业性组织，另一方面它的一部分（街道、物业行业主管部门）与社区自治组织等一道构成物业服务联合治理会议，以行政管理之外的新方式参与到对物业企业的治理中。这些实际上是打破了政府与社会之间的边界。

还有，服务业监管联席会则是打破政府内部通常的条条边界，形成的新治理主体。

3. 系统性治理不排斥社会性治理

在我们所设想的以系统性治理为基础的多元、多环节复杂治理网络中，也并不排斥社会性治理，它在治理构架的各个层面都很重要。首先，凡是针对人群的治理，如图 2 所示的那样，在最基础的层面必然主要是人际互动，不管房屋租赁企业还是社区社会组织，它的服务或管理目标的实现，只能主要靠人际互动，只不过它是系统性治理框架下的社会性治理。

其次，在我们的复杂治理网络中，有些中间环节也是要靠社会性治理，比如图 1 中的物业服务联合治理会议，它内部就是一个类似于协商民主的机制，再比如图 2 中服务业行业协会与志愿者协会和社区社会组织之间，也是社会性的协商协作关系。

最后，我们这里列举的都是社区治理中的具体问题，在更高的层面，如在整个社区中优先解决哪些问题的决策，还需要诸如社区党组织或更高一级的党组织协调社区中的各方力量通过协商的方式作出，这同样是社会性治理。

第七篇　美国社区 NGO 的募款策略

——对伊利亚承诺（EP）的案例分析①

从财务管理的视角出发，不论企业这类营利性组织，还是基金会或者社区 NGO 这类非营利组织，资金的筹集，即融资（finance）或者募款（fundraising），无疑是关系企业或者非营利组织能否可持续发展最重要的财务管理问题之一。

对企业而言，资金的筹集，通常称之为融资（finance），按照优序融资理论（pecking order theory），企业融资首先考虑内源融资，其次考虑外源融资，外源融资包括了股权融资和债务融资。这些所有的融资活动，都围绕一个“利”字展开，对债权人而言，企业发行的公司债券，债权人除了可以保本外，还能获取债券利息，所以债权人愿意购买公司债券，这个债券利息就是债权人看重的“利”，所以债权人愿意将资金使用权让渡给企业使用，让企业融资成功，有资金继续经营发展。对股权投资者而言，投资企业“有利可图”，他们所看重的股利或者红利，就是企业融资中打动股权投资人的“利”。因此，不难发现，现代企业在融资过程中，如果采用外源融资方式，主要是靠“利”去获得债权人或者股权投资者的资金。然而，对非营利组织而言，以传统视角来看，根本“无利可图”，非营利组织的募款（fundraising）比企业的融资（finance）更难，因为非营利组织没有企业产生的“利”，非营利组织拿什么去吸引捐赠人进行捐赠呢？如何解决非营利组织的募款问题呢？如何才能使非营利组织募集到足

---

① 作者：谢晓霞，北航公共管理学院。

够的善款，资助公益慈善项目，实现可持续发展呢？本书通过对美国一家社区 NGO 的募款策略分析，剖析非营利组织的募款策略及方法，希望对中国非营利组织的募款提供借鉴和参考。

一　EP 的简介

Elijah's Promise（伊利亚的承诺，以下简称 EP），是位于美国新泽西中部，新布朗什维克市镇的一家当地非常有名的社区 NGO。这个非营利组织始建于 1989 年，经过 20 多年的发展，EP 从最初只是一个由三个教堂联合成立的服务社区的小厨房，发展成为每年营运资金约为 300 万美元，每年向附近社区提供超过 10 万份食物，在当地颇具规模的综合型社区非营利组织。

EP 从事的核心业务主要是为无家可归、低收入人群以及穷人提供新鲜健康的免费食物。围绕"提供食物"这个核心业务，EP 在发展过程中，先后与政府、教堂、其他 NGO 组织合作创建了一系列的公益服务项目和社会企业。EP 除了从教堂、政府、企业或者个人获得捐赠外，还通过自己创办的社会企业获得资金，支持自身运作的公益慈善项目。这种以自己的核心竞争力为基础，发展公益慈善项目和社会企业，采用公益慈善项目的捐赠收入，与社会企业的营运收益，互相支持、协调发展的资源募集方式，实现了 EP 财务资源的良性循环。

二　EP 的主要项目和社会企业的募款策略分析

EP 目前运作的主要项目包括：社区汤羹厨房项目、口袋午餐项目、农夫市场项目；创立的社会企业主要包括：承诺厨师学校、世界更美好咖啡馆。EP 所创立的这些项目和社会企业的募款策略如下。

（一）社区汤羹厨房项目

该项目从 1989 年三个教堂联合成立的服务社区的小厨房发展演

变而来。EP 的这个社区汤羹厨房，坐落在新布朗什维克社区的尼尔森街道 18 号，平均每天为附近社区需要食物的人们提供 300 份免费食物。

社区汤羹厨房项目的募款策略包括：一是，这些食物的原材料，一部分来自于 EP 经营的农夫市场的农场主捐赠提供，一部分来自于社会（包括政府、教堂、个人或者企业）的捐赠。二是，在这个厨房里面提供的一些熟食，比如点心或者面包，绝大部分来自于 EP 自己经营的承诺厨师学校的学员制作，其他较少的部分来自于社会（包括政府、教堂、个人或者企业）的捐赠。在募集资源的过程中，尽管以捐赠者的捐赠为基础，但这并不是主要的募集方式，主要的募集方式基本体现了“内源融资”的主体性，即小厨房的绝大部分食材，都由 EP 自己的社会企业“农夫市场”提供。

（二）口袋午餐项目

EP 的口袋午餐项目是提供一份午餐，给那些正在工作的人们或者没有时间吃午饭的人们，方便快捷的营养午餐。EP 的募捐内容非常具体，他们会罗列出当前口袋午餐项目的捐赠需求，比如，口袋午餐项目正在寻找可以捐赠三明治给这个项目的团体或者个人。

这个口袋午餐项目的募款策略，充分反映了在 NGO 的募款中，某些非常具体的项目，需要非常详细的筹款策略。公益项目的具体化程度，决定了募款策略设计中募款内容的详细程度；且越是具体详细的募款策略，越容易实现募款目标。

（三）农夫市场项目

EP 在 2014 年创立了“农夫市场”（Farmer's Market）项目。该项目主要为新布朗什维克、高地公园、中性郡其他社区的农场，提供贩卖有机、新鲜蔬菜水果等农产品的场地。比如，在高地公园社区，每周五从上午 11：00 到下午 5：00，把第二街教堂的停车场，作为农夫市场的销售场地，附近的农场主可以在这里销售自产的有机农产品，而高地公园社区的居民，可以在这个时间去选购有机农产品。

农夫市场项目的募款策略包括：一是，政府捐赠部分资金。比如，高地公园社区所在的政府，通过定期向该社区年纪超过 60 岁的低收入老年人，发放 money order（一种金融支付票据，类似支票），让这些老人可以购买农夫市场的有机农产品。二是，EP 会向在农夫市场销售有机农产品的农场主，收取低廉的场地租金；三是，参与农夫市场的农场主，会捐赠有机新鲜的食材给承诺厨师学校和世界更美好咖啡馆，为他们提供新鲜的食品原材料。

（四）承诺厨师学校

在 1997 年，EP 创建了厨师技艺培训学校，被称为承诺厨师学校（Promise Culinary School，PCS）。承诺厨师学校的运作模式包括：一是招收培养学生，让他们成为专业的厨师，帮助他们进入附近社区的饮食行业；二是以厨师学校为培训基地，设计创立“让我们一起烹饪吧”（Let’s cook）培训项目，主要提供一些烹饪和营养教育课程，目标是在提高社区家庭成员的厨艺同时，让社区家庭中的孩子、老人及全家都参与，社区家庭之间可以通过参加该项目，互动交流，形成良好的社区氛围，增强社区的凝聚力，提升社区生活的幸福感。

承诺厨师学校的募款策略包括：一是，向厨师学员收取培训费用。二是，制作食物进行销售。他们通过与当地的日托机构、学校、社区组织建立契约（合同）关系，为他们长期提供新鲜健康食物，获得销售食物的收入。三是，接受 EP 其他项目的支持。厨师学校用于学习烹饪的很多原材料，来自 EP 农夫市场项目中，附近社区农场主提供的捐赠。农场主捐赠的食材大部分是有机农产品，为加工烹饪出健康的食物，提供了良好的原材料。四是，该厨师学校也接受非常少的一部分捐赠。

（五）世界更美好咖啡馆

2009 年，EP 与“我的邻居是谁？”（Who Is My Neighbor?）这个社区 NGO（该社区 NGO 主要为社区里面的孩子、老人、成年人提供社会和教育培训项目，增进社区内部的联系，培育多元化社区的归属感。）一起合作创立了一家名叫“世界更美好咖啡馆”的社会企业。世界更美好咖啡馆，提供健康食物和咖啡。

这个社会企业的募款策略包括：一是，由承诺厨师学校提供一定的熟食，比如点心和面包，供该咖啡馆销售；二是，咖啡馆销售咖啡和熟食，虽然这些咖啡和熟食，购买人可以按照自己的付款能力进行购买，但从销售中，咖啡馆仍然可以获得一定的销售收益；三是，接受捐赠人的捐赠。

三　EP的募款策略思考

（一）非营利组织的募款，应该以捐赠为基础，但捐赠不是唯一途径，还可以通过拓展其他募款渠道，实现资源的有效募集

尽管我国的非营利组织募款，法律上有严格的规定，但从整个非营利组织募款的实践来看，社区NGO可以获得来自政府、基金会或其他一些机构的捐赠。但捐赠并不是唯一获取资源的途径，从美国这家社区NGO的募款策略分析来看，我国的非营利组织可以采取发展核心竞争力的方式，培养“自我造血”能力，让自己的公益项目之间互相支持，协调发展。

（二）创立社会企业，是实现“自我造血”的重要途径

按照美国社区NGO的实践，这个社区NGO既有自己的公益慈善项目，又创立了自己的社会企业，而且还实现了社会企业与自己的公益慈善项目的无缝对接，形成了公益慈善项目与社会企业之间的互相提供资源，内部资源的有效整合，形成了良性循环的资源募集模式。但这种募集资源的模式，在我国非营利组织的发展过程中，是否具有可操作性，还需要继续探索可实现的路径。

综上，募款（fundraising）是非营利组织发展过程中，必须解决的关键问题。它关系着非营利组织可能从事的公益慈善项目对社会贡献的大小，也决定着非营利组织是否能可持续发展，基业长青。换言之，非营利组织的募款能力大小，决定了该非营利组织能否生存下

去，能够生存多久，能够做得多大等一系列问题，要提升非营利组织的募款能力，必须有一定的募款战略。企业在融资过程中考虑的“利”，更多的是资金提供者自身的利益，比如债权人的利益或者股权投资者的利益；而非营利组织在募款过程中，实际上，也需要考虑“利”，只是这个“利”的含义，是指“他人的利益 + 自身社会价值的实现”而已。如果非营利组织在募集资金过程中，充分考虑了捐赠人想要实现的“他人的利益”和“自身社会价值的实现”的动机和目标，也许在制定合理募款策略后，会收到更好的市场效果。

专题十　慈善教育

我国社会组织是一个蓬勃发展的领域，但总体上尚处于初级发展阶段，缺乏专业人才，能力建设存在不足。基于此，社会组织的发展应大力推动发展社会组织专业人才的教育培训工作，加大扶持力度，调动高校、研究机构、民间培训机构等各方面力量，开展社会组织方向学历学位教育，开设社会组织相关课程，从而促进我国社会组织朝着更加积极的方向发展。

第一篇　日本NPO教育的兴起、发展及走向①

近年来，随着我国公益慈善事业的蓬勃发展，公益慈善事业人才的培养成为我国高等教育必须面对的新课题。值得欣喜的是，以2015年4月清华大学公益慈善研究院的创设为契机，我国公益慈善高等教育迎来新的发展阶段。今后，我们需要继续立足国情并积极借鉴发达国家的经验，扎实有序地推进有关公益慈善人才培养的高等教育。

迄今为止，我们对欧美国家尤其是美国的相关经验给予了高度关注和积极借鉴，而对邻国日本的相关情况则重视不足。鉴于此，本书就日本公益慈善教育的整体状况做简要梳理，以期抛砖引玉并借此促进中日两国在公益慈善教育领域的交流和对话。

一　兴起

在日本，公益慈善教育一般被称为“NPO教育”。从20世纪80年代起，以市民活动团体为核心的NPO部门逐渐成为日本公共服务供给的新角色。然而，囿于制度的规制，直到1995年阪神/淡路大地震发生之前，日本的NPO部门一直未能得有效发展。以阪神/淡路大地震为契机，日本政府于1998年颁布《特定非营利活动促进法》（通称“NPO法”），从而极大地促进了日本NPO部门的崛起和发展。

① 作者简介：俞祖成，政策科学博士，现执教于日本同志社大学综合政策科学研究科。

与此同时，日本不少高校也对此作出积极回应，尝试开展旨在培养NPO部门所需人才的NPO教育。

2000年前后，以大阪大学教授山内直人为核心的研究团队对日本77所大学所开展的NPO教育展开了问卷调查。调查结果显示，在1995年之前，日本大学所开设的与NPO相关的课程数目仅有6科目，而到了NPO法颁布的第二年（1999年）随即增至34科目，3年后（2002年）则增至70科目。在这些NPO课程中，管理学所开设的课程数目最多，占据19.5%，接下来依次是社会学14.3%、经济学6.5%、政策研究6.5%。另外，这些NPO课程所涉及的内容以"NPO概论""志愿活动"以及"公民参与/公民社会"为主，其中57.1%的课程被定位为"本科生专业课程"，19.5%的课程被定位为"一般教养课程"（即全校通选课程），而仅有14.3%的课程被定位为"研究生硕士课程"①。

简而言之，在2000年前后，日本高校所开展的NPO教育主要面向本科生，采取"总论"或"概论"形式的课程居多，其面临的主要问题包括：如何实现NPO教育课程项目的体系化和丰富化、如何讲授实践性较强的知识以培养NPO专业人才、如何进一步提升NPO的社会认知度以及如何构建本地社会与大学之间的紧密合作关系②。

二　发展

1998年NPO法实施后，日本的NPO法人以平均月增267家的速度迅猛发展。另外，进入21世纪后，已延续100余年的日本公益法人制度被提上改革日程。经过长达6年的讨论与酝酿，日本政府于2006年正式颁布"公益法人改革关联三法"并于2008年正式实施新公益法人制度，从而推动日本NPO部门的进一步发展。与之相呼应的，日本高校纷纷创设公共政策系研究生院（包括社会人

① 山内直人、石川路子（2001）「NPO教育の現状と課題—日本NPO学会の調査から—」『公益法人』第30卷第5号、9—14頁。

② 同上。

研究生院和专门职研究生院)，借此推动 NPO 教育改革，试图将以本科生教育为主的 NPO 教育体系升级为研究生教育体系。

2011 年，以东京学芸大学副教授田中敬文为核心的研究团队对日本国内的 44 所公共政策/公共管理系研究生院下属的 48 个研究科（硕博士生教育机构）所开展的 NPO 硕士课程和职业教育课程展开了问卷调查。需要注意的是，这里所谓的“NPO 硕士课程和职业教育课程”是指以 NPO/NGO、社会企业、社区事业、社会资本以及公民社会为主题的课程。

调查结果显示，48 个研究科所开设的 NPO 课程数目的平均值为 2.7，其中 70% 的研究科所开设的 NPO 教育课程数目低于该平均值。另外，如果将 NPO 课程细分为“理论课程”和“实践课程”，能够同时提供这两类 NPO 课程的研究科仅有 17 个（占总数的 35.4%）。此外，在已开设的 74 个理论课程和 83 个实践课程中，聘请 NPO 实务家担任讲师的课程比例分别为 14.9% 和 28.9%①。

基于上述分析结果，如表 1 所示，田中和大沢（2011）将能够提供 3 个以上 NPO 课程的 15 个研究科进一步划分为“研究者培养型机构”（理论课程所占比例超过 70%）、“实务家培养型机构”（实践课程所占比例超过 70%）、“两者兼顾型机构”（理论课程和实践课程所占比例均不超过 70%）。

表 1　　日本开展 NPO 教育的公共政策系研究生院之分类

	研究科数（比例）	研究科名称
研究者培养型机构	3（20%）	1. 大阪大学研究生院国际公共政策研究科（硕士课程） 2. 中央大学研究生院公共政策研究科（硕士课程） 3. 明治大学研究生院治理研究科（硕士课程）

① 田中敬文、大沢望（2012）「公共政策大学院におけるNPO/NGO 関連カリキュラムの現状調査」日本 NPO 学会第 14 回年次大会報告論文、2012 年 3 月 17 日。

续表

	研究科数（比例）	研究科名称
实务家培养型机构	5（33.3%）	4. 高崎经济大学研究生院地域政策研究科（硕士课程） 5. 札幌学院大学研究生院地域社会经营研究科（硕士课程） 6. 同志社大学研究生院综合政策科学研究科（硕士课程） 7. 法政大学研究生院政策创造研究科（硕士课程） 8. 龙谷大学政策学研究科（硕士课程）
两者兼顾型机构	7（46.7%）	9. 大阪市立大学研究生院创造都市研究科（硕士课程） 10. 熊本大学研究生院社会文化科学研究科（硕士课程） 11. 庆应义塾大学研究生院政策/媒体研究科（硕士课程） 12. 东北公益文科大学研究生院公益学研究科（硕士课程） 13. 法政大学公共政策研究科（硕士课程） 14. 立教大学研究生院 21 世纪社会设计研究科（硕士课程） 15. 早稻田大学研究生院政治学研究科（专门职学位课程）
合计	15（100%）	

资料来源：田中，大沢（2012）

三　走向

在过去的 20 余年间，日本高校试图努力回应社会需求，积极开展旨在培养 NPO 部门所需人才的 NPO 教育并取得了一定成效。不过，与美国等欧美国家相比，日本的 NPO 教育仍然显得较为滞后，尤其是在师资配置以及课程体系设计等方面仍存在诸多难题。

需要指出的是，日本虽然出现所谓的“NPO 研究生院”，但并不存在专门以 NPO 为教育对象的“NPO 研究科”①。如前文所述，近年来日本高校试图通过创设面前社会人的公共政策系研究生院以推行 NPO 教育改革，然而受到传统教育的影响，日本书生院仍倾向培养研究者，教员普遍无法摆脱论文至上主义，从而导致他们无法为学生提供真正具有实践指导意义的课程教育。另外，受制于日本书部科学省研究生院设置审议会的业绩审查，日本高校很难聘请那些具有实务经验的 NPO 专家担任专职教员，从而影响日本 NPO 教育课程的优化和升级。

正如日本 NPO 教育专家跡田直澄所指出：“作为专门职研究生院，如果要开展真正意义上的 NPO 教育，那么有必要配置至少 15 名专职教员，其中理论家、实务家和 NPO 运营经验者应各占三分之一。”② 很显然，在目前的教育体制框架内，日本高校很难开展类似美国的 NPO 教育，今后需要另辟蹊径才能有效应对。例如事先制定较为完善的 NPO 教育课程体系，然后促成各大高校进行合作，从而实现教育资源的整合和共享，以有效提供具有实践导向的 NPO 教育。另外，基于美国的经验，开展 NPO 教育的研究生院必须和现实社会中的 NPO 建立合作伙伴关系，积极邀请 NPO 实务家前来授课，讲授有关 NPO 的会计、市场营销、组织战略以及资金筹集等方面的实务经验，同时鼓励学生与 NPO 携手合作共同开展项目，推动学生实现理论与实践的有效结合③。

简而言之，日本高校为了解决 NPO 教育所存在的结构性问题，近年来日本不少高校正在尝试建立校际间合作以强化高校之间有关

---

① 秋葉武（2004）「勃興する日本のNPO 大学院―ミスマッチを引き起こさないために―」『NPOジャーナル』第 7 号、3—4 頁。

② 跡田直澄（2004）「NPOに関する大学院教育―スタッフの充実と理想的カリキュラムの作成―」『NPOジャーナル』第 7 号、5 頁。

③ Dennis R. Young.（2004）The Success of Graduate Programs in Nonprofit Study in The U. S. , *NPO Journal* , 2004（7）, pp. 9 – 13.

NPO 教育的经验交流和资源共享，同时通过非常勤讲师（兼职讲师）、应邀演讲人（guest speaker）以及任期制教员等制度，积极主动地邀请或聘用 NPO 实务家和主管 NPO 事务的政府官员参与课程授课。另外，日本许多高校正努力与本地社会的 NPO 等组织建立合作伙伴关系，尝试建立实习生制度、教育合作项目以及研究合作项目等新型制度。从笔者所供职的日本同志社大学综合政策科学研究科所开展的 NPO 教育和社会创新教育来看，上述动向显然成为一股较具影响力的 NPO 教育发展潮流[①]，这是值得我们关注和借鉴的。

① 俞祖成：《社会创新教育在日本的实践与影响》，《中国第三部门研究》2013 年第 1 期。

第二篇　公益慈善领域专业人才培养的模式及展望[①]

一　引言

从目前我国公益慈善教育的现状来看，公益慈善领域专业人才培养还处于起步发展阶段，当前主要是少数高校依托专业方向培养非营利组织管理或慈善管理的硕士与博士高层次公益慈善人才，并且开展了不少中高端培训。但这只能是解决了短时间的应急问题，是一种边缘性的推动，仍很难扭转公益慈善界专业人才的“稀缺”局面。真正的公益慈善人才培养必须走学科建设和专业化规范化的道路，如何实现行业和高等院校联合培养公益慈善领域专业人才，是当前亟须解决的问题。

二　公益慈善领域需要哪些专业人才?

根据民政部“中国社会组织发展规划研究（2014—2020）”课题组发布的《中国社会组织发展战略》对中国社会组织量化指标进行了预测，在2013—2020年期间，中国社会组织全职雇用人数年均增长人数需达到226.82万人，到2020年将达到2224.36万人，与自然增长数848.55万人的缺口数为1375.81万人[②]。与此同时，当前的我

① 作者：杨志伟，北京师范大学珠海分校讲师、社会组织与社会企业研究中心主任。

② 马庆钰、廖鸿：《中国社会组织发展战略》，社会科学文献出版社2015年版。

国公益慈善事业却面临着一个尴尬的发展处境：一方面，是公益慈善事业飞速发展，基金会尤其是非公募基金会的数量正以一个惊人的幅度在增长。另一方面，在基金会数量激增的同时，人才培养却没有跟上，导致“人才真空”现象的出现。①

在国内公益慈善领域专业人才紧缺的客观现实下，社会需要哪类型的公益慈善人才？以及公益慈善管理专业学生应该具备哪些专业核心能力？由腾讯公益慈善基金会、南都公益基金会、刘鸿儒金融教育基金会联合零点研究咨询集团联合发布的《中国公益人才发展现状及需求调研报告》（2010），就从使命倾向、能力以及素质三个方面提出了公益人才素质模型核心维度，提出 NGO 的岗位可以分为操作型（项目/志愿者/其他）、发展型（筹款/公关传播/研究/管理人员/HR）、支持型（行政/财务）三种类型，其中发展型岗位人才胜任力最欠缺，能力和经验是行业人才软肋。

北师大珠海分校宋庆龄公益慈善教育中心提出公益慈善管理专业本科生应具备“创意思考、专业认知、组织管理、问题解决、沟通协调”五大专业核心能力，其中创意思考包括批判思维能力、逻辑推断能力、思维开拓性、创造性思维、洞察力等；专业认知能力包括把握行业趋势、了解机构运作、熟悉政策法规、建立专业概念体系等；组织管理能力包括项目规划、执行、评估能力，筹款设计、营销、执行与评估，媒介与公共传播管理，财务与税收管理等；问题解决能力包括研究工具使用能力、资料收集、分析与解释能力、从事基本社会科学研究能力、政策批判能力等；沟通协调能力包括组织协调沟通能力、文书写作能力、跨文化沟通能力、冲突管理能力、团队合作能力等。

虽然实务界和高校都在尝试着去构建这类型人才的胜任力模式，或者提炼专业核心能力，从近几年学术界与业界发布的多份公益慈善人才现状及未来需求的调研/研究报告来看，在调研的范围

---

①　赵莹莹：《王名委员：大力推进公益慈善人才培养》，《人民政协报》2015 年 3 月 4 日。

的设定上遇到对公益慈善行业专业人才难以界定的尴尬，所以多项研究直接将公益慈善领域“职业”人才等同于社会组织“专业”人才。但是公益慈善领域包括哪些范畴？该领域的专业人才与社会组织领域专业人才有什么区别？似乎都在有意回避这个问题，或者进行模糊化处理。

三　公益慈善领域专业人才培养的主要模式

（一）“本科人才培养模式”，代表高校为“北京师范大学珠海分校、南京工业大学浦江学院、深圳大学”

一是“2+2跨专业培养模式”，代表高校为“北京师范大学珠海分校”

该模式采取“2+2”模式实现跨专业人才培养，前面两年在原专业修读学科基础课与专业主干课，从第三年开始择优录入宋庆龄公益慈善教育中心修读“公益慈善事业管理专业方向”课程，如“金融+公益慈善事业管理”“应用心理学+公益慈善事业管理”“传播学+公益慈善事业管理”。毕业后不独立授予学位和毕业证书，提供写实性结业证书，或毕业证书专业名称上标明“公益慈善事业管理专业方向”。该项目创立于2012年5月，由北师大珠海分校、上海宋庆龄基金会、基金会中心网合作办学，是全国首个公益慈善管理本科项目。每年招录40名学生，至今已招收四届共165人修读，已有超过90名毕业生，毕业生广泛就业于中国扶贫基金会、中华儿童慈善救助基金会等公益组织。

二是“四年制专业方向培养模式”，代表高校为“北京师范大学珠海分校、南京工业大学浦江学院”

该种模式采取的是在公共事业管理专业设置“公益慈善管理方向”，面向全国招录四年制本科生，按照公益慈善管理专业方向的要求设置课程体系，独立组织教学管理，在课程设置与教学管理都具有较大的独立性。南京工业大学浦江学院于2014年9月招收四年制本科生，北京师范大学珠海分校于2015年9月开始招收首届四年制本科生，当前还没有毕业生。毕业后将颁发管理学学士学位证书以及“公共事业管理”专业毕业证书。当前两所高校都已向教育部递交了试办“公益慈善管理”本科专业的申请，拟申请正式设立公益慈善管理专业，由专业方向培养逐步过渡到独立专业培养。

三是“辅修双学位模式”，代表高校为“深圳大学”

该种模式采取依托行政管理专业以辅修、双学位、双专业的方式开设公益创新专才班，于2015年6月首办，招录30人。该模式按照跨专业修读课程，引进创客教育等创业教育课程，设置“管理学基础课程＋公益慈善特色课程”学生完成相应标准学分的修读，可在毕业时授予管理学双学位或行政管理双专业证书，并获颁公益创新专才班结业证书。

（二）“研究生教育培养模式”，代表高校为“清华大学、北京师范大学等”

这种模式主要是依托相关学科研究生教育推动非营利管理、公益慈善专业方向硕士与博士生培养，大致可以分为几种类型：一是设置专业研究方向进行硕士研究生的培养，如清华大学、中国人民大学、上海交通大学等有在行政管理专业下设相关研究方向，中山大学、北京师范大学、南京大学等有在社会工作专业下设相关研究方向，中山大学有在民族学、伦理学等专业下设相关研究方向；二是设置专业研究方向进行博士研究生的培养，如清华大学、中山大学、北京师范大学、南京大学、上海交通大学等高校；三是设置专业研究方向进行在职研究生的培养，如中国人民大学、清华大学、中山大学、北京师范大学、上海交通大学有在MPA教育中设置了相关专业课程，北京大学、中欧商学院、长江商学院在MBA教育中设置了相关专业课程，中山大学、北京师范大学、南京大学在MSW教育中设置了相关的专业课程。此外，清华大学、北京师范大学、中山大学、南京大学等高校成立了公益慈善研究院或学院，系统推动研究与人才培养的发展。

（三）“高职教育培养模式”，代表高校为“北京社会管理职业学院等”

北京社会管理职业学院、顺德职业技术学院、长沙民政学院、珠海城市职业技术学院等学校也建立了社会组织专业或者专业方向的职业教育，大致分为几种类型：一是以公共事务管理专业为依托开设社会组织管理方向，甚至将学系也定位为社会组织管理系，如北京社会管理职业学院；二是依托民政管理专业开设社会组织服务与管理专业方向，如长沙民政学院；三是依托企业管理专业开设社会组织管理专业方向，如顺德职业技术学院；四是依托社会工作专业开设社会组织管理专业方向，如珠海城市职业技术学院。从课程设置的情况来看，多以保留原专业的核心课程，从组织管理的角度适当增加了社会组织管理领域的相关专业课程，如社会组织管理、基金会管理、项目策划等。

（四）“在职教育培养模式”，代表项目为“中国公益慈善人才培养计划”

在职教育培养模式主要是面向市场提供机构中层及以上成员、未来领导者的培训项目，如中国公益慈善人才培养计划、慈善千人计划—老牛学院、友成基金会“小鹰计划”、“银杏伙伴”成长计划、“公益星火”计划、明日公益计划、新公益领导力发展研究班、AHA社会创新学院、绿创家计划、秘书长必修课、青年公益人才培养计划、青年创想计划、社会福利优秀人才培养计划、希望工程激励行动、黄埔公益领导力协力营等。这些项目主要培养领导型、复合型、跨界领袖、社会创新实务人才，面对的对象大多包括领导者、中层以上员工、一线员工、学者、企业、媒体记者、大学生、创业者等人群，从职业教育进行规划相关在职教育课程。

四　国内公益慈善领域专业人才培养的几个特征

回顾和简单评估国内公益慈善领域专业人才的培养模式，不难发现，基本呈现出几个特点：

第一，来自不同领域的学者对于非营利组织管理、慈善学、公益慈善管理所涉及的范围仍无法达成共识，对其学科的归属也存在着较大的差异性，多元价值取向仍共存，反映在人才培养模式与办学模式上存在较大差异。

第二，受师资的影响，很多学校开设公益慈善领域专业人才培养多以借力发展，跨系间师资研究与教学力量的整合力量较弱，绝大部分高校属于依托传统的方式拓展办学资源。

第三，公益慈善领域专业人才需求旺盛，特别是对跨学科、跨专业人才需求尤为突出，因涉及学科整合、教师资源共享、立体培养环境等客观条件的限制，一定程度上压抑了各高校创办公益慈善领域相关专业的积极性，只有少数高校通过政策创新或政策变通处理的方式来尝试推动。

第四，公益慈善领域专业人才培养开始朝跨界、跨学科的方向发展，特别是按照市场导向思维来设计课程体系，倒逼高校开始与行业组织、大型慈善机构进行合作，这种协同育人的培养模式反映了我国当前公益慈善教育经验不足的现实选择，同时还契合了当前高等教育改革的基本趋势。

第三篇　推动公益慈善，教育先行乎？[①]

一　引言

2015年11月12日，中国首个国际公益学院——深圳国际公益学院成立仪式在钓鱼台国宾馆举行。与会者包括比尔·盖茨、马云等中美百余名慈善家、企业家、民政部副部长邹铭等。该学院成立后，会不同程度上推进中国公益慈善教育事业的发展，拓展公益慈善人才培训的模式，推动中国慈善部门更好地参与全球经济治理和公共产品的供给。这一盛举，开启大家对“公益慈善教育”的热点话题。

中国的公益慈善事业在经历了改革开放以来的快速发展阶段后，目前呈现出两大瓶颈问题：

一是，资金配置（或资源配置）存在不均衡性。根据《2014年中民慈善捐助信息报告》分析，2014年的全国公益慈善捐赠超过了1000亿元，出现了很多大型基金会2014年的募款额超过1亿元的现象。大部分的捐赠资金流向了医疗、教育、扶贫三大主要领域，它们占到了全部捐赠款项的75%以上。这些现象的背后说明了中国捐赠市场的资金配置存在不均衡的问题，这些不均衡的资金配置问题，决定了公益慈善领域发展的不均衡。目前仍然有很多基金会、社会团体、民非等非营利组织，每年的募捐收入没有达到平均捐赠水平，资金收入的有限性，致使它们从事的很多公益慈善项目，由于缺少资金

① 作者：谢晓霞，北航公共管理学院。

支持难以为继。如何使我国从事公益慈善事业的所有非营利组织都能够均衡地获得资金或者资源，是需要解决的第一个问题。

二是，公益慈善领域人才匮乏，阻碍了公益慈善事业的快速发展。当然公益慈善领域的人才匮乏，既有历史原因，也有公益慈善教育的问题。而只有重视公益慈善教育，大力培养公益慈善人才，才能真正从本质上解决当下公益慈善领域人才匮乏的问题。所以，为了发展我国的公益慈善事业，“教育先行”确实迫在眉睫。

二　当前中国公益慈善教育存在的问题及原因分析

“百万元年薪难找到一名出色的秘书长”“目前中国公益慈善领域最缺少优秀的秘书长”这些围绕人才缺乏的话题，是公益慈善领域常常讨论的主题。然而，要解决这些问题，追根溯源，还是因为中国公益慈善教育存在一定的问题，主要表现在以下两个方面。

（一）数量少：专门从事公益慈善教育的机构数量很少

首先，我国的公益慈善事业起步较晚，还没有出现大量的公益慈善教育机构。很多公立学校、社会培训机构，还没有意识到公益慈善在推动社会进步、实现社会公平中的重要性，所以尚缺乏对公益慈善培训课程的研发、设计和开设。

其次，对公益慈善事业的普遍认知较低，导致社会上出现普遍不重视公益慈善事业人才培养的局面。由于公益慈善领域属于第三部门，既不同于政府管理，也不同于企业管理，长期以来公益慈善领域都以帮助弱势群体著称，在以利他主义理论和志愿服务精神为基础的公益慈善领域，大家对公益慈善专业的认知并不高，通常认为只要我有一颗“公益心”，就可以做公益，门槛如此之低，导致了对专业的忽略和认知的严重不足。

最后，公益慈善领域收入低下，是阻碍公益慈善教育事业发展的根本原因。由于公益慈善领域的从业人员普遍收入较低。根据

2011—2014 年中国基金会年报数据的混合数据分析显示，公募基金会普通工作人员每年的平均工资为 2.7 万多元，可以看出在非营利组织领域，连“基金会”这种公益生态环境中的“有钱人”的普通工作人员的工资，都远远低于 2014 年城镇居民平均年收入 2.8 万多元（国家统计局，2014）的标准。市场对公益慈善领域人员工资的低估，导致了很多高校在严重的就业压力面前，无法开设工资收入水平非常低、没有就业前景的公益慈善专业，致使当下中国高校中严重缺少公益慈善专业。因此，工资收入低导致了生源的有限性，也促使作为培养公益慈善人才的主力军的各类型高等院校，很难设立公益慈善专业，这种恶性循环致使公益慈善事业中难以觅寻到优秀专业人才，大部分从事公益慈善事业的人员只能从事基础性的工作，缺少战略思维和眼光，无法提升公益慈善组织的形象，难以提升公益慈善岗位的薪资报酬，最终又导致了高校至今仍然没有大面积、立刻开设公益慈善专业的强烈动机和愿望。这种恶性循环如果继续下去，中国的公益慈善事业将受到严重阻碍。

（二）质量低：从事公益慈善教育的教育培训机构水平较低

由于整个社会并没有充分意识到公益慈善专业化的重要性，导致了即使当前正在开设公益慈善专业的高等院校，以及社会上一些培训公益慈善的机构，或多或少都存在教育培训质量低下的问题。这种问题的产生，一部分可能是因为确实没有很好的师资，从事公益慈善的培训工作。另外一部分，也许是因为某些教育培训机构，或多或少存在的投机心理，抱着“反正大家都不太明白，所以可以糊弄过去”的心态，导致了当前很多的名目繁杂的公益慈善培训实则名存实亡。这种“滥竽充数”的公益慈善培训，也是中国公益慈善教育恶性循环的又一主要根源。还有一部分，也许是客观原因造成了中国公益慈善教育培训水平的低下。比如培训对象的专业素质确实非常低下；或者培训对象的专业化意识不充分；或者没有良好的培训环境等。

三 建议与措施

那么，如何更好推动中国的公益慈善教育的发展呢？我们认为需要遵循“公益慈善发展，教育需要先行”的原则。所谓公益慈善的教育先行，是指在一定社会物质生产发展条件之下，为了公益慈善能够更好地发展，必须首先发展教育。也就是要求公益慈善教育要面向未来，使公益慈善教育在适应现存生产力、政治、经济、文化、公益慈善发展水平的基础上，适当超前于当前公益慈善的发展水平。主要包括两层意思：一是，在公益慈善教育事业的发展过程中，公益慈善教育的投资增长速度应超过公益慈善整个领域发展的增长速度；二是，在公益慈善教育活动的进行过程中，要为未来的公益慈善发展培养各种类型的人才，兼顾公益慈善发展的近期和远期目标。具体而言：

（一）“公众也需要培养”：提高社会公众的公益慈善意识，为公益慈善教育事业的发展奠定基础

近期发生的很多慈善事件，既在考验公益慈善组织从业人员的专业化、志愿精神、利他主义和奉献精神，也在考验大众的判断能力，以及对公益慈善事业的基本认知。事实胜于雄辩地证实，当下我国公众对公益慈善的意识正在逐步增强，但是在很多公益慈善的细节方面，还需要加强培养。比如“儿慈会48亿元”风波，很多公众要求儿慈会必须“晒账”，对于这种“无理要求”或者叫作不切实际的要求，公众还漫天飞雪地在网上疯传，“以讹传讹”，这足见公众对公益慈善组织基本会计知识的淡漠。另一个典型事例是，在芦山地震期间，我接触到的一位某大型基金会的项目官员，很无奈地告诉我，公众对他们工作的误解，比如以庐山地震捐赠项目为例，在该基金对庐山地震灾后重建项目的募款已经结束以后，很多捐赠人还要定向捐赠庐山地震灾后重建。于是，该基金会的工作人员耐心解释说，我们项目已经结束，且根据庐山地震的强度和破坏程度，庐山地震灾后重建

工作，资金已经募集足够，光他们基金会就庐山地震灾后重建项目就募集了3.5亿元，基金会只有20多人，未来一年要把所有定向于庐山地震灾后重建的捐款，全部按照捐赠者的意愿，进行庐山地震的重建工作中，也是任务非常艰巨的工作。但是，当他们告知捐赠人，一是项目已经结束，二是，可否将您的捐赠直接捐赠给地震灾后重建，而不特定到庐山地震，让您的捐赠可以具有更加广泛的意义时，很多捐赠人不理解，甚至开口谩骂说“我捐钱给你，你还说那么多”，好像是“老子捐钱，就是天下第一”似的。

当然，这些也许不是普遍现象，但是这反映出，现实中确实存在很多公众对公益慈善事业的不理解，认为他们捐钱后，就万事大吉，根本不知道公益慈善事业的从业人员们，在帮助实现捐赠人意图的过程中的艰苦和心酸。所以，我们应该让捐赠人知道，其实公益慈善活动中的“花钱”，也需要成本，需要大量的公益慈善人员的辛勤劳动，他们是值得尊重的人。

（二）加大宣传，创造良好的制度环境，增加公益慈善教育培训组织和机构的数量，提高公益慈善教育培训质量

国家可以出台一些鼓励政策，鼓励承担培养公益慈善人才的各类高等大专院校，增设公益慈善专业，加大专业就业培训，提高公益慈善专业的就业率，为公益慈善教育事业的发展，提供良好的制度环境。

政府主导，加大宣传力度，引导社会公众培养公益慈善意识，同时出台一些政策，鼓励有条件开设公益慈善专业的各类高等大专院校，积极开设相关课程，推动公益慈善教育的发展，提高公益慈善人才培养的品质。对于已经开展公益慈善教育培训的机构，政府可以出台相关政策，对其培养质量进行考评或者评价，不合格或者质量低下的，要采取相应的措施，促使其提高公益慈善教育质量。

（三）发展公益慈善的继续教育事业，让当前从事公益慈善事业的现有人员，每年有机会继续学习，提升自己的专业水平和能力，推动公益慈善事业良性发展。增加公益慈善领域的薪酬，也是提升公益慈善教育的一大途径

如果公益慈善领域具有较高的薪酬，可以很好地激励从业人员，吸引更多的优秀人才，更好地从事公益慈善工作。而且，如果公益慈善领域的就业前景良好，也会有利推动各种类型的公益慈善教育培训机构的发展，形成良性循环，推动我国公益慈善事业从“粗放型”到“集约型”的转型，真正实现公益慈善事业的可持续、健康发展。

综上，“十年树木，百年树人”，要解决公益慈善的教育问题，绝对不是短期的过程，它需要政府、高校、非营利组织、公众乃至全社会共同的努力，让大家一起携手，推动公益慈善教育的发展，相信明天会更好。

第四篇　国内高校如何培养知行合一的公益慈善本科人才?[①]

无论哪一个学科，本科人才培养模式与用人单位需求都存在一定的张力。大学强调“全人教育”，希望能够锻造具有扎实的专业基础和开阔的学科视野的通才，而用人机构则期待小本们招来即用，快速胜任岗位各项细致工作。公益慈善管理属于典型的应用学科，从与一些公益慈善组织高管的交谈中笔者明显感受到用人机构对人才的“即用性”“可用性”“好用性”有颇高期待。

那么，公益慈善本科人才究竟应该如何培养，能否消解两者之间的张力？尽管教育部尚未批准设立“公益慈善”相关专业，但近几年国内已经有一批院校，包括北京师范大学珠海分校、南京工业大学浦江学院、深圳大学等开始先行尝试，探索多样化的公益慈善本科人才的培养模式。

笔者尝试结合上述学校的实践经验浅谈公益慈善本科生的培养设想，以期抛砖引玉，凝聚更多有识之士关注国内公益慈善专业教育的话题。

---

① 作者：罗文恩，深圳大学管理学院公共管理系副系主任，深圳大学社会管理创新研究所执行主任。

一　我们需要怎样的公益慈善本科人才？

人才培养首先要回答“到哪里去”的问题，即社会对公益慈善领域的人才需求是什么，或者更直接地说，公益慈善本科人才必须具备哪些核心能力？

《中国公益人才发展现状及需求调研报告（2010）》曾从共性素质特征、项目管理、公管传播、筹资和志愿者管理五个维度对公益慈善人才的素质构成（包括价值取向、能力和知识经验）进行刻画，构建了全面的公益慈善人才素质模型。

北师大珠海分校宋庆龄慈善教育中心则提出公益慈善管理本科生应具备创意思考、专业认知、组织管理、问题解决和沟通协调五大核心能力。其中创意思考能力包括逻辑推断、批判思维、思维开拓性和创造性、洞察力等；专业认知能力包括熟悉行业政策法规、把握行业趋势和了解机构运作、建立专业概念体系等；组织管理能力包括项目规划、执行和评估、筹款设计和营销、媒介与公共传播管理、财务与税收等；问题解决能力包括资料收集分析与解释、研究工具使用、政策批判等；沟通协调能力包括组织协调沟通、文书写作、冲突管理、团队合作及跨文化沟通等。

从以上两个模型可以看到，业界对公益慈善专业人才的期待是“又博又专”的管理通才，希望禾苗们能够洞悉公益慈善行业发展与组织经营的方方面面。当然这只是人才培养的理想目标。无论是现在还是将来，“又博又专”的公益慈善管理精英一定是稀有品种。

笔者认为，“长板理论”或许能更好地指导公益慈善专业人才的培养。所谓长板理论，就是在激烈的人力资源市场中赢得竞争的是一个人的特长，因而强化优势比弥补短板更为重要。

对于公益慈善领域的人才教育而言，我们需要培养的是“一专多能”的管理者，即擅长某一管理技能（例如筹款、义工管理、项目开发、财务与税收）同时通晓公益慈善一般政策法规和运作特色。如果这一假设成立，则未来在本科生层次上公益慈善人才的培养模式有很大的想象空间。大学院系可以单独设立“公益慈善管理专业”培养具有相应学士学位的本科人才，或者在现有专业（如市场营销、人力资源、财务管理、法学、传播学）基础上增设公益慈善课程模块培养公益慈善专业方向人才，或者联合不同的专业（如营销与法学）培养公益慈善复合型人才，等等。

总之，通过多样化的办学模式，满足社会对公益慈善管理人才日益庞大的需求。

二　公益慈善本科的培养路径有哪些?

用“摸着石头过河”这一老掉牙的词汇来形容当下国内高校在公益慈善本科人才培养方面的实践，其实最恰当不过。

由于教育部2012年颁布的《普通高等学校本科专业目录》并没有包含“公益慈善”相关专业，国内高校只能通过“曲线救国”方式来培养公益慈善领域的本科生，目前主要有三种模式。

（一）“2+2跨专业培养模式”，代表高校是北师大珠海分校

该模式的核心是本科生先在原属专业（如心理学、社会工作）修读两年通识课程，从第三年开始进入宋庆龄公益慈善教育中心修读两年公益慈善专业课程，毕业后不独立授予公益慈善管理学位或者毕业证书，而是提供写实性结业证书，或者毕业证书标明“公益慈善事业管理专业方向”。“2+2模式”是国内首个公益慈善管理本科项目，于2012年5月首办，每年从北师大本科生源中招录40名学生。至今招收四届共165人修读，已有超过90名学员完成学业，其中有不少毕业生进入国内知名慈善机构工作并受到好评。

（二）“四年制专业方向培养模式”，代表高校是南京工业大学浦江学院和北师大珠海分校

该模式特征是在公共事业管理专业中设立“公益慈善管理”专业方向，并开发了四年的公益慈善管理专业课程体系，由培养单位独

立组织教学活动。学生从大一开始（即在高考结束后即选报该专业）进入培养体系，毕业后颁发管理学学士学位证书和标明“公益慈善管理专业方向”的毕业证书。浦江学院与2014年9月开始以公共事业管理（公益慈善管理专业方向）招收首届四年制学生，而北师大珠海分校则于2015年9月招收首届四年制学生。

（三）“双学位双专业模式”，代表高校是深圳大学

该模式的特点是从全校大一和大二生源中择优招录组成一个虚拟班级“公益创新专才班”，学生的身份仍然保留在原属专业，通过“插班上课”方式修读公益慈善管理相关课程。学生达到相应学分要求可在毕业时授予管理学双学位（或者行政管理双专业）证书，或者行政管理专业辅修证书及公益创新专才班结业证书。深圳大学管理学院于2015年6月开办了首届公益创新专才班，并从全校各专业中招录了30位学生入班学习。为了保证培养效果，管理学院利用自身优势开发了行政管理专业（公益创新专才班）课程体系，并要求学生必须完成指定的商科核心课程和公益慈善特色课程之后方能取得相关证书。

由于这些项目开展时间均不长，有些还没经历完整的人才培养的周期，因此目前难以对不同培养模式的利弊进行客观估量。鼓励各大高校结合自身特色和优势积极探索各种可能路径或许是最佳选择。正如前文所指，即使将来教育部批准设立“公益慈善”相关专业，公益慈善本科人才的培养路径仍将是并且应该是多元化的，关键的检验标准在于能否有效地回应社会和公益慈善组织的人才需求。至于是否贴着诸如“公益慈善学士学位”的标签，笔者认为反而不是用人机构最看重的事情。

三 “知”与“行”如何糅合在培养方案中？

无论采取哪种模式培养公益慈善本科人才，其要解决的核心问题无非两个。

一是让学生望星空，掌握扎实的公益慈善理论知识与管理技能，即“知”的问题；

二是让学生接地气，运用所学知识与技能解决现实问题，即“行”的问题。

上文提到的三种模式，虽然在运作过程中面临诸多挑战，但都努力尝试将“知”与“行”结合起来，以达到培养创新型、应用型人才的目的。

（一）“知”的主要挑战在于课程体系设计和师资匹配

由于国内公益慈善本科教育刚刚起步，无论是课程、教材抑或师资都相当匮乏。这里走在前沿的是北师大珠海分校，其四年制培养体系把公益慈善管理分为 15 个知识领域，包括管理学、学科思想史、研究方法与技术、筹款、社会创新等。每个知识领域都开发了相应的核心课程或者普通课程，并依据课程之间的逻辑衔接关系分配到大一至大四各个学年之中。师资方面，则采取校内教师和校外导师相互补充的方式，部分专业核心课程聘请业内资深人士利用周末为学生集中授课。

深圳大学的做法则是充分利用管理学院商科优势，围绕“培养运用商业思维解决社会问题的公益创客”这一关键目标，整合市场营销系、人力资源管理系、工商管理系的核心课程资源并纳入“公益创新专才班”的培养体系之中，从而解决管理学基础课程和师资不足的问题。公益慈善专业课程则由管理学院公共管理系的教师提供，目前仅有《非政府组织管理与发展》《中国公益慈善：创新与前沿》两门课程；未来将通过深圳大学的“创新短课”平台，采取校内教师与校外导师联合授课方式为学生增设筹款学、义工管理、公益项目开发与评估、社会企业与影响力投资等细分课程。

（二）“行”方面，目前试点高校主要采取了如下一些做法提升学生的“经验值”

一是聘请公益慈善领域的资深学者和实践者为学生开展专题讲

座，让学生深入了解和思考公益慈善某一领域面临的机会与挑战。例如，深圳大学“公益创新专才班”曾就行业协会商会脱钩专题邀请了学者、地方官员和协会会长三方畅所欲言，多角度地为学生们解读行业协会商会脱钩的政策、难点和发展趋势。

二是带领学生走出去，参访境内外知名公益慈善机构或者社会组织孵化中心。例如，北师大珠海分校每年都会组织公益慈善班学生到台湾地区访学，参访当地的公益慈善组织。此外，鼓励学生积极参与各类公益慈善项目大赛也是提升其“动手能力”的有效做法。例如，深圳大学“公益创新专才班”在成立半年时间内，已经组建了多个团队参与首届大学生公益慈善项目大赛以及深圳南山、龙华和宝安等区举办的公益慈善项目比赛。能够在比赛中获奖固然是好事，即使不能获奖，对于学生提升公益慈善需求分析力、锻炼项目设计与执行能力及增强团队凝聚力亦大有裨益。

第五篇　我国社会组织人才职业化成长刍议①

改革近四十年，我国社会组织已步入一个相对成熟和稳步发展的新阶段。社会组织在服务民生、表达民意、维护民权、倡导民主等方面功能开始逐渐显现，社会组织在改革中创新、在创新中发展的组织和制度优势逐步彰显。然而，我国社会组织的持续发展仍然面临着各种制约因素，其中，缺乏一支高素质、强技能的职业化人才队伍是核心瓶颈。

一　社会组织人才职业化的内涵

《中国大百科全书》将职业定义为：职业随着社会分工而出现，并随着社会分工的稳定发展而构成人们赖以生存的不同的工作方式；从社会学角度来看，职业除了作为一种谋生手段之外，同时体现着从业者的人生价值。可见，职业化是伴随着职业的发展而出现的，对职业化内涵的认识必须基于对职业的认识与了解。学者大多认为“职业化指转变成某种性质或状态，是指职业的形成、发展的过程，是职业的各项管理机制的形成与完善过程，是职业的知识与技能体系形成、发

---

① 作者：李长文，系北京社会管理职业学院（民政部培训中心，原民政部管理干部学院）社会组织管理系副教授，法学博士，研究方向：社会组织管理理论与实践、公民慈善理论与实践。

展与完善的过程”①。此观点是从社会分工发展的角度出发，分析某种职业形成的过程，即某种活动因专业性、专门性逐步形成，开始成为具有特定模式的职业活动，并得到社会认可。

社会组织在我国近三十年的发展历程中，在社会、经济领域中属于新生力量，社会组织领域的相关活动亦处于职业化发展的探索过程中。基于此，社会组织职业化是从事社会组织领域相关工作的专业性、专门性逐步发展的动态过程，是社会组织领域职业的各项管理机制逐渐形成和完善，相关知识与技能体系逐步形成，最终发展成为特定模式的职业活动，并得到社会认可。

社会组织人才职业化涵盖三层含义：一是要求社会组织从业者技能专业化。即拥有从事社会组织领域职业所需要的社会组织方面的专业知识和技能。二是具有保障社会组织从业人员正常工作的物质条件，既包括保障正常工作的环境条件，如办公场所、办公用品等必需品，还包括能为社会组织从业人员支付合理报酬的资金条件。三是要求具有社会组织领域的职业发展制度保障的系统性，如具备薪酬管理、职业准入、职称管理、职业晋升、培训考核等成体系的职业化管理机制。

二　我国社会组织人才职业化的内生需求

社会组织人才职业化不是空穴来风，而是基于深厚的现实需要，有着强烈的内生需求。当前我国社会组织人才职业化成长主要基于以下四方面需求。

（一）人才职业化是实现我国社会组织人才科学管理的有效手段

社会组织人才职业化最终是为了实现社会组织人才的科学管理，好的制度、规章是实现人才科学管理的有效保障。目前，我国社会组织人才建设与管理立法滞后，人员保障相关规章制度不尽完善，尚未

① 郭宇强：《工会工作职业化的一个分析框架》，《中国劳动关系学院学报》2008年22第5期。

在全国范围内形成关于社会组织人员的引进、培养、使用、评估、激励、保障等方面的法律法规，以上这些制度、政策的缺失难以保障社会组织人才职业化的可持续发展，更是阻碍实现社会组织人才科学管理的主要障碍。

（二）人才职业化是我国社会组织人才专业化培养的目标

专业化是社会组织人才职业化的必要条件，而学历教育又是人才专业化培养的主要渠道。目前，我国社会组织、公益慈善等相关方面的专业还未被纳入教育部高等教育专业序列。虽然上海、北京、广州等地一些高等院校在积极尝试各种不同形式的社会组织人才专业化培养模式，如北京师范大学珠海分校、北京社会管理职业学院等，但是，系统的社会组织专业人才培养体系还未建立起来。社会组织人才专业化系统化培养的缺失已成为当前我国社会组织人才职业化成长的主要障碍。

（三）政府的支持性政策为社会组织人才职业化提供了制度保障

《国家中长期人才发展规划纲要》（2010—2020）提出“实施鼓励非公有制经济组织、新社会组织人才发展政策”，提出“把非公有制经济组织、新社会组织人才开发纳入各级政府人才发展规划。制定加强非公有制经济组织、新社会组织人才队伍建设意见”。《民政事业发展第十二个五年规划》提出制定社会组织人才政策，健全和落实社会组织从业人员职称评定、薪酬待遇、社会保险等政策。2015年，《中华人民共和国职业分类大典》颁布，将社会组织服务类的“劝募员”与“会员管理员”纳入新的职业大典中，并将“社会组织管理员”作为拟新增职业。这些支持性制度、政策无疑为社会组织人才职业化发展提供了强有力的制度保障。

（四）丰富生动的实践探索为社会组织人才职业化发展提供了现实依据

人力资源和社会保障部、民政部等相关政府部门从顶层设计的高度，对社会组织人才发展提出指导性政策的同时，地方政府也在推进、鼓励社会组织人才职业化发展方面做了各种积极有益的探索。深圳市民政局尝试建立社会组织从业人员诚信数据库，并将其纳入全市的诚信系统，将诚信记录作为社会组织从业人员考核评估的重要依据。天津市民政局分别与市商务委、市司法局签署《建立社会组织法律对接服务战略合作备忘录》，通过多种“利好”政策促进社会组织发展，规定社会组织从业人员在专业技术职称评定方面享受与国有企事业单位同类人员同等待遇。北京市通过“政府购买社会组织管理岗位”项目，使用市社会建设专项资金，用于购买“枢纽型”社会组织管理岗位，积极支持社会组织管理人员的自身发展。地方政府在丰富的实践过程中，积累了很多推进社会组织职业化的有益经验，为社会组织人才职业化发展提供了现实依据。

三　我国社会组织人才职业化成长面临的现实障碍

基于上述社会组织人才职业化成长的内生需求，只有厘清当前我国社会组织人才职业化成长面临的困境与障碍，才能提出有针对性的建设性意见建议。当前，我国社会组织人才职业化成长主要面临以下障碍。

（一）社会组织吸纳就业能力弱

根据20世纪90年代萨拉蒙对36国非营利部门统计，包含发展中国家和发达国家在内的36国非营利部门吸纳就业人口4550万，约占这些国家经济活跃人口的4.4%，而2013年度北京市社会组织年检数据显示，北京市社会组织从业人员14.5万人，仅占全市就业人口的1.24%[①]，可见，当前我国社会组织从业人员总量依然偏少，人才吸纳能力较弱，社会组织远未成为社会就业主渠道。社会组织处于人才低谷的现状是制约社会组织发展的主要瓶颈。

① 数据来自北京市民政局《社会组织人才队伍建设调研报告》。

（二）社会组织人才专业化程度低

社会组织人才专业化是实现其职业化的基础和前提，社会组织人才专业化是其人员职业化必备条件。当前我国社会组织人才专业化程度低，主要体现在以下方面，一是社会组织从业人员中兼职人员比例较高，导致人才队伍稳定性不足，社会组织的人才专业化难以保障。二是社会组织从业人员中本科以上学历偏少，尤其硕士、博士以上高端人才与境外人员更是少之又少，这种人员状况势必会影响社会组织的国际化及高端化发展进程。

（三）社会组织人才职业化管理制度不完善

制度是实现社会组织人才职业化管理的手段，更是社会组织人才职业化发展的保障。人才职业化管理需要一系列制度保障，包括户籍制度、档案管理制度、社会保障制度、薪酬制度、绩效考核制度等。当前，我国社会组织人才职业化管理制度体系还远未建立，不能给社会组织人才提供基本的职业安全与职业保障，其职业化发展也就失去了内在动力。

（四）社会组织人才职称序列与职业资格认证体系尚未建立

职称序列以及职业资格认证体系是衡量一个行业人才职业化水平的最核心要素。目前国内尚未有社会组织相关的专业职称序列，社会组织相关的职业资格认证体系以及与其相关的考试体系也没有完全建立起来。在现代人才管理机制中，职称以及职业资格与薪酬、聘任、晋升、培训、退休等管理环节紧密相关，是人才管理中的重要依托，职称以及职业资格显然已经成为刺激和推动人才成长内动力的主要载体。职称序列与职业资格体系的缺失直接影响了社会组织专业人才的职业化发展方向。

四　推进我国社会组织人才职业化成长的建议意见

社会组织人才职业化是个系统工程，为构建社会组织人才职业化发展体系，深度推进社会组织人才职业化成长，特提出以下三方面优化措施。

（一）积极探索与创建社会组织专业人才学历教育培养体系，为社会组织人才职业化奠定基础

人才专业化是人才职业化的基础，学历教育体系的建立是人才专业化培养的前提。社会组织人才培养是个系统工程，需依托多元途径实现。依托高等院校实现的学历教育是社会组织人才专业化培养的主要渠道。目前，“社会组织管理”相关专业还未被列入国务院学位委员会、教育部制定的《学位授予和人才培养学科目录》。建议民政部门与教育部门共同组织开展调研，对“社会组织管理”相关专业的设立进行必要性与可行性调查，推动修订与完善学科目录，通过在我国高等学校本科教育专业中设置的“管理学”门类一级学科“公共管理”下设立二级专业目录“社会组织管理”，逐步建立和完善社会组织专业的高职、本科、硕士、博士等不同层次的人才培养体系。探索以能力培养为目标，以专业教学为基础，以工作过程为主导的“岗—课—证”相融通的项目化课程体系与实践实训体系，加强社会组织学科专业体系建设，制订科学的专业设置标准，完善社会组织相关专业的教学规范。加快专业学士、硕士、博士学位授权点建设，积极推广 MPA 社会组织管理方向专业学位教育；完善继续教育体系，对社会组织专业技术人员的知识和技能进行更新、补充、拓展和提高，进一步完善知识结构，提高专业化、职业化水平。

（二）建立健全社会组织人才职业培训制度与机制，规范社会组织在职人员职业培训体系

除了高校学历教育以外，职业培训是社会组织专业人才培养不可或缺的有机组成部分，具有周期短、效率高等特点。以支持型社会组织为主体的职业培训更侧重实践性，可以满足从事社会组织相关工作人员的需求。建议逐步规范和完善培训课程开发管理、培训认证、培训绩效管理等制度建设，实现培训体系的规范化、标准化。同时，志愿实践是社会组织专门人才培养的有益补充，热衷于公益事业的人员可通过志愿者培训、志愿实践与体验实现公益理想。应进一步探索志愿者管理、开发志愿基地建设，使志愿基地成为社会组织专门人才培养的摇篮。

加强社会组织人才培训机构和师资建设力度。建立社会组织培训基地，依托各类党校、行政学院、高等院校等开展对社会组织人才的培训，分领域研究、开发社会组织培训课程和教材。加大培训师资队伍建设，打造一支专兼职结合、理论与实务水平较高的培训师资队伍。参照企业制定《社会组织职工教育条例》，规范社会组织从业人员培训管理，保障培训经费，使社会组织人才培训制度化。

（三）建立健全社会组织人才职业资格认证体系，推进社会组织工作人员持证上岗制度建设和职称评定工作

目前，与政府机关、企事业单位相比，社会组织行业准入门槛偏低、身份认同意识淡薄，科学规范的社会组织资格认证机制缺失，极大地影响了社会组织人才的职业发展前景与职业吸引力。建议进一步规范与明确社会组织专职人员岗位设置、建立社会组织职业制度、健全社会组织人才继续教育制度，实现专业人才培养与职业资格的衔接。在2015年《职业分类大典》新增社会组织方面的“劝募员”“会员管理员”职业基础上，进一步补充和完善社会组织方面的职业资格认证体系。应尽快协调相关部门，推动社会组织人才职称评定工

作，增强社会组织从业人员对职业的认同感与归属感，在工资待遇或社会福利方面对持证上岗人员给予倾斜。在一些具备条件的社会组织先行开展社会组织职称评定试点，逐步摸索取得经验，为将来在全国社会组织中推行职称评定工作奠定基础。